좋은 노동은 가능한가

좋은 노동은 가능한가
— 청년 세대의 사회적 노동

ⓒ 이영롱·명수민, 2016

2016년 12월 23일 처음 펴냄

글쓴이 | 이영롱, 명수민
기획·편집 | 이진주, 설원민, 김도연
출판자문위원 | 이상대, 박진환
디자인 | 이수정, 박대성
종이 | 화인페이퍼
인쇄 | 보진재
제작 | 세종 PNP

펴낸이 | 김기언
펴낸곳 | 교육공동체 벗
이사장 | 임덕연
사무국 | 최승훈, 이진주, 설원민, 김기언, 공현
출판등록 | 제2011-000022호(2011년 1월 14일)
주소 | (03971) 서울시 마포구 성미산로1길 30 2층
전화 | 02-332-0712, 070-8250-0712
전송 | 0505-115-0712
홈페이지 | communebut.com
카페 | cafe.daum.net/communebut

ISBN 978-89-6880-030-6 03330

이 도서의 국립중앙도서관 출판시도서목록(CIP)은
서지정보유통지원시스템 홈페이지(seoji.nl.go.kr)와 국가자료공동목록시스템
(www.nl.go.kr/kolisnet)에서
이용하실 수 있습니다.(CIP제어번호 : CIP2016028849)

YOUTH REPORT 004

좋은 노동은 가능한가

청년 세대의 사회적 노동

이영롱, 명수민 씀

교육공동체벗

｜

유스리포트를 펴내며

청(소)년 담론이 봇물 터지듯 쏟아져 나오던 시기가 있었다. 1990년대 중반, 이른바 '신세대' 담론의 등장과 함께 원조 교제, 가출, 일진, 왕따 등이 사회적 문제가 되었고 이해할 수 없는 '요즘 아이들'을 이해하기 위해 많은 언어들이 쏟아졌다. 하지만 그것들 중 대다수는 지나친 리얼함으로 오히려 현실을 과장하거나 현학적 접근들로 현실에서 미끄러지고 말았다.

그로부터 20여 년의 세월이 흐른 지금, 청(소)년은 어떤 존재인가. 십 대들은 여전히 미래의 희망("우리 아이들을 지켜 주세요")이지만 말 걸기도 무서운 병증의 환자(중2병 현상)이기도 하다. 이십 대들은 미래에 대한 불안 속에 현재를 살아가는 안타까운 청춘(88만원 세대론)이기도 하지만 동시에 자기밖에 모르는 이기주의자들(이십 대 개새끼론)이다. 기성세대들의 필요에 따라 다양한 모습으로 호출되는 그들은 20년 전 그때나 지금이나 청(소)년 담론 안에 없다.

한편 세대론에서조차 배제된 자들이 있다. 청(소)년 세대를 특정한 틀에 가두려 할수록 이들의 목소리는 소외된다. 대학 반값 등록금 정책이 정치적 이슈가 될수록 대학을 다니지 않는 청년들의 목소리는 작아지고, 학생인권조례가 학교 밖 청소년들의 다양한 삶의 결까지 담아내지는 못하는 것처럼 말이다.

유스리포트는 '미래 세대로서의 청(소)년'에게 부과되는 사회적 기대나 통념을 걷어 내고 현재를 살아가고 있는 존재로서 청(소)년들의 삶을 증언하고자 한다. 청(소)년들의 구체적인 삶의 모습과 고민을 교육, 노동, 성, 사랑, 폭력, 가난, 소외, 관계 등 다양한 범주에서 조명할 것이다. 기존의 청(소)년 담론의 주제가 되지 못했던 비주류, 소수자의 이야기도 담을 것이다. 또한 삶의 한 단면만을 놓고 평가하는 손쉬움을 포기하고 그들의 삶을 둘러싼 사회경제적 배경을 함께 읽고자 한다. 그것은 문화적 다양성의 관점에서 청(소)년 문화가 사회적으로 소통되고 의미를 가질 수 있도록 하는 작업이기도 하다.

때로는 누군가가 대신해 그들의 목소리를 전할 것이며, 때로는 그들 스스로 자신의 이야기를 할 것이다. 섣부른 진단이나 분석은 하지 않으려 한다. '혐오론'이든 '희망론'이든 청(소)년을 특정한 프레임에 가두려는 욕망에서 벗어날 때 우리는 비로소 그들에 대해 이야기할 수 있는, 그리고 그들의 이야기를 들을 수 있는 출발선에 설 수 있을 것이다. 그들의 삶을 읽는 것은 곧 우리 시대, 우리 사회를 읽는 것이기도 하다.

교육공동체 벗

| 차례 |

유스리포트를 펴내며 · · · 4

프롤로그 '사회' 없는 시대의 노동과 청년 · · · 9

이 책에 등장하는 사람들 · · · 20

1장 · 사회적 노동: 활동, 노동, 운동 사이

활동으로서의 사회적 노동 · 35

노동으로서의 사회적 노동 · 42

운동으로서의 사회적 노동 · 51

2장 · '청년' 활동가로 일하기

여기서 일하는 '청년'들은 누구인가 · · · · · · · · · · · · · · 63

다른 세대와 함께 일하기 · · · · · · · · · · · · · · · · · · · 73

　청년은 '청년'을 어떻게 이해하나

　청년은 선배들을 어떻게 이해하나

'나잇값'에 걸맞은 청년 되기 · · · · · · · · · · · · · · · · · · 100

3장 · '2010년대' 활동가로 일하기

더 이상 '낭만적인 운동'은 없다 · · · · · · · · · · · · · · · · 110

'활동가 코르셋' 속에서 · · · · · · · · · · · · · · · · · · 120

　코르셋의 첫 번째 의미: '내 활동'을 활동답게

　코르셋의 두 번째 의미: '네 활동'을 활동답게

4장 · 모순과 함께 일하기

조직은 체계적이어야 하나: 체계화 vs. 탈체계화 · · · · · · · 146

사회적 노동은 자율적일까: 자율성 vs. 타율성 · · · · · · · 158

우리 공동체는 효율적일 수 있을까:

공동체적 조직 문화 vs. 일의 효율성 · · · · · · · · · 166

우리는 우리로 충분할까: 우리 좁히기 vs. 우리 넓히기 · · · · 174

우리는 자립할 수 있을까: 자립 vs. 의존 · · · · · · · · · · 183

5장 · '혼 빠진 사람들'의 일과 삶

영혼 없이 일하기 · · · · · · · · · · · · · · · · · 196

'산 시간'과 '죽은 시간' · · · · · · · · · · · · · · 204

영혼 있게 일하기 위하여 · · · · · · · · · · · · · · 218

에필로그 청년들은 왜 아직도 여기에 있는가 · · · 238

주석 · · · 245

* 이 책에 등장하는 사람들의 이름은 모두 가명입니다.

프롤로그

'사회' 없는 시대의 노동과 청년

'좋은 노동'은 가능한가? 좋은 노동의 가능성은 현대 사회에서 '좋은 삶'과 '좋은 사회'의 가능성과 분리되지 않는다. 우리는 우리의 노동이 만족할 만한 소득으로 이어지기를 바란다. 그러나 동시에 노동이 단순한 돈벌이 이상이 되기를 원하기도 한다. 또한 노동이 고달프더라도 성취감과 보람을 주기를 바라며, 누군가는 노동을 통해 자기실현할 수 있기를 바란다. 누군가는 나의 노동이 현재와 미래를 가꾸는 하루하루의 투자나 실천이기를 바란다. 일터에서 '사람'으로 존중받으며 동시에 타인 혹은 동료를 '사람'으로 인정할 수 있기를 바라기도 한다. 또 다른 누구는 우리의 노동이 지구와 다른 생명에게 덜 미안한 일이 되면 좋겠다는 생각도 해 본다. 우리는 노동을 통해 '사회'를 더 나은 곳으로 만들 수 있을지도 모른다는 정치적인 기대를 품기도 한다. 그렇다면 하루하루 노동하는 일상이 아무리 우리를 고달프게 하더라도, 이조차 일상 속에서 소소한 자부심의 기초가 될 수 있을지도 모른다. 만약 그럴 수만 있다면, 좋은 노동이란 분명 가능할 것이고 가능해야 할 것이다. 이렇듯 좋은 노동의 가능성과 현실과 이를 둘러싼 물음은 법과 제도, 관습이라는 형식적 틀을 포함해 좋은 삶과 좋은 사회에 대한 정치적이고 윤리적인 '희망'과 이를 둘러싼 질문의 지평으로도 연결된다. 이 책은 이러한 지평에 대한 하나의 가능한 참여가 될 것이다.

하지만 오늘날 좋은 노동은 '정말로' 가능한가? 연간 노동 시간과 소득 격차, 자살율 부분에서만큼은 세계 상위권을 놓치지 않는 한국에서 이 질문은 거의 무의미해 보인다. 소위 "밑바닥 노동"이나 도시 노인들의 폐지 줍는 노동에서 출발해 기계를 다루는 노동과 사무실 노동, 프로젝트화된 노동을 거쳐 복잡한 금융 테크닉을 다루는 고소득 노동에 이르기까지, 연령과 성별, 지역, 교육 수준의 차이를 가로질러, 우리는 좋은 노동에 대해 말하는 것 자체가 거의 '불가능'한, 혹은 퍽 한가하고 순진하게 들리는 사회에 살고 있다. 우리는 몇 년을 일해도 조금도 나은 사람이 되었다는 느낌을 받지 못하기도 한다. 우리는 왜 밤 11시까지 사무실에 남아 있어야 하는가! 프로젝트 마감 때문에 밤을 새우다 울분이 터져도 토로할 곳이 없다. 모델로 삼을 선배도, 든든한 동료나 후배도 없는 것 같다. 열심히 가꾼 일터는 젠트리피케이션으로 사라지고, 해고 노동자들은 수년간 투쟁 끝에 벌금 더미에 올라앉는다. 천신만고 끝에 월급을 받아도 쓸 시간이 없다는 것을 깨닫고, 혹은 그나마 받은 월급도 곧 통장을 스치리라는 것을 안다. 그렇게 우리는 "티끌 모아 티끌"이란 농담이 구체적인 숫자로 표현되는 '사실'임을 깨닫는다. 이렇듯 우리는 좋은 노동이란 도대체 불가능한 사회에 살고 있다. 좋은 노동이 불가능한 사회에서는 좋은 삶도 불가능하다. 더 나은 삶과 일에 대해 상상하는 청년들이 지금-여기에서 희망을 버리고 아예 탈출을 시도하는 풍경은 더 이상 낯설지 않다.[1]

오늘날의 삶과 노동, 사회를 둘러싼 질문들, 혹은 그러한 질문을 정초하는 희망과 좌절은 이 책의 출발점이기도 했다. 다시 말해 우리는 한국에서 '좋은 노동은 가능한가?'라는 질문을 살피기 위해 동시에 '좋은 사회란 가능한가?'라는 질문을 함께 던지고 싶었다. 지난 몇 년간 우리는 한 책의 제목이 말하는 것처럼 "사회를 말하는 사회"라는 현상을 목격해 왔다.[2] 'ㅇㅇ사회'라는 신조어가 하나하나 나열하기도 버거울 만큼 담론 시장의 한편에서 범람했고, 그 유실물들이 지금까지 흘러와 한국 사회 지층의 표면에 자리 잡고 있다. 사회의 불가능성, 혹은 우리가 살던 사회의 종말을 고하는 자리에 'ㅇㅇ사회'라는 이름들이 역설적으로 들어섰던 것이다. 사회과학 분야에서도 '사회적인 것the social' 혹은 '사회성

sociality'에 대한 논의들이 심심찮게 등장해 왔다. 마치 무언가가 이미 죽어 가고 있을 때에만 그것의 존재감을 깨닫고 말할 수 있다는 듯이, 혹은 이미 상실한 것을 뒤늦게 애도하듯이. 심지어 이제는 '사회'라는 단어 자체가 피로감을 야기한다는 이야기도 들린다. 그러나 나쁜 사회를 나쁘다고 말하는 것조차 피로하거나 의미 없게 느껴지는 사회라면, 그 사회를 '사회'라 부를 수 있을까? 그렇다면 사회의 존재감부터 소실되는 시대에 '좋은 노동'의 가능성에 대해 묻는 것 자체가 가능한 일일까? 이 '가능성의 불가능성' 앞에 우리는 어떤 이야기를 할 수 있을까?

이 책에서 던지는 '좋은 노동이란 가능한가?'라는 질문에 대해, 우리는 좋은 노동이 가능하다는 비현실적인 선언을 하고 싶지도, 좋은 노동이란 결국 불가능하다는 염세적 선언을 하고 싶지도 않다. 또한 좋은 노동이란 무엇인가에 대한 이상적이고 규범적인 정의를 하고 싶지도 않다. 다만 '지금-여기'에 살아가며 그 질문을 여전히 붙들고 있는 이들의 이야기에 다시 한 번 주목하고 싶었다. 우리는 2014년 중엽에 서울시 청년허브에서 연구비를 일부 지원받아 좋은 노동과 좋은 사회를 희망하며, 이를 실천하고 성찰하는 청년들을 만나 그들의 삶과 일에 대한 이야기를 듣기 시작했다. 그리고 이 청년들의 이야기를 '사회적 노동'의 관점에서 이해해 보려 했다.

뒤에서 상세히 살피겠지만, 우리가 사회적 노동이라고 칭한 청년들의 노동은 대략 다음과 같은 특징을 갖는다. 먼저 이 청년들은 사회적 노동을 통해 최소 수준 이상의 생계와 생활을 유지하는 데 관심이 있었다. 그러나 이들은 노동이 단지 자신의 시간과 건강을 교환한 대가로 환원되는 데 그치지 않고, 노동 과정에서 더 나은 사람으로 질적인 성장을 하기를 바랐다. 나아가 나의 노동으로 더 나은 공동체와 사회를 만들 수 있기를 희망하면서 살아가고 있었다. 이러한 지향 속에서, 이들의 노동은 곧 '활동'과 '운동'이라는 행위와 만나고 있다.[3] 개념적으로는 노동과 활동, 운동이라는 행위가 구분될 수 있지만, 사회적 노동의 세계에서는 실천적으로 매끈하게 구분되지 않는다. 물론 '후기-노동 사회' 혹은 '탈노동 사회'라는 맥락에서 노동의 성격을 다시 조명하는 작업도 중요하겠지만, 우리가 만난 청년들은 노동 '이후'나 그 '외부'를 전적으로 꿈꾸기보다는 일상 속의 노동을 통해 삶과 일, 사회의 재구성과 재배치를 희망하고 있었다.

우리가 만난 청년들의 일터는 제도적으로 여러 범위나 영역에 걸쳐 있었다.[4] 2000년대 이후 공론화가 시작되어 2010년대에 들어 법제화 및 제도화 과정을 거치며 빠르게 확장된 이른바 '사회적 경제'[5] 영역 안팎에서 일하는 청년들도 있었고, 민주화운동과 노동운동의 역사가 배태한 시민사회운동 단체에서 일하는 청년들도 있었으며, 때로는 이른바 '중간 지원 조직'이나 프로젝트 그룹에서 일하는 청년들도 있었다. 이들의 노동은 여러 한계 속에서도[6] 단지 사회 '속에서의' 노동에 그치지 않고 공통적으로 사회적인 것, 사회성, 혹은 사회를 '향하는' 일을 지향했다. 우리는 이러한 청년들의 이야기에 특별한 관심을 갖게 되었다. 오늘날 정치적 운동이나 사회 참여적 활동, 경제적 노동이 모두 위기에 처해 있다고 여겨지는 가운데서도, 이들은 그러한 복합적인 위기들을 인식하면서 현장에서 새로운 노동의 양식을 실험하고 있었기 때문이다. 즉 이들의 노동 일상은 오늘날 사회와 정치, 경제의 풍경이 변화하는 과정에 주목하되 나름대로 더 나은 '사회'를 만들어 내려는 의지와 실천, 협상을 동반하고 있었다. 이들의 노동은 활동과, 활동은 다시 운동과, 운동은 다시 노동과 맞물리며 우리가 아직 주목하지 못했거나 간과했던 삶의 방식들을 창안하고 있다.[7] 다시 말해, 이 책에서 사회적 노동은 특정한 행위 — 예컨대 물질 상품의 생산이나 거래, 비물질 서비스 제공 같은 — 를 가리키는 것이 아니라, 특히 청년들의 자아-신체가 특정한 행위(노동, 활동, 운동)와 맺는 윤리적 관계성, 더 나아가 사회적 목적과 의도를 포함해 주변과 맺는 관계 만들기와 실천, 성찰의 방식들을 포함한다. 그렇기에 우리는 이들의 노동을 잠정적으로 '사회적 노동'이라고 부르기로 했다. 그리고 우리는 오늘날 사회적 노동에 대해 가능한 이야기 중 하나의 이야기를 하려고 한다.

하지만 '사회적 노동'이라는 이름은 곧바로 여러 질문을 야기한다. 먼저, 사회적 노동은 새로운 노동인가? 우리는 사회적 노동이 완전히 새로운 노동이라고 주장하지 않는다. 뒤에서 자세히 살펴겠지만, 사회적 노동은 노동과 활동, 운동이라는 행위 양식들이 긴장 속에 공존하는 노동의 양식이기 때문이다. 그러나 변화하는 시대에는 과거의 것들이라 해도 언제든 새로운 맥락에 재배치될 수 있음을 전제로, 우리는 이러한 배치와 재배치의 과정에 주목하기로 했다. 또 다른 질문은, 모든 노동은 사회적이지 않은가 하는 것이다. 물론 노동은 언제나 사회적 관계성 속에서 이해되고 정의되어야 한다. 자본주의 사회에서 노동은 생산 양식 및 자본의 네트워크 속에 배치된 '노동력'으로 환원된다. 전후 개발 국가에서 노동은 새로운 국민 국가를 형성하는 행위로 호명되었다.[8] 또한 신자유주의 주변부의 취약한 노동도 우리가 아는 노동과는 판이하게 다르다.[9] 인류학적·역사학적 연구들이 밝혀 왔듯 사회주의 체제에서의 노동이나 근대 이전의 노동 역시 자본주의 체제의 노동과는 사뭇 다르다.[10] 우리는 정치적, 경제적 지평이 바뀌면 자연히 노동의 정의와 의미, 사회적 배치와 기능, 더 나아가 그 정치적·윤리적 가능성도 변한다고 이해한다. 다시 말해, 우리는 영리 영역이든 비영리 영역이든, 자본주의 사회에서든 그 어떤 다른 사회에서든, 노동은 언제나 '사회적'임을 인지하고 있다. 마지막으로 누군가는 오늘날 '사회'에 대한 집단적 상상이 힘을 잃고 있다면, 과연 '사회'라는 명사 혹은 '사회적'이라는 형용사에 중요한 의미가 있는지 반문할 수 있다. 다시 말해, 만약 정말로 '사회'가 없거나 불가능하다면, 대체 사회적 노동이란 무슨 뜻인가? 혹은 사회적 노동이 가리키는 '사회'란 과연 오늘날 구체적으로 구성원들 사이에 공유되고 있는 집단적인 표상인가? 집단적으로 공유된 명확한 표상이 없을 때 '더 나은 사회'라는 이념은 무슨 의미를 갖는가?

이러한 비판적인 질문들을 인식하고 있음에도 우리가 이 책에서 '사회적 노동'이라는 용어를 쓰는 까닭은, 이 단어가 오늘날 한국 사회에서 하나의 개입이 될 수 있기를 바랐기 때문이다. 이를테면 사회적 노동 개념은 앞에서 간단히 언급한 "사회를 말하는 사회"에 대한 우리 나름의 발화이기도 하다. 또한 사회적 노동 개념은 우리가 만난 청년들, 즉 더 좋은 노동을 꿈꾸고 실천하고 있는 이들의 노력과 욕구, 희망을 이해할 뿐 아니라, '사회 없는' 시대에서 더 나은 공동체와 '사회'를 지향한다는 의미가 무엇일까를 탐구하는 하나의 시도이기도 하다.[11] 이들이 경험하고 있는 가능성과 한계는 부분적으로 오늘날 '사회'를 둘러싼 질문들의 가능성과 한계이기도 하기 때문이다. 더 나아가 우리는 이 책을 통해 사회적 노동이 던지고 있는 '사회'에 대한 질문이 마주하게 되는 권력관계와 제도적 한계도 조망할 수 있기를 기대했다. 물론 이를 체계적으로 다루는 것은 이 책의 범위를 넘어서는 어려운 작업이다. 그렇기에 우리는 여기에서 사회적 노동 일반에 대한 이론적 틀이나 개념적 지도를 제공하기보다는, 우리가 만난 한국 청년들의 사회적 노동 경험을 정리하는 과제에 더 집중하려고 했다. 이들의 이야기가 모든 사회적 노동의 이야기들을 대변할 수는 없지만, 현실적으로 가능한 삶과 노동의 정치를 부분적으로 예시한다고 생각했기 때문이다.

우리는 청년들을 만나면서 사회적 노동이 구체적인 '경험'뿐만 아니라 '상상'으로도 구성되고 있다는 점을 알게 됐다. 다시 말해, 청년들에게 사회적 노동은 생존과 지속 가능성에 대한 의지, 사회적 존재감과 인정에 대한 욕구, 이를 가능케 하는 사회적 연대에 대한 상상 한가운데에서 촉발되며 유지되고 있다. 사회적 노동에는 국가-자본-시장 사회라는 거시적인 매듭을 비판하는 정치적 상상, 어떠한 활동을 통해 생계를 꾸리며 더 나아가 지속 가능한 교환의 체계를 만들어 나갈 것인지를 구상하는 경제적 상상, 어떤 대안적인 관계성과 체계와 제도를 만들어 나갈 것인가 하는 사회적 상상, 어떤 규범과 가치 또는 다양한 정동들을 생산해 낼 것인가 하는 문화적 상상, 다른 삶의 방식을 인도하는 윤리적인 상상이 복합적으로 작동하고 있다. 다시 말해, 이 청년들에게 사회적 노동은 수많은 제도적 장치와 관습 속에 놓인 노동의 현실이면서, 동시에 '더 나은 사회'에 대한 '상상'이라는 이중적 위상을 갖는다. 살얼음판 같은 환경에서도 나름대로 '혁신'과 '변화'를 희망하며 다른 삶의 방식과 사회적 관계를 상상하면서 사는 것은, 이렇듯 사회적 노동의 이중적인 위상과 다양성에서 기인하는 것인지 모른다. '사회'란 이름이 단일한 선분으로 구성되지 않은 것처럼, 사회적 노동에 내재한 복합적인 상상력도 마찬가지다. 이러한 상상들이 집약되어 구체적인 국가·지역 단위 계획이나 체계적인 집단행동으로 현실화되진 않을지라도, 청년들의 일상에서 이들은 충분히 규범적인 역할을 하며 경험과 성찰의 지도를 제공해 주고 있다. 이들이 말하고 있는 '사회', 혹은 '좋은 사회'의 모습은 하나가 아니라 천차만별이지만, 이 다원성 내지는 비규정성이야말로 이들이 "사회"라는 이름을 끝없이 참조하고 선언하며 이에 개입할 수 있는 동력일지도 모른다. 그리고 우리의 책이 청년들이 그리고 있는 '사회'에 대한 하나의 스케치가 될 수 있기를 기대한다.

요컨대 우리는 이 책에서 청년들의 이야기와 함께 오늘날 한국 사회에서 사회적 노동이 갖는 여러 특성과 한계, 가능성에 대해 다루어 보려고 한다. 1장에서는 사회적 노동의 복합적인 특성을 노동과 활동, 운동이라는 세 가지 키워드로 정리해 보려고 한다. 2장은 이들이 세대적 구분을 통해 20~30대의 청년에 속하면서 겪게 되는 사회적 노동 영역에서의 경험들에 대해 다룬다. 3장에서는 현 시대에 사회적 노동을 한다는 것이 어떤 것인지 그 사회적 맥락과, '활동가 코르셋'이라는 키워드를 통해 청년들이 경험하는 사회 문화적 제약과 가능성을 탐구할 것이다. 2장과 3장이 청년과 사회적 노동의 조건과 상황을 둘러싼 여러 경험의 양태들을 다룬다면, 4장은 사회적 노동 현장에 존재하는 일상적인 모순과 역동에 대해 살펴보며, 이들이 부딪히고 있는 제도적 한계 등에 대해서도 중심적으로 다룰 것이다. 그리고 5장에서는 사회적 노동을 하는 청년들이 처해 있는 곤경과 그에 대응하는 이들의 실천 방안들에 대해 다룰 것이다. 결국, 사회적 노동은 '더 나은 사회'라는 유토피아를 약속하는 '출구'가 아니라, 현장으로 가는 또 하나의 '입구'가 될 것이다.

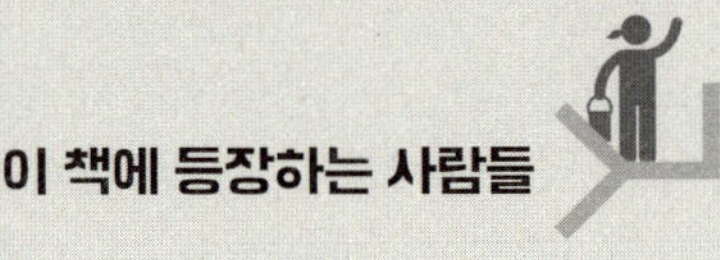

2014년과 2016년, 우리는 다양한 사회적 노동을 하는 청년들을 만났다. 이들은 협동조합, 시민사회단체 그리고 사회적 기업이라는 세 영역에서 각각 1년에서 5년까지, 다양한 기간에 걸쳐 사회적 노동을 지속해왔다. 각 영역별로 3명씩 총 9명, 그리고 각 영역별 1명씩의 보조 연구 참여자[12](총 3명)를 만났는데, 세 영역은 사회적 노동의 대표 영역이라고 할 수도 있겠지만 동시에 사회적 노동 중의 일부이기도 하다. 이는 임의적이고 편의적인 분류 체계에 지나지 않으며, 사회적 노동의 전 현실을 포괄할 수 있는 범주는 아니다. 또한 새로운 사회적 노동 실험들이 계속되는 한, 법이나 관례에 따른 인정의 범위를 넘어선 새로운 노동 유형은 계속 탄생

할 것이다.

3명의 청년들이 활동 중인 협동조합은 20년 이상의 역사성을 지닌 조직뿐 아니라 동료들과 함께 만든 신생 협동조합 등이 포함된다. 사회적 기업 영역 인터뷰이의 경우, 2명은 자신이 직접 조직을 설립한 멤버이다. 특히 협동조합, 사회적 기업은 청년들이 기존 조직에 채용/소속되는 형식만큼 직접 조직을 구성하는 방법도 고려되는 영역이다. 그와 달리 시민사회단체의 경우, 기존의 조직에 속하는 경우가 대부분이며 우리가 만난 청년들 역시도 그렇다. (다만 윤진희의 경우, 이전부터 비슷한 영역에서 일해 온 활동가들이 모여 새로운 센터를 구성하는 데에 활동가(실무자)로 결합한 경우로, 단순히 기존 조직에 합류한 경우와는 차이가 난다.)

인터뷰는 보통 1회당 2~3시간에 걸쳐 이루어졌고, 1명당 인터뷰는 적게는 1회에서 많게는 4회까지 이루어졌다. 인터뷰가 이루어진 시기는 2014년 여름과 가을(6~9월), 그리고 2016년 초(1~3월) 두 번이다. 2016년 인터뷰는 1차 인터뷰 때(2014)에 만났던 이들 중 그 사이 결혼, 이직, 퇴직 등 신상의 변화를 경험한 이들을 중심으로 이루어졌다.

그렇게 우리가 만난 총 12명의 청년 중 주요 연구 참여자인 9명에 대해 지금 조직(영역)에서 일하게 된 계기와 배경을 간략하게 정리했다. 이들이 지금의 단체, 조직, 사회적 기업 등으로 들어가게 된 개개인의 구체적 맥락은, 이들의 이후 이야기를 이해하는 데 큰 도움이 된다. 사회적 영역에 관심이 있거나 혹은 현재 이 영역에서 일하고 있는 젊은 세대라면, 이 청년들 중 누군가의 이야기와 자신의 이야기가 닮았다는 생각 역시 하게 될 것이다. 이들의 서사는 매우 '개인적'인 이야기이지만, 동시에 현재 사회적 노동 영역에서 일하고 있는 많은 청년들의 다양한 맥락, 이야기와 교차하고 있기 때문이다.

영역	이름	성별	나이	활동 조직	활동 내용	노동 지속기간
협동조합	강인혜	여	30대 중반	협동조합 〈A〉 또래 청년들이 생활 문제를 해결하기 위해 만든 협동조합. 강인혜는 이 협동조합이 운영하는 카페에서 일한다.	카페 매니저	3년 차
	배유진	여	30대 중반	협동조합 〈B〉 조합원의 건강과 관련 이슈를 중심으로 활동하는 협동조합	운동 강사	3년 차
	이명진	남	30대 초반	협동조합 〈C〉 한국에서 비교적 큰 규모에 속하는 생활 협동조합	실무자	5년 차
시민사회 단체	윤진희	여	20대 후반	시민사회단체 〈ㄱ〉 돌봄 노동에 종사하는 노동자들을 지원하는 중간 지원 단체	활동가	2년 차
	정지현	여	20대 후반	시민사회단체 〈ㄴ〉 여성과 생태주의를 표방하며 지역에 기반을 둔 시민단체	활동가	3년 (이후 퇴사)
	차은진	여	30대 초반	시민사회단체 〈ㄷ〉 지역 단체에서 운영하는 방과 후 공부방	공부방 교사	4년 차
사회적 기업	김지훈	남	30대 중반	사회적 기업 〈가〉 사회/정치적 이슈와 관련한 작업에 적극적으로 참여하는 디자인 그룹	디자이너	3년 차
	이유리	여	20대 후반	사회적 기업 〈나〉 재활용 목재를 통한 목공을 실천하는 사회적 기업	목수	3년 차
	홍명준	남	20대 후반	사회적 기업 〈다〉 지역을 기반으로 마을 관련 활동들을 촉진, 기획하는 사회적 기업	건축가	3년 차
보조 참여자[13]	김여진	여	30대 초반	시민사회단체 〈ㄹ〉 국제 인권 이슈를 다루는 시민사회단체	활동가	5년(퇴사)
	윤예림	여	30대 초반	사회적 기업 〈라〉 예술교육과 관련한 사회적 기업	활동가	1년(퇴사)
	한유진	여	30대 초반	협동조합 〈C〉 한국에서 비교적 큰 규모에 속하는 생활 협동조합(이명진과 같은 조합)	실무자	4년 차

연구 참여자들의 나이는 최종 인터뷰 시기를 기준으로 기재했다. 즉 2016년 인터뷰를 진행한 보조 참여자(김여진, 한유진)와 추가 인터뷰가 이루어진 참여자(이명진, 김지훈, 차은진)는 2016년 기준, 이들을 제외한 나머지 참여자는 2014년 기준 나이이다.

강인혜 · 협동조합 〈A〉 카페 매니저

강인혜는 학부에서부터 대학원에 이르기까지 학교생활이 순탄치 않았다. 그는 대학원에 진학한 후, 소위 중산층 딸로 살면서 자신이 그동안 궁금한 것, 간절한 것, 꿈을 갖지 않았다는 것을 깨달았다. 그러면서 우울증을 겪기도 했다. 그 과정에서 자신과 비슷한 사람들을 만나 이야기하며 자신에 대한 의문과 우울감이 풀리는 것을 경험할 수 있었다. 그렇게 졸업을 한 후, 청소년을 대상으로 교육을 하는 한 사회적 기업에서 함께 일해 보자는 제안을 받고 일을 시작했다. 그러나 늘 분노에 차 있고 몸과 마음이 아픈 사람들의 틈 속에서 '여기는 미래가 없다'는 확신이 점점 커져 갔고 이 경험 때문에 사회적 기업을 그만둔다. 그 뒤 한 공부 모임에 참석하며 청년들이 만든 협동조합 〈A〉를 우연히 알게 됐고, 계속해서 모임들에 참여하다 보니 어느덧 〈A〉의 주요한 멤버가 되었다. 현재는 〈A〉에서 운영하는 커뮤니티 카페의 매니저로 활동하고 있다. 이 카페는 지난 몇 년간 사실상 방치된 공간이었는데 최근에 협동조합 〈A〉에서 운영하게 된 것이다. 그는 "실험한다는 마음으로 하니까 이것저것 다 해볼 수 있"고, 또한 "이 경험으로 앞으로 무슨 일이든 할 수 있겠다"라고 생각해서 현재의 카페 일에 만족하고 있다. 지금의 주 업무는 음료를 만들고 판매하는 것이지만 장기적으로는 청(소)년을 위한 커뮤니티 공간으로 사용될 수 있도록 카페를 만들고 싶어 한다. 가볍게 시작한 공부 모임이 점차 활동하는 반경을 늘리기 시작했고 그것이 그가 지금과 같은 삶의 방식으로 생활과 노동을 전환해 갈 수 있는 기회를 맞게 한 것이다.

배유진 · 협동조합 〈B〉 운동 강사

배유진은 자신이 소아청소년 때부터 대사증후군 때문에 "꾸준히 비만"
이었다고 회고한다. 배유진은 그런 상태로 청소년기를 보내는 것이 얼마
나 힘든 일인지 절감했다. 어릴 적 배유진은 짧은 머리에 남성인지 여성인
지 잘 분간이 안 되는 외모였고, 자신을 이상하게 바라보는 타인의 시선에
노출되면서 스스로 "괴물 같다는 생각"이 들 만큼 자존감이 극도로 떨어
진 상태로 청소년기를 보냈다고 한다. 그러다 대학에 입학하면서 어릴 때부
터 가지고 있던 무술에 대한 동경으로 합기도장을 다니기 시작했는데, 운
동으로 살이 빠지는 과정에서 배유진은 긍정적인 감정을 느꼈다. 그래서 자
신이 느낀 해방감을 다른 사람에게도 전하고 싶다는 생각을 하게 된다. 하
지만 자신은 운동을 한편으로는 "무식하게 배웠"기 때문에 "만신창이" 수
준으로 몸이 망가지기도 했다. 그래서 배유진은 사람들에게 체육을 통해
몸을 해방하되, 건강을 위해 안전하게 운동할 수 있는 방법을 가르쳐 주
고 싶었다. 이를 위해 졸업 후에 체육 전공의 학사 편입을 했고 대학원에서
석사학위도 취득했다. 그 뒤 배유진은 우연히 한 시민단체의 후원 주점에
갔다가 지금 일하고 있는 협동조합 〈B〉의 창립 모임이 있다는 사실을 알게
됐다. 그리고 자신이 그동안 가장 하고 싶던 역할을 할 수 있는 공간이 협
동조합 〈B〉에 만들어지면서 본격적으로 〈B〉에서 활동을 시작하게 되었다.

이명진 · 협동조합 〈C〉 실무자

이명진은 대학에서 사회과학을 전공했고 한 수도권 대학의 석사과정에
진학했지만, 지금은 협동조합 〈C〉에서 근무하면서 학업은 중단한 상태다.
〈C〉는 비교적 역사가 오래되고 규모가 큰 협동조합으로, 이명진은 서울에
있는 한 지부에서 실무 관련 일을 하고 있다. 군에 입대하기 전에도 이명진
은 〈C〉에서 조합원을 교육하는 실무를 담당하면서 인연을 맺은 바 있다.

군대에 입대하면서 중단하게 됐지만 사회적 경제 관련 활동을 계속할 마음이 있었기 때문에 군 복무 중에도 사회에서 일어나는 여러 가지 사회적 경제 실험들을 관심 있게 지켜봤다. 제대한 뒤에 이명진은 새로운 사회적 경제의 실험들에 참여하기보다는 다시 〈C〉로 돌아가서 이 "인프라"를 잘 활용하여 "사회적 경제가 원활하게 작동할 수 있도록 역할"을 할 필요가 있다고 느꼈다. 이후로 이명진은 현재에 이르기까지 〈C〉의 실무자이자 직원으로 일하고 있다. 그런데 이명진은 정지현과 더불어 사회적 경제와 사회적 노동 장에서의 노동 환경에 많은 문제의식을 가지고 있었다. 우리가 만났을 때 이명진은 정지현을 비롯한 몇몇 동료들과 함께 활동가와 실무자에 대한 인터뷰 프로젝트를 진행하고 있었다.

| 시민사회단체 |

윤진희 · 시민사회단체 〈ㄱ〉 활동가

윤진희는 대학 때부터 취업보다 노동·노조 활동에 관심이 많았다. 그리고 막연히 "노동 쪽으로 가고 싶다"는 생각을 했다. 그래서 졸업 후 병원 노조에서 일하기도 했으나, 매우 권위적이고도 '옛날 방식'을 고집하는 조직 문화로 인해 약 6개월 만에 그만두었다. 매주 집회를 나가고, 집회에 나가서도 지나치게 요구되는 '규율' 등은 대학 시기 자유로운 형식의 활동과 가치 지향의 운동을 해 온 그에게 도저히 맞지 않는 것이었다. 그 이후 쉬는 기간에 주변 사람들의 제안으로 보건 관련 연구소에서 아르바이트를 하게 됐다. 이 연구소를 통해 지금 일하는, 돌봄 노동자를 지원하는 센터 〈ㄱ〉을 만드는 데에 합류하게 되었다. 센터 〈ㄱ〉의 주요 업무는 돌봄 노동자 고충 상담, 취업 상담, 교육뿐 아니라 돌봄 노동자에 대한 사회적 인식

향상을 위한 활동, 더 많은 돌봄 노동자들에게 센터의 역할을 알리기 위한 홍보 활동, 소모임 활동을 통해 돌봄 노동자들이 스스로 자력화할 수 있도록 지원하는 일 등 다양하다. 센터는 지방 정부에 소속되어 있으면서 자치구에도 소속되어 있는, 윤진희의 표현에 따르면 "시어머니가 둘인" 구조다. 시나 구의 지원을 받으면서 얻는 여러 이점들도 물론 있지만, 그는 대화 중에 '관官'과 함께 일하는 여러 가지 어려움에 대해 들려주었다.

정지현 · 시민사회단체 〈ㄴ〉 활동가

디자인을 전공한 정지현이 보기에 미대에서 같이 공부한 친구들은 분명 자유분방했으나 "중심은 없는 느낌"이었다. 성性에 대해서 자유롭게 이야기하지만 정작 제대로 된 피임 지식은 갖고 있지 않는 등의 모습을 목격했던 것이다. 그러면서 그는 '디자이너들이 넘쳐나는 시대'에 불충분해 보이는 자신의 실력으로 디자인 업계에 들어가는 대신 자신이 잘할 수 있는 것을 하면서 자신이 겪은, 이해하기 힘들던 상황을 바꾸어 보기로 한다. 그리고 졸업할 무렵, 취업 준비 대신 한 성교육 단체에서 상담사 교육을 받기 시작했다. 그 과정에서 지역 시민사회단체 〈ㄴ〉의 거리 청소년 상담 활동에 참여하게 되었고, 그렇게 시작한 〈ㄴ〉에서의 반상근 일은 지금의 상근 활동으로 이어졌다. 그는 활동에서 오는 외로움과 힘듦을, 지금의 단체에 국한되지 않고 개별 단체의 경계를 넘는 또 다른 활동을 통해 해소하고 있다. 우연히 외부 활동가 캠프를 통해 알게 된 또래의 단체 활동가들과, 활동가들의 노동에 대해 고민하는 인터뷰 프로젝트 팀을 꾸리게 된 것이다. 우리가 정지현을 만나게 된 것 역시 이 프로젝트를 통해서였다. 이 연구의 또 다른 참여자인 이명진이, 가장 열성적으로 이 프로젝트를 이끄는 정지현을 소개해 준 것이다. 그는 이 프로젝트를 통해 청년 활동가들이 처한 열악한 노동 환경과 조직 문화에 대한 문제를 제

기하는 동시에, 청년 활동가들이 함께 네트워킹할 수 있는 통로를 만들고
자 했다. 2차 인터뷰 때는 〈B〉에서의 일을 그만두고 다른 활동을 준비 중
이었다.

차은진 · 시민사회단체 〈ㄷ〉 공부방 교사

차은진은 새로운 대학에 편입한 후, 이전과 전혀 다른 전공을 공부하
고 다양한 사람들을 만난 것이 삶의 전환점이 되었다. 동료들과 함께 학
교에서 공동체 활동을 조직하거나 집회에 참여하는 등의 다양한 사회적
경험을 하며 본격적으로 '활동'에 가까운 삶으로 이동해 간 것이다. 대학
생 시절에는 "큰 운동"이 아닌 일상을 기반으로 한 운동을 하고 싶다는
생각을 주로 했다. 그리고 그런 '일상을 기반으로 한 운동'이 지역운동이
라고 생각했다. 대학생 때 지역 주민과 함께했던 바자회, 공동체 영화 상
영 등이 좋은 기억이 되었기 때문이다. 그래서 졸업 후 홍대 지역을 중심
으로 문화예술교육, 행사를 기획하는 사회적 기업에서 일을 시작했지만,
대학 생활 중에 경험하고 기준으로 삼고 있던, 지역에 밀착돼 있는 소규
모의 '활동의 상'과 달라서 결국 얼마 안 돼 그만두었다. 계속 다른 활동
을 해야 하는지, 혹은 공무원 시험을 준비해야 하는지, 아니면 주변 친구
들처럼 노무사 시험을 봐야 하는지 끊임없이 "방향"과 "균형"을 찾기 위
해 고민을 하던 중 한 지역구에 위치한 지역 활동 공간 〈ㄷ〉에서 공부방
교사 제안을 받았다. 어린이를 만나는 경험을 해 본 적도 없고, 교육에 특
별한 관심도 없었기에 "너무나 뜬금없는 일"이었다. 그래서 처음엔 거절
했으나, 무슨 일이든 빨리 시작하는 게 자신의 불안한 상태를 해결하는
데 좋겠다는 생각이 들어 시민사회단체에서 일을 시작하게 됐다. 특별한
목적의식이나 기대 없이 시작했지만, 현재는 어린이를 만나는 공부방 교
사라는 역할 속에서 그 활동의 의미를 찾아 가고 있다.

김지훈 • 사회적 기업 〈가〉 디자이너

김지훈은 그래픽 디자이너로, 현재 친구들과 함께 독립 디자인 스튜디오 〈가〉를 꾸려 활동한다. 김지훈이 활동하는 집단의 경우, 스스로를 '사회적 기업'으로 정체화하고 있지는 않다. 그러나 시민사회단체 등 비영리 기구와 함께 다수의 협업을 진행했고, 사회적인 의미를 〈가〉 집단이 선택하고 실행하는 활동/작업의 주요한 축으로 둔다. '건강한 가치'에 기반을 둔 작은 변화를 더 많은 사람들과 소통하기 위함이라는 〈가〉의 목적답게, 그들은 디자인을 이러한 변화를 실현할 수 있는 도구이자 표현의 형식으로 적극 활용하고 있다. 실제로 김지훈 개인이, 또 〈가〉 스튜디오에서 진행해 온 많은 작업들이 사회적 이슈와 소수자를 향한 관점 속에서 만들어진 것이다. 이러한 작업 이력의 배경에 그의 어떤 성장 과정이 있는지 궁금했다. 그는 초등학교 때 아버지의 사업 실패, 학교에서 경험했던 은밀한 따돌림 등의 이야기를 들려주었다. 더불어 디자인 공부를 위해 건너간 영국에서 5년 동안 일종의 '난민'으로 살아 본 경험 등도 그가 세상을 보는 방식에 영향을 준 것으로 보였다.

이유리 • 사회적 기업 〈나〉 목수

이유리는 현재 2년 넘게 사회적 기업 〈나〉에서 목수 일을 하고 있다. 목수가 되겠다는 꿈은 10여 년을 거슬러 올라간다. 이유리는 "10대 때 목수가 되고 싶었다"라고 말한다. 중학교 때 탈학교를 한 후에 대안학교에 다니면서 생태 건축이라는 수업을 듣게 되었고, 수업 중에 우연히 "물질 노동"에 어떤 감응을 하게 되었다는 것이다. 그 계기로 이유리는 건축 일에 대한 동경을 갖게 됐고 이후 대학에 다니면서도 목수 일에 대한 관심은 놓지 않았다. 평소 목수가 되고 싶다는 말을 하고 다녔던 그는, 2학년에서 3학년 사이에 한 지인의 소개로 현재 일하고 있는 사회적 기업에서 여러 차례 아르바이트와 프로젝트를 하게 됐다. 비록 정기적으로 한 것도 아니고 본격적으로 제작 기술을 배우고 작품을 만든 것은 아니었지만 "즐거운 마음"으로 참여했다. 이 프로젝트를 통해 알게 된 지인들이 그에게 〈나〉에서 목수 일을 하기를 권유했고, 그것이 지금 활동의 시작이 되었다.

홍명준 · 사회적 기업 〈다〉 건축가

홍명준은 학부에서 건축학을 전공하고 한 대학원 석사과정에서 논문 쓰기를 앞두고 있다. 현재는 서울시에 소재한 S마을에서 사회적 기업 〈다〉를 운영하고 있으며, 특히 공간 공유를 중심으로 공공성 있는 공유 경제에 관심을 가지고 있다. 그러나 홍명준은 원래 도시 출생으로, 마을살이와 마을 경제에 관심이 특별히 많지는 않았다. 대학에 다닐 때만 하더라도 도시 설계나 커뮤니티 디자인 같은, 비교적 추상적인 영역에 관심을 가지고 있었다. 때문에 그는 건축 사무소에서 경험을 쌓거나 본격적으로 일을 하기보다는, 자신의 건축 지식과 기술로 할 수 있는 활동을 찾길 원했다. 그러다가 대학원에서 우연히 알게 된 마을 만들기(지역 환경 개선) 사업에 응모하여 당선이 되었고, 대학원 교수의 후원을 받으며 본격적으로 마을에서 활동을 시작했다. 커뮤니티를 만들기 위한 마을 활동을 하는 과정에서 홍명준은 활동의 기반이 될 수 있는 공간이 필요하다고 여겼다. 이를 실무 공간으로 쓰면서 마을 주민들과 공유할 수 있는 기점 공간으로 만들 수 있을 것이라 생각했다. 그러면서 점진적으로 지금의 사회적 기업 〈다〉가 탄생했다. 사회적 기업 〈다〉는 사회적 기업 활동을 넘어서, 지역 주민들이 함께 참여해 자신의 마을과 관련한 여러 의견을 나눌 수 있는 기회들을 조직하는 등의 다양한 사업을 구상하고 있다.

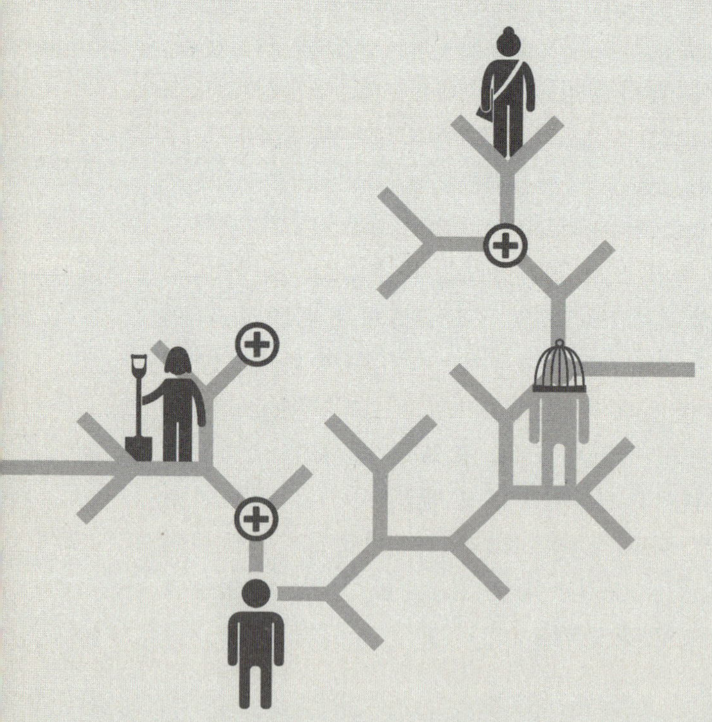

1장

사회적 노동
: 활동, 노동, 운동 사이

'운동'이라고 하면 왠지 돈도 못 받고 일할 것 같은 느낌인 거예요. 제대로 된 임금도 못 받고, 투철한 사명감이 있어서 헌신하는 느낌이 있어요. '활동'이라고 하면 최소한의 생계를 유지하면서 헌신하는 느낌이고. (웃음) '노동'이라고 하면 단어 자체에서 굉장히 도구적인 느낌이 들잖아요. 근데 한 명의 활동가나 한 명의 노동자 안에도 이 모든 스펙트럼이 다 있죠. 자기를 어느 선상에 위치시킬 것인가에 대한 갈등이 있고요. (이명진, 협동조합 〈C〉)

2014년 협동조합 〈C〉에서 직원으로 일하는 이명진을 처음 만났을 때, 그는 사회적 노동 영역 사람들이 '노동'의 성격에 대해 규정하는 것을 대체로 불편해한다고 지적했다. 사회적 노동은 단지 상품이나 서비스를 생산하는 일반적인 노동 행위가 아니라, 사회의 무언가를 바꾸어 내는 것을 목적으로 하는 가치 지향적 실천이라는 인식 때문이다. '노동'이라는 단어에 덧씌워진 부정적인 함의 — 타율적이고 반복적이며 따라서 창조적이지 못한 행위라는 — 와 조직에서 보호받지 못하는 노동자로서의 권리에 대해 문제를 제기하면서, 이명진은 사회적 노동 영역에서 노동 이슈에 대한 체계적인 논의를 시작해야 된다고 말했다. 다시 말해, 노동 내용에 대한 규정과 임금 체계, 작업장 내 복지 등 노동 관련 이슈를 문제화하지 않고, '활동'과 '운동'이라는 약속만으로 최소 생계조차 버거운 생활 조건과 불확실한 노동 조건을 오랫동안 감당할 수는 없다는 뜻이었다. 이런 맥락에서 그는 노동과 활동, 운동이 일종의 "스펙트럼"임을 지적하면서도, 오늘날의 맥락에서는 '노동'이라는 큰 범주 안에서 사회적 노동의 문제를 재정의해야 한다고 강조했다.

물론 이는 이명진 혼자만의 고민이 아니었다. 우리의 대화는 2014년 3월 26일에 서울시 청년허브에서 진행되었던 포럼 '사회적 가치를 지향하는 청년의 일, 노동인가 활동인가?'를 참조하고 있었다. 시민·공익 활동 관련 인터넷 플랫폼 〈더 플랜B〉에서도 청년 상근자들의 노동과 활동에 대한 연재를 시작하고 있었고, 이 역시 우리가 나눈 대화의 배경이었다. 노동과 활동, 운동의 구분은 2010년대 이후로 급격히 변화하고 있는 사회 환경에서 세대와 조직, 개개인을 가로지르며 딜레마와 모순, 갈등과 긴장을 내포한 채 사회적 노동 안에 독특한 방식으로 공존하고 있었다.

이러한 흐름을 염두에 두면서 우리는 이 장에서 청년들의 사회적 노동을 활동과 노동, 운동이라는 의미 틀로 정리해 보려고 한다. 청년들과 대화를 나누면서 우리는 청년들의 사회적 노동이 단지 특정 조직에서 규정된 실무를 수행하거나 유/무형의 상품이나 서비스를 생산함으로써 개인의 살림살이를 유지하는 (경제적) '노동'만도 아니며, 사회를 바꾸려는 규범적이고도 집합적인 실천으로서 (정치적) '운동'만도 아니고, 또한 가치 지향적으로 새로운 관계를 구축하거나 관계를 유지하는 (사회적) '활동'만도 아니라는 점을 반복해서 확인할 수 있었다.[14] 또한 노동과 운동, 활동은 명확히 나뉘고 정의될 수 있는 개념이 아니라, 사회적 노동 안에 공존하는 서로 다른 지향과 경험들의 복합적인 함수라는 점을 깨달을 수 있었다. 이는 청년 각자의 상황이나 개인적인 성향, 개별 조직이나 사회적 네트워크 안에서 서로 다르게 정의되고 이해되고 있었다. 따라서 이 책에서는 이러한 간극과 차이들을 간단히 해소할 수 있다고 주장하지 않는다. 오히려 사회적 노동 안에 세 가지 행위가 중첩되어 있다는 점은, 사회적 노동 영역에서 다양한 경험이 일어나는 조건이자 때로는 조직과 개개인의 일상에 긴장을 유발하는 이유였고 때로는 사회적 노동 영역에서 성찰과 변화를 이끄는 힘이 되기도 했다. 여기서는 활동에 대한 논의에서 출발해 청년들의 이야기 속에서 노동과 운동이 어떻게 이해되고 실천되고 있는지 간략히 살필 것이다. 이는 2장과 3장에서 다루어질 세대적 문제와 활동가 정체성의 문제, 4장에서 다루어질 사회적 노동 영역의 일상적인 모순과 역동의 밑바탕에 깔려 있는 문제 틀이기도 하다.

활동으로서의
사회적 노동

...

오늘날 사회적 노동 조직에서 '활동'은 일상의 중심축을 차지하고 있다. 이는 우리가 만난 연구 참여자 청년들에게도 마찬가지였다. 각각 활동의 중요성을 얼마나 강조하느냐의 차이는 있었지만, 누군가는 활동의 가치가 사회적으로 평가 절하되고 있음을 한탄하기도 할 만큼 활동의 개인적 가치나 사회적 의미는 모두 인정하고 있었다. 무엇보다 이들은 다양한 생애 경로를 거치며 활동하는 삶을 지향하게 된 사람들이기도 했다. 주변 사람들의 안내와 권유로, 혹은 대학과 사회생활에서 보고 배운 것들을 실현해 보기 위해서, 활동하는 삶 외에 다른 것들은 눈에 들어오지 않아서, "사회적으로 올바른 목소리"를 내면서 살고 싶어서, 자신이 살아오며 체험한 "해방과 혁명"을 더 많은 사람과 더 넓은 영역에서 체험하기를 바라서, 일반 직장에 다녀서는 재미없게 살아갈 것 같아서, 일반 직장을 다니며 사는 삶이 얼마나 팍팍한지 잘 알아서, 하고 싶은 일을 하면서 적당히 생활비도 벌고 싶어서, 경우에 따라서는 순전히 우연한 만남들 때문에. 활동을 지향하는 삶의 이유와 배경은 이처럼 다양했다. 개개인의 맥락에서 본다면 활동이 다양한 의미와 실천의 주름으로 이루어졌으리라는 점은 새삼스럽게 언급할 필요도 없을 것이다. 그렇지만 사회적 노동에서 활동은 새로운 관계의 시작이나 새로운 실천 방식의 실험을 지향한다는 공통점을 갖고 있었다. 우리는 여기서 크게 두 가지 측면 — 주체성 만들기와 사회성 만들기 — 에 주목하면서 청년들의 활동 양상에 대해 간략히 살펴보려 한다. 그리고 활동이 어떻게 노동과 운동의 문제와 연관되는지도 살필 것이다.

우선 청년들에게 활동은 일종의 '주체성 만들기'를 의미하고 있었다. 사회적 노동을 위해서는 시장적 질서나 국가 중심적 질서를 체화한 주체가 아니라 보다 '사회적' 가치를 지향하는 주체가 되어야만 한다는 인식은 사회적 노동 조직들에 널리 공유되어 있다. 물론 구체적인 주체성의 양상은 개별 조직의 목적에 따라 — 이를테면 협동조합과 시민사회단체가 지향하는 바는 다르다 — 조금씩 다른 식으로 나타나고 있다. 이때 활동은 사회적 노동의 장에 접속하는 이들의 의식과 가치, 실천의 패턴을 특정한 방향으로 '길잡이' 하는 일과 밀접한 관련이 있다. 이렇게 집합적인 가치 지향과 주체성을 생산하는 활동으로서의 사회적 노동은, 개별 사회적 노동 조직의 정체성을 형성하는 핵심이 되는 경우가 많다. 이러한 사회적 가치를 지향하는 주체성의 기반이 흔들리면 조직의 경제적인 측면뿐 아니라 사회적 노동 조직의 정체성과 사회적 정당성 차원에서도 '지속 가능성'에 문제가 생길 수 있기 때문이다. 특히 협동조합에서는 조합 민주주의에 참여할 뿐 아니라 조합의 특정 목표를 향해 협동하는 주체를 양성하는 일이 활동가들에게 주요한 임무가 된다.[15] 물론 이는 비단 사회적 노동 조직 내부만을 향하는 것은 아니다. 예컨대 돌봄 노동자들을 지원하는 단체 〈ㄱ〉에서 활동하는 윤진희는, 노동자들이 단지 '피고용인'으로 노동하는 것을 넘어 "사회적 노동자로서의 정체성"을 갖는 것을 목표로 교육 활동을 하기도 했다. 요컨대 개개인의 이해관계를 추구하는 주체가 아니라 사회적이고 공적인 가치를 추구하는 주체를 형성하는 것, 이는 활동의 의미론에서 가장 기본적인 층위이기도 했다.

한편 활동으로서의 사회적 노동은 주체성이나 정체성을 생산하는 일과 맞물리면서, 특정한 '사회성(관계성) 만들기'를 포함하기도 한다. 협동조합에서는 조합원을 모으는 일일 수도 있고, 사회적 기업이나 시민사회단체에서는 조직의 이념이나 가치에 호응하는 후원자를 모집하거나, 인접한 단체와 만나며 사회적 네트워크를 형성하고 조직의 '사회적 자본'을 축적하는 일일 수도 있다. 이때 활동은 단순히 목소리를 내서 가치를 전달하는 것이 아니라, 때로 복잡한 외교적 제스처 혹은 타인들로부터 배우고 듣는 태도를 동반한다는 점에서 흥미롭다. 예컨대 협동조합 〈B〉에서 일하는 배유진은 활동에 일종의 '감정 노동'이 필요하다고 말한다. 배유진에 따르면 협동조합 활동가들에게는 "일종의 매력 발산이 기본적으로 필요"한데, 왜냐하면 단순히 특정한 추상적 가치만 가지고서는 지역의 주민들과 만나 소통하기 어렵기 때문이다. 따라서 "매력 발산"을 통해 지역 주민에게 가까이 다가가는 일은 활동가나 실무자들에게 중대한 활동 과제가 되는 셈이다. 다른 예로 2014년 인터뷰 당시 대학원생이었던 홍명준은 활동가 정체성보다 연구자 정체성이 더 강했는데, 마을 기반 사회적 기업 〈다〉에서 활동하면서 연구자적 정체성을 가졌다고 연구실에만 있을 게 아니라 "계속 사람을 많이 만나"서 "이야기를 들어야" 할 필요가 있음을 깨달았다고 말했다. 단지 특정한 가치를 '말하는 것'만이 아니라 이야기를 '듣는 것'에서 출발할 필요가 있음을 제안하는 셈이다. 그는 이러한 관계성 생산의 과정을 일컬어 조심스럽게 "교육"이라 부르기도 한다. 이러한 활동의 지향들은 나중에 자세히 살펴볼 운동의 지향과도 맞물리는 부분이다.

연구라기보다는 사람을 만나는 게 중심인 거 같아요. 일종의 활동인 거죠. 교육이라는 게 누군가를 가르친다는 느낌이 들어서 계속 거부감이 들기는 하는데, 가르친다기보다는 그냥 고민을 나누는 사람들끼리 만날 수 있는 자리를 마련하는 정도라고 생각해요. 그게 저희에게도 도움이 많이 돼요. 저희의 이런 고민을 나눌 수 있다는 것이 중요하기 때문에. 소통 창구의 역할인 것 같아요. (홍명준, 사회적 기업 〈다〉)

이렇게 활동 자체에도 다양한 의미와 실천의 층위가 있지만, 우리가 만난 청년들의 이야기에서 활동은 노동과 그렇게 거리가 멀지 않은 것으로 이해되고 있었다. 이는 우리가 단지 이들의 이야기를 활동이라는 틀에서만 이해하지 않고 '사회적 노동'이라는 말을 사용하며 이해하게 된 이유이기도 하다. 이를테면 정지현은 오늘날 사회적 노동을 하는 청년들은 "직업적인 마인드와 활동가적인 마인드 반반"을 가지고 있어야 한다고 말했다. 그가 보기에 특정한 가치에 대한 개인적 신념을 가지고 활동'도' 할 수는 있지만, 한국의 현실은 활동'만' 하며 살아가기에 너무 냉혹하다. 오늘날 청년들은 "삼겹살이나 치킨은 먹지 못했지만 집은 있"는 선배 세대들과 달리 "삼겹살이나 치킨은 많이 먹지만 집은 못 갖는" 시대에 살고 있기 때문이다. 이는 사회적 기업 〈가〉의 디자이너 김지훈이 사회적 노동을 하면서도 "고기 같은 거 먹고 싶을 때 먹을 수 있을 정도"의 수입은 있어야 한다고 말한 것과도 연결된다. 사회적 노동에 종사하는 청년들은 자신에게 "의미 있는 일"을 하면서도 스스로 "생계를 책임질 수 있는 임금"을 확보해야 한다는 이중적인 과제에 직면해 있는 셈이다. 물론 이를 조화시키고 "반반"으로 만드는 것은 결코 쉬운 일이 아니다. 이와 관련해 차은진은 다음과 같이 말한다.

> 활동을 통해서 활동비를 받는다고 얘기하지만, 저에게는 생계를 책임질 수 있는 임금이죠. 그런 생각을 가지고 활동을 해도 될까 하는 고민들도 있었고요. 그래도 그렇게 살고 싶어요. 저는 활동의 의미보다는, 너무 스트레스 받지 않고 사회적으로 의미 있는 일을 하고 싶었던 거거든요. 남한테 큰 피해를 주지 않으면서 혹은 나를 너무 파괴하지 않으면서 일하고 싶은 거였죠. 돈을 조금 벌더라도 지금에 만족하면서 살 수 있을 것 같았으니까. (차은진, 시민사회단체 〈ㄷ〉)

일상적으로 노동과 활동의 경계가 흐릿해지면 차은진의 사례처럼 자신의 일을 '활동'이라고 부르는 일에 조금 주저하게 될 수도 있다. 그는 활동을 통해 '임금'을 받아 스스로 생계를 책임져야 한다는 생각이 들면서 자신이 '활동'을 한다는 자의식과 어느 정도 거리감이 생겼다고 말한다. 이렇듯 활동의 의미론은 '임금'이라는 노동의 의미론과 만날 때 자리를 양보하게 될 수도 있다.

한편 이명진은 앞에서 간단히 언급했던 것처럼 사회적 노동 조직들이 처해 있는 현재 상황 — 다시 말해 임금을 비롯해 노동 조건, 노동에 대한 규정, 노동 계약 등 노동에 대한 합의된 규범이 없는 상황 — 에서는, 청년들이 활동보다는 차라리 '노동'이라는 문제 틀에서 출발하는 것이 옳을지도 모른다고 말한다. 활동은 생계유지를 위한 노동과 평화롭게 공존할 수 있는가? 활동은 노동과 엄격히 분리되어야 하는가? 이는 결코 추상적으로 쉽게 대답할 수 있는 질문이 아니다. 또한 이 문제는 운동과의 관계 속에서 더욱 복잡해진다. 오늘날 청년들은 경우에 따라서는 민주화운동이나 시민사회 운동, 협동조합 운동 등 현재 진행형이기도 한 현대사의 유산과 일정한 관련을 맺지 않을 수 없고, 따라서 운동가로서의 정체성을 부분적으로 갖기도 한다. 활동은 조직화된 가치 지향성 및 실행의 측면에서는 운동, 경제적 자립의 측면에서는 노동과 겹쳐지기도 한다. 그러나 노동과 활동, 운동이 어떻게 서로 중첩되고 구분되느냐 하는 구획의 문제는 보다 세심한 주의를 요한다. 이에 대해서는 노동과 운동에 대해 언급하면서 자세하게 다루려 한다.

노동으로서의
사회적 노동

…

대형 조직에 속해 있기도 하고 직접 창업을 하기도 하는 등 각자 노동 조건이나 상황은 판이하게 달랐음에도, 우리가 만난 청년들에게는 각 조직에서 일정한 실무 노동을 수행하는 대가로 생계를 충당하고 있다는 공통점이 있었다. 단체와 조직의 규모 및 운영 방식에 따라 노동의 종류는 천차만별이지만, 사회적 노동 조직도 단지 활동이나 운동만 할 수 있는 것이 아니라 조직의 일상적 업무를 처리하기 위한 실무적인 노동을 필요로 하기 마련이다. 예컨대 마을에서 사회적 기업을 운영하고 있는 홍명준은 독립된 공간의 필요성에 대해 말하면서, "공간이라는 게 있으면 좋은데, 한번 공간이 생기면 유지, 관리를 해야 하고 계속 관심을 가져 줘야" 한다고 말한다. 이 사회적 기업은 마을 단위에서 활동하면서 독립된 공간이 반드시 필요했고, 이를 조직의 정체성에 맞게 관리해야 한다는 필요성과 공간이 물리적으로도 잘 보살펴져야 한다는 필연성을 해결하기 위해 다른 청년을 '고용'하게 되었다.

이렇듯 필요 속에서 이루어지는 실무 노동은 사회적 노동 영역에서 중요한 대가성 급여의 조건이 되지만, 그 특성상 활동과는 달리 '해도 티가 안 나고' 반복성이 강한 경우가 많다. 따라서 노동 지향이 강한 사회적 노동은 청년 개개인의 자율성과 가치 지향이 반영될 여지가 상대적으로 큰 활동이나 운동으로서의 사회적 노동과 구분되기도 한다. 특히 어떤 협동조합에서는 노동과 활동, 운동의 차이가 아예 제도적으로 반영되어 있기도 했다.

> 실무자는 조합원들의 추상적인 욕구들을 현실 경제 속에 반영하고 사업체를 지속할 수 있게끔 하는 역할을 맡아요. 이게 다소 추상적일 수도 있는데, 쉽게 말하면 협동조합을 유지하는 노동을 하는 게 실무자고, 협동조합을 협동조합답게 만드는 것이 활동가의 영역인 거죠. (이명진, 협동조합 〈C〉)

국내 협동조합 중에서도 역사가 깊고 규모가 큰 편에 속하는 협동조합 〈C〉에서는 "활동가보다 실무자가 임금노동의 성격이 강한” 경향이 있으며, 마찬가지 이유로 “실무자들은 임노동자라는 정체성이 활동가들보다는 더 강한” 경향이 있다고 이명진은 정리한다. 모든 협동조합이 이명진의 언급에서처럼 활동가/실무자라는 엄격한 구분을 따르는 것은 아니며, 또한 한 조직 내에서 직책을 가르는 기준이 절대적인 것도 아니다. 또한 협동조합 영역도 2010년대 들어 크게 확장되면서 각 조직의 정체성과 규모에 따른 차이점과 특수성의 범위가 넓어지고 있다. 그러나 이명진이 재직 중인 협동조합의 경우에 한하면, 제도적으로 활동가와 실무자가 비교적 분명히 구분되는 특성을 갖는다고 한다.

또한 이명진에 의하면 이 구분은 업무의 성격과 지향에 의해 이루어진다. 예컨대 활동가에 비해서 실무자들은 “좀 더 효율적으로 의사 결정을 해야 하는 측면”도 있으며, 경우에 따라서는 조직의 문제를 능숙하게 해결하기 위해 비록 비민주적으로 느껴질지라도 위계 관계 혹은 체계적인 분업에 기반을 둔 업무 형태를 유지해야 할 필요가 생긴다. 때문에 협동조합에 필요한 사람을 구할 때도, 노동과 활동 사이의 구분과 긴장이 하나의 쟁점이 된다. 물론 협동조합은 조합의 가치나 목적에 동의하는 사람들을 구하는 경향이 있지만, 조합의 규모가 점차 커질수록 좀 더 “임금노동의 성격이 강한” 노동자를 채용하게 된다는 것이다. 이런 경우 협동조합 내에서 조합의 가치에 동의하고 이를 실천으로 옮기는 활동가와 실무 노동자들 사이에 간극이 커지기도 한다.

그런데 오늘날 대체로 예산 사정이 여유롭지 못한 사회적 노동 조직들은 조직에 필요한 만큼 노동과 관련한 '고용'을 충분히 하지 못하는 경우가 다반사다. 더군다나 조직의 정체성과 가치 지향성이 강한 사회적 노동 조직들은 조직의 가치에 동의하는 새 사람을 구할 때 어려움을 겪게 되기도 하고, 반대로 충분한 임금을 보장하지 못해 청년들이 유입되지 않는 경향이 커서 어려움을 겪기도 한다. 사회적 노동 조직이 처해 있는 구조적 제약들은 곧 사회적 노동 조직 구성원 개개인에게 주어지는 과중한 노동 부담의 원인이 되기 마련이다. 특히 신생 사회적 노동 조직의 경우, 노동 강도가 개개인이 감당할 수 있는 수준을 넘어서는 경우가 많다. 협동조합 〈B〉는 최근 활발하게 규모를 확장하면서 지역에서 기반을 다지고 있는데, 여기서 일하고 있는 배유진의 이야기는 개인이 사회적 조직 내에서 담당하고 있는 노동의 강도를 짐작하게 한다.

조합원들에게 운동을 가르치는 건 제 일의 일부고요, 〈B〉에 고용된 강사를 관리하고, 조합 사업을 진행하거나 혹은 돕고 보조하고, 그리고 각종 위원회에 들어가고 이사회에 참석하고, 그 다음에 조합 활동 지역 모임에도 나가야 돼요. 그리고 외부 행사가 있을 때는 연대 활동을 또 나가요. 공간을 전체적으로 조직, 관리하고, 수강생들 관리하고, 매출 분석하고, 회계하고, 그 다음에 (중략) 사람들 접대하고 뭐 그런 것들을 하고 있죠. 그리고 기본적으로 사업부 안에 속해 있기 때문에 이런 것들에 대한 보고 같은 것들도 다 담당하고 있고요. (배유진, 협동조합 〈B〉)

한편 신생 조직이 아닌 기존 조직의 경우, 조직이 발전하고 사업이 확장될수록 이명진의 표현처럼 "노동에도 전문성을 담보하라는 압박이 가중되고 가속화"되는 경향도 있다. 물론 전문성은 (4장에서 조금 더 자세히 살피겠지만) 노동자 개개인에게는 조직 내에서 자율성의 신장을 보장할 뿐 아니라 사회적 노동의 장 내에서 이직과 계발의 가능성을 높일 수 있다는 점에서 긍정적인 효과를 갖기도 한다. 하지만 전문성에 대한 압력은 특정 업무에 대한 책임 증폭 및 업무 범위의 제한과 함께 나타나는 현상이다. 교육 이력과 자격증, 혹은 경험에 따른 전문성을 인정받기는 했지만 동시에 조직에서 과중한 실무 노동을 맡게 된 청년들은 "자발적 착취"와 "열정 노동"의 한복판에서 "좀비"가 되거나(정지현) "소진"되고 건강까지 악화된다(배유진). 이렇게 사회적 노동의 장에서 노동의 영역이 확장되면 확장될수록 활동의 영역은 자연스레 축소된다. 이렇듯 노동이 활동을 압도하는 경향이 사회적 노동의 장에서 계속 강해질 경우, 사회적 노동 자체에 대한 배신감과 실망감으로 연결될 가능성이 높다는 점에서 이는 간과하기 어려운 문제가 되고 있다. 특히 사회적 노동 조직의 예산이 후원이나 조합원들이 납부하는 조합비에 크게 의지하는 경우, 이 문제는 더욱 첨예해진다.

> 회원 조직이 있거나 조합원 조직이 있는 경우에 이들(회원이나 조합원)의 주권이 워낙 크기 때문에 여기서 일하는 직원 내지 활동가들은 회원들이나 조합을 서포트해야 하는 존재로서 있게 되고, 이 노동의 가치 자체가 굉장히 격하되는, 그리고 자기 노동의 주체성을 주장하기 힘든 환경이 분명히 있어요. (이명진, 협동조합 〈C〉)

"노동의 가치"가 격하되고 노동자들의 "주체성"이 사라진 사회적 노동의 장은, "소외"나 "노동의 배신"과 같은 단어들이 어울리는 폐허 가까이에 있게 된다. 시민사회단체에서 일하는 차은진은, 조직 내부에는 이미 "특정한 방향성이 정해져 있고, 그것을 수행할 인력"으로서의 노동자가 필요한 경우가 있다고 본다. 그러나 이에 수반되는 '노동으로부터 청년들이 "소외"되는 문제'를 해결하는 일에 조직이 그리 적극적이지 않은 경우가 많다고 지적한다. 결국 사회적 노동 조직에서 노동을 전담하게 된 청년들은 다른 노동자들과 마찬가지로 노동으로부터의 "소외"를 일상적으로 느끼기 마련이다. 이명진은 사회적 노동 영역에서의 노동 소외 문제는 다른 어디가 아닌 바로 사회적 노동 영역에서의 소외이기 때문에 더 강하게 체험된다는 점을 지적했다. 더 나아가 사회적 노동 영역이 한국 사회에서 결코 주류가 아니라는 점을 감안하면, 사회적 노동자들은 단순히 조직 내에서 하는 노동에서 "소외"되는 것에 그치지 않고 전체 사회의 틀에서 점진적으로 "고립"되기 쉽다. 사회적 노동에서 "소외"와 "고립"의 문제는 사회적 노동의 기반을 통째로 뒤흔들기도 한다. 정지현이 지적하는 것처럼, 이렇게 사회적 노동의 기반이 흔들리면 조직 자체의 정체성이 흔들릴 뿐 아니라 구성원들의 신뢰까지 잃게 되기 십상이다.

기업과 다른 뭔가를 기대하고 왔는데 별로 다른 게 없어요. (웃음) 어쨌든 난 다른 일을 하고 싶어서 온 건데, 다른 가치를 지향하려 온 건데, 여기서도 그런 지향이 안 보이고. 어떤 분의 비유에 의하면, 매년 무슨 물건을 팔까를 고민하는 거예요. 회원을 늘리기 위한 사업을 하는데, 이 물건을 팔아 볼까 저 물건을 팔아 볼까 이런 식으로. 어쨌든 장사 마인드예요. [어떤 걸 파는데요?] 아이템을 파는 거죠. 감성을 팔든, 환경을 팔든. 어쨌든 뭔가 팔려는 활동에 계속 아이디어를 쏟고, 제가 하는 일이 거기에만 국한되는 거죠. 네가 지금 하고 있는 이 세세한 일이 거시적으로 봤을 땐 이런 일이다 하는 걸 콕 집어서 지속적으로 얘기해 주는 사람, 그리고 그걸 지지해 주는 사람이 없어요. 그러니까 고립이 올 수밖에 없고 청년들이 외로울 수밖에 없어요. 일하면서 선배들을 미워하게 되고 그만두게 되는 구조가 될 수밖에 없는 거죠. (정지현, 시민사회단체 〈ㄴ〉)

앞에서도 언급했듯, 노동과 활동의 경계는 개념적으로 구분할 수는 있으나 일상적인 사회적 노동 경험에서는 잘 나누어지지 않는다. 특히 우리가 만난 청년 중에서도 개인적으로 활동 의지가 강할 뿐 아니라 실제로 활동 지향적인 사회적 노동 조직에 소속된 청년은 노동과 활동을 특별히 구별하지 않기도 했다. 하지만 청년 개인의 활동 의지는 강하지만 정작 사회적 노동 조직에서 맡은 일은 노동 지향이 더 강한 경우, 결과적으로 노동과 활동 사이에서 첨예한 갈등을 경험하기 마련이다. 특히 조직의 역사가 깊고 제도가 화석화되어 있는 데다 조직의 규모가 커서 노동 분업이 발달해 있는 경우, 조직에서 요구하는 노동이 청년들의 활동 지향성에 제대로 부응하지 못하는 경향이 있다. 이런 경우 청년들은 조직을 변화시키려고 노력하기보다 그만두는 쪽을 선택하게 된다. 사회적 노동자 개인의 요구가 조직에 의해 "개인적이고 감정적인 요구라고 쉽게 낙인찍힐 수 있다는"(이명진) 두려움도 무시할 수 없기 때문이다. 물론 반대로 안정된 생계 노동을 하기 위해 사회적 노동 영역에 유입되었으나, 조직의 활동 지향성에 동의하지 못해 갈등을 빚는 사람들도 있다.

우리는 노동과 활동을 엄격하게 구분했을 때 오히려 문제가 있을 수 있다는 점도 강조하고 싶다. 노동과 활동은 오히려 창조적 모순으로서 사회적 노동의 장에 새로운 노동 문화를 만들어 내는 힘이 될 수도 있기 때문이다. 또한 단순한 도식과 이야기 조각을 통해 사회적 노동에서 노동과 활동의 공존/갈등의 양상을 모두 드러낼 수 있는 것도 아니다. 더군다나 오늘날 사회적 노동 조직 간 다양성도 점점 커지고 있다. 역사가 오래된 대형 사업장부터 자리를 잡지 못한 신생 소형 사업장에 이르기까지 그 규모와 활동 분야도 다양하며, 또한 협동조합이나 사회적 기업, 마을 기업 등 조직의 성격도 다양하고 각각의 조직 문화도 모두 다르다. 또한 개별 조직의 가치와 목적, 업무 영역에 따라 노동과 활동의 내용이 다르게 규정된다는 점도 언급해 두고 싶다.

한편 사회적 노동의 장에 운동의 지향성이 분명히 존재함에도 불구하고 노동과 활동에 비하면 자주 언급되지 않는다는 점에 주목하지 않을 수 없다. 오늘날 사회적 노동의 장에 노동과 활동이 일종의 '양 날개'가 된 반면, 운동은 비가시화 혹은 주변화되고 있다고 표현해도 과언이 아니다. 이는 곧 자세히 살필 것처럼 사회적 노동에서 활동의 의미론이 운동의 의미론과 상당히 중첩되기 때문이기도 하지만, 부분적으로 운동의 개념 자체가 한국 현대 사회의 역사적 과정과 깊이 맞물리며 변화하고 있기 때문이기도 하다.

운동으로서의
사회적 노동

···

오늘날 많은 청년들에게 운동은 일종의 '역사'로 이해된다. 즉, 운동은 1970~1990년대 민주화운동과 노동운동 중심의 '운동의 시대'를 통과해 온 선배들의 전유물로 간주되기도 하고, 세대 갈등을 경험하는 경우에는 구시대적 산물 정도로 인식되기도 한다. 그러나 우리가 만난 청년들이 운동에 대해 갖고 있는 태도는 하나로 수렴되지 않았으며, 운동에 관여하거나 운동을 지향하는 정도도 달랐다. 또한 사회적 노동의 장에서 운동을 이해하고 실천하는 방식도 하나가 아니다. 예컨대 인류학자 조문영은 K사회복지와의 협업적 문화기술지를 통해 오늘날 운동에 대한 지향에 크게 세 가지 경향이 있음을 발견하였다.[16] 하나는 '자본과 국가 권력에 대한 저항으로서의 운동'이며, 두 번째는 '자신과 이웃을 임파워empower하는 실천으로서의 운동', 그리고 마지막으로는 '새로운 공동체적 실험으로서의 운동'이다.

K사회복지 사례를 통해 드러난 이 운동의 범주들은 흥미롭게도 세대적인 경험과 어느 정도 관계된다. 이를테면 조문영이 만난 20~30대의 청년들의 경우, 오래전부터 존속해 온 정당이나 단체 중심의 사회운동에 대해서 회의적인 반응을 견지하면서 새로운 공동체를 실험하고 건설하는 것에서 '운동성'을 찾는 경우가 많았다. 이는 1970~1980년대의 사회운동 경험이 있는 리더 그룹의 인식과는 다른 것이며, 따라서 오늘날 사회운동과 그 정치적인 의미에 대한 지배적인 상image이 서서히 변화하고 있음을 시사한다.

조문영이 만났던 청년들의 이야기와 우리가 만난 청년들의 운동 인식과 지향은 어느 정도 통하는 부분이 있다. 특히 우리가 만난 청년들에게 사회적 노동은 이해관계자들 사이에 "소통 창구"를 만들고 주체성과 관계성을 만들어 내는 과정에서 때로는 이를 활성화하기 위해 '공간과 지역 만들기'를 목표로 삼기도 했다. 이러한 사회적 노동은 더욱 조직화되고 장기적인 비전을 가진다는 점에서 활동보다 운동의 의미에 가까워진다. 이를테면 배유진은 자기 자신의 생애 서사와 활동, 더 나아가 운동 사이에 모순과 갈등을 크게 느끼지 않는다. 배유진은 "운동(스포츠)을 통해 해방되는 경험"을 했다는 점을 강조하면서, 자신이 경험했던 "정신적인 부분의 치유"를 할 수 있고 또한 여성들에게 "자존감"과 "용기"를 불어넣을 수 있는 공간을 협동조합에 만들고 싶다고 말한다. 그는 "폭력적이지 않고 외모 지상주의적이지 않으면서 건강하게 운동"할 수 있는 "꿈의 공간"을 만들고 체계화하기 위해 개인적인 다른 관심은 잠시 접어 두고 거의 모든 시간을 지역 협동조합 운동에 투자하고 있었다. 비슷하게 지역에 '편안한 공간'을 만들기 위해 운동을 하는 경우도 있다. 이를테면 시민사회단체 〈ㄷ〉에서 일하는 차은진은 "내가 살고 있는 동네에 내가 편하게 드나들 수 있는 공간"을 만들고 싶었다고 말한다. 물론 범위가 더 넓은 "중앙 집중적인 정치적 활동이나 운동"도 의미가 있지만, 성소수자이기도 한 자신이 정체성을 편안히 드러낼 수 있는 "거점"과 "안전한 공간"이 필요하다고 느꼈기 때문이다. 이는 차은진의 표현에 따르면 "공공성이 있는 공간"을 세우는 운동이기도 했다.

이렇듯 "공공성"과 "나"의 만남으로서 '공간과 지역 만들기' 운동은 당사자의 문제를 해결하는 운동 방식이 될 수 있지만, 동시에 앞에서 이미 살핀 바 활동으로서의 사회적 노동에서 주체성과 정체성, 관계성을 생산하는 문제와 분리할 수 없다. 예컨대 시민사회단체 〈ㄴ〉에서 활동하는 정지현은 뜻이 맞는 대학생들과 함께 마을에서 청소년을 대상으로 성교육 활동을 했지만 "연속성이 너무 없었다"고 말한다. 때문에 정지현은 "전문가는 아니지만" 지역에서 보다 연속적으로 활동을 할 수 있는 "주민들을 많이 만드는 게 정말 중요하겠다는 생각"을 하게 되었다. 이는 지역을 만드는 "마을운동의 시초"가 될 수 있다는 기대로 이어지기도 했다. 마을 기반 사회적 기업 〈다〉의 홍명준은 다양한 이해관계를 가진 지역 주민과의 협업 속에서 '마을 만들기 사업'을 수행하기도 한다. 홍명준은 "최대한 가운데 있는 입장에서 어떻게 역할을 할 수 있을까" 고민을 하면서 주민 간 갈등 조정자이자 활동가로서 마을 만들기 사업의 주체로 활동했다고 말한다. 물론 주민 간에 생각하는 것들이 다를 수밖에 없지만, 이런 차이들을 "조율해 나가는 과정들이 결국에는 마을 만들기 과정"임을 강조한다. 활동과 운동의 경계는 이렇게 다소 모호해진다.

한편 청년들이 이러한 과정을 거치다 보면 특정 지역과 공간의 제한된 범위를 넘어서 '제도 만들기' 혹은 '문화 만들기'라는 보다 적극적인 운동의 지향으로 진화하기도 한다. 예컨대 정지현은 이러한 문화 만들기 운동에서 청년들의 역할을 적극 긍정한다. 정지현은 "제3섹터라면 어쨌든 시민들을 끌고 가야 하는 거잖아요. 돈도 아니고 뭣도 아니고 가치로 끌고 나가는 건데, 뭔가 멋있게 하려면 청년들이 꼭 필요하거든요. 문화를 계속 선동해야 돼요"라는 인상 깊은 말을 하기도 했다. 한편 배유진은 자신이 품고 있는 운동의 지향을 이렇게 표현한다.

처음부터 모든 사람들을 포함할 수는 없겠지만 점진적으로 소수자를 위한 신체 활동 공간을 만들어 나가고 싶어요. 그리고 그 공간이 힘이 되어서 도시 계획 정책이라든지, 서울시 신체 활동 정책이라든지, 건강 증진 정책이라든지, 보건이라든지 이런 분야에 하나의 모델로 작용할 수 있는 공간과 조직을 만들고 싶다는 생각을 하고 있어요. (배유진, 협동조합 〈B〉)

배유진의 운동으로서의 사회적 노동 지향은 한국의 체육교육 문화에 대한 페미니즘적 비평도 포함하고 있었다. 배유진이 보기에 체육교육에는 "동작에 익숙하지 않은 사람들을 처음부터 배제"하는 문화가 있는데, 이 배제되는 사람은 대부분 여학생들이다. 협동조합 〈B〉에서 만들어 가고 있는 체육 문화가 점차 외부로 영향을 미친다면, 한국 전체의 체육교육 문화와 제도가 점차 개선될지도 모른다.

또한 배유진은 지역 기반 협동조합 〈B〉의 정체성과 문화를 지키면서, 사람들과 "계속 얘기하고 치열하게 생각"하며 당면한 문제를 해결해 나가고 조직의 가치와 운영에 관한 합의를 도출해 가는 지난한 과정 자체가 "해수면을 높이는" 하나의 '민주주의'라고 본다.

결국은 해수면을 높이는 거랑 비슷한 것 같아요. 그러니까 전반적인 지역의 의식 수준이라든지, 정치적인 지향이나 아니면 정치적으로 생각할 수 있는 민감성, 섬세함, 성찰력 이런 것들이 다 같이, 아주 조금이라도 올라갈 수 있잖아요. 물론 해수면이 아니라 물방울이라면 한 사람만 쭉 올라갈 수는 있죠. 하지만 해수면을 높여야 배가 점점 더 올라갈 수 있고, 그렇게 민주주의를 실현하게 되는 것 아닐까요. (배유진, 협동조합 〈B〉)

물론 배유진은 이러한 과정에서 때로 찾아오는 사회적 노동의 고단함으로 인해 소진되는 경험을 하기도 하였다. 그럼에도 그는 〈B〉라는 사회적 노동 조직의 활동으로부터 더 큰 지역과 문화, 제도의 개선을 향한 지역운동이 될 가능성을 본다.

앞에서 언급했던 것처럼, 청년들의 사회적 노동이 빚어내고 있는 '운동'의 현실은 결코 '보편적'이거나 '일반적'이라고 볼 수 없다. 이는 오늘날 보편적 운동이나 집합적인 운동이 불가능하다고 선언하는 것이 결코 아니다. 다만 우리는 사회적 노동의 맥락에서 '운동'이라는 행위에 내재되어 있는 복잡한 삶의 맥락들과 역사, 정치, 윤리적 선택의 흐름과 교차에 보다 민감해질 필요가 있다. '운동'이라는 개념 역시 그 자체의 뜻처럼 운동하고 있는 셈이다. 어떻게 보면 이렇듯 "운동하는 '운동'"이라는 관념이 새로운 사회적 현실들을 조형하는 집합적 힘이 될 수 있을지도 모른다. 특히 2010년대 들어 변화한 '운동'의 현실에 대한 청년들의 이야기는 3장에서 보다 자세히 살필 것이다. 비록 어떤 눈에는 성에 차지 않는 운동이라 할지라도, 어떤 경우에는 제도에 이미 포착되어 문제를 재생산하는 유사 운동으로 읽힐지라도, 우리는 이렇듯 운동하는 '운동'의 변화하는 의미론과 실천론을 포착할 수 있는 정교한 언어들을 계속 만들어 가는 작업이 필요하지 않을까?

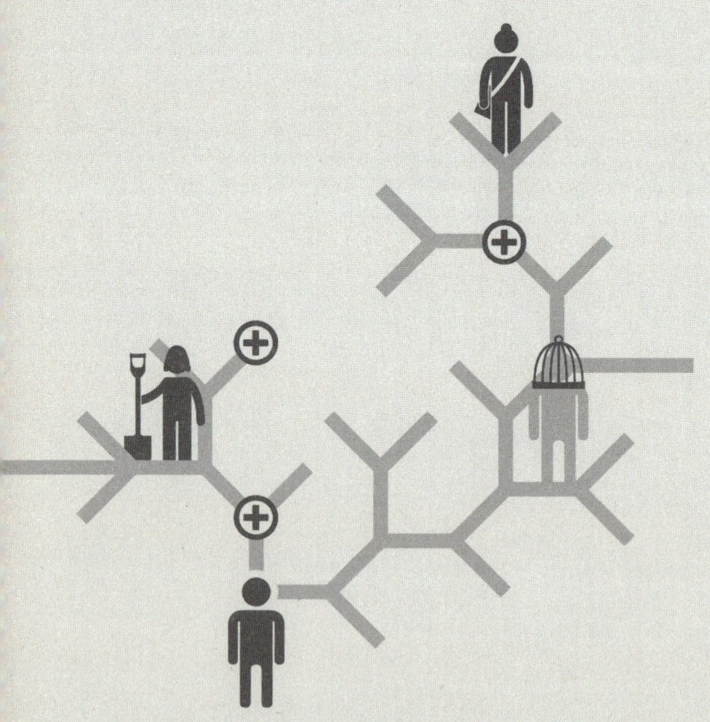

2장

'청년' 활동가로 일하기

‘의미 있는 노동의 보람’이라는 말은 이제 먼 옛날 혹은 훗날의 유토피아적 이야기로 들린다. 20~30대의 청년 대부분은 이제 그러한 꿈과 기대는 제쳐 둔 채 노동 현장에 진입하고 있다. 그럼에도 이 ‘꿈’을 버리지 못하는 이들은 이윤 지향적이고 돈을 벌어들이는 경쟁에 자신의 뿌리와 미래를 두는 자본주의적 현장이 아니라 다른 현장을 그들의 노동 현장으로 삼고 있다. 이윤이나 경쟁이 아니라 사회적 의미를 생산하고 관계적 형식의 삶을 엮는 현장이 바로 그 ‘다른 현장’으로 떠오른다. 우리가 만난 청년들은 이러한 그룹에 속하는 사람들이다.

실제로 연구 참여자들은 인터뷰 중 ‘일반적인 일자리’에 대한 비판 의식과 거리 두기를 내포하고 말할 때가 많았다. 먼저, 사회적 노동 영역의 급여 수준이 100만 원 중반만 넘어도 ‘꽤 많이 받는구나!’라는 감각을 줄 만큼 전반적으로 낮기에,[17] “월급은 이미 접고 들어오는”(정지현, 이명진) 경우가 많았으며, 그 대신에 이들은 다른 의미 체계를 구축하고자 했다. 즉 사회의 변화에 참여하는 만족감, 소외되지 않는 노동, 동료 의식을 느낄 수 있는 조직 문화, 주체성, 재미 등이 그것이다.

예컨대 홍명준은 졸업 후 건축 스튜디오에 들어가지 않고 사회적 기업을 창업하게 된 이유 중의 하나로, 한 회사에 속한 건축가가 돈을 제공하는 “클라이언트”의 요구와 수요에 따라 움직이게 되는 “한계”를 꼽았다. “결국에는 누가 일을 주지 않으면 할 수 없는 구조"인데, 그 안에서 공공성과 주체성을 담보하기는 결코 쉬운 과제가 아닐뿐더러 결과적으로 "재미가 없"기 마련이라는 것이다.

4장에서 더 자세히 살피겠지만, 홍명준뿐 아니라 많은 청년들이 저임금과 고강도의 노동 조건에도 불구하고 사회적 노동, 특히 가치 지향적인 '활동'에 마음을 쓰는 주된 이유로 '자율성'을 꼽았다. 문화예술교육을 담당하고 있는 차은진 역시 자기 활동의 특성으로 "주도적으로 일할 수 있는 부분이 많다는 것"을 꼽는다. 이들은 이렇게 일에서 의미와 재미를 느끼고자 하는 개인적인 욕구와 더불어 대체로 '더 나은' 혹은 '덜 나쁜' 사회를 만드는 공공적이고 사회적인 일에 기여하고 싶다는 희망을 안고서, 그리고 현실적으로는 누군가로부터 명령을 받는 타율적 일이 아니라 스스로 조직할 수 있는 자율적인 일을 찾아 지금의 사회적 노동을 시작하고 있었다.

2장에서는 이들 개개인의, 혹은 우리가 만난 개인들의 집단/공통적인 배경을 넘어, '청년'으로서의 정체성으로 초점을 돌려 보고자 한다. 현재 20~30대에 속하는 청년들이 어떠한 세대적 배경 속에서 성장했고, 자신의 노동관을 형성해 이 현장으로 들어오게 되는지를 이전 세대들과 비교해서 살펴보려는 것이다. 이 시도는, 이 같은 의미 체계에 대한 기대를 갖고 사회적 노동/활동의 현장에 들어온 젊은 세대들이 이 현장을 어떻게 '복잡하게' 경험

하고 있고, 그 속에서 어떠한 간극을 느끼는지 이해하는 배경이
되어 줄 것이다.

여기서 일하는
'청년'들은 누구인가
...

최종숙에 따르면, IMF 외환위기 이전, 즉 1998년 이전에 대학에 입학한 세대는 과거 상식으로 생각해 오던 기존의 질서와 관행에 대한 비판 의식을 갖게 되는 "인지적 해방"의 과정을 학생운동 공동체 내에서 집단적으로 이루는 경향이 있었다.[18] 그리고 이 과정은, 이 세대원들이 시민운동가로 활동하는 데에 발판이 되었다. 1990년대는 1980년대의 조직적 반정부 투쟁과 민주주의 운동에 대한 열기는 사그라들었으나, 대학 내에 여전히 이러한 운동의 기억이 '분위기'와 같은 형태로 남아 있던 시기였다. 때문에 대학 내에서 개개인이 어떠한 특정 조직 활동에 몸담고 있지 않더라도 학과에 남아 있는 선배, 당시에 과에서 함께 읽던 책 등의 영향으로 담론적으로 친숙한 경향도 있었다.[19] 또한 1980년대의 조직적 학생운동이 막을 내리고, '신사회운동'에 이어 '아래로부터의' 시민운동이 한창 형성되던 1990년대와 2000년대는 당시 청년들이 여성운동, 환경운동, 교육운동 등 대안적인 운동 영역에 진입할 수 있는 기틀이 마련되었다. 그러나 이어 최종숙은 1998년의 경제 위기로 한국 사회에 커다란 변동이 생기기 시작한 시기 이후에 대학에 진학한 세대는 "인지적 해방"이 고립된 개별 체험을 통해 이루어졌고, 동시에 이를 경험하는 사람들의 수 역시 줄어들었음을 분석한다.[20] 그 이후, 즉 지금의 20~30대 세대 구성원 중 많은 이들은 고립적, 개별적 체험 속에서 사회에 대한 비판 의식을 형성하며, 그것을 경험하는 절대 인원도 적어졌다는 것이다.

이러한 분석은 우리가 만난 청년들의 경험과도 상당 부분 일치했다. 연구 참여자들은 주로 개인적 성장 과정과, 친구를 통한 소개 등으로부터 사회에 대한 비판 의식을 획득하거나 사회적 노동 현장 경험을 시작하는 계기를 마련했다. 강인혜와 배유진은 각각 신체적, 심리적 어려움을 겪던 와중에 자신과 비슷한 처지에 있는 사람들에게 관심을 갖게 된 경우였고, 차은진은 사회운동에 참여하고 있던 친구의 영향이, 김지훈은 성장 과정에서의 차별 경험과 가족적 배경이, 홍명준은 대학원에서의 프로젝트 참여가, 이유리는 대안학교에서 경험했던 노동이, 정지현에겐 자신의 관심사를 좇아 관련 교육 프로그램을 들었던 경험 등이 지금까지의 여정에 연결된 계기였다. 편입 후에 새로 들어간 대학에서 비슷한 지향을 가진 친구 그룹과의 교류가 '활동가'에 가까운 삶으로 본격적으로 이동하는 데에 영향을 준 차은진의 경우를 제외하면, 대체로 연구 참여자들의 경험은 — 그 무게와 깊이는 각각 다를지라도 — 집단적이고 공동체적인 과정보다는 개인적이고 '우연한' 계기에서 비롯된 것에 가깝다는 특징을 지닌다. 이러한 특징은 단순히 사회적 노동 주체 형성 과정의 변화만을 이야기해 주는 것이 아니라, 이 주체 형성 과정이 만들어 낼 잠재적 특성들을 암시해 준다. 예컨대 집단적이고 공동체적인 의사 결정의 과정과 활동에 익숙한 이전 세대들과는 조직을 대하는 태도와 온도, '일'과 '조직' 사이의 분리에 대한 관점, 조직에 대한 '충성도'와 '헌신도' 등의 다양한 층위를 둘러싼 차이를 내재하고 있는 것이다.

　대학 졸업 후 처음으로 진입한 조직에서 계속해서 활동하는 경우도 있지만, 차은진의 예처럼 이직 사이에는 알바, 단기 노동 등으로 반드시 연속적이지만은 않은 중간의 시간을 갖게 되는 경우도 많다. 또한 차은진의 경우 연구 참여자 중에서 미래에 대한 열린 고민, 즉 어떤 (사회적 노동) 조직으로 옮길 것인가뿐 아니라 비영리가 아닌 영리 섹터로 진입할지, 혹은 공부를 더 할지, 노무사 시험이나 공무원 시험을 볼지 등의 열려 있는 고민을 많이 드러낸 편에 속했다. 이러한 고민을 하게 되는 데에는 개인적인 성격이나 특성만이 아니라 자력으로 안정되게 정착하는 삶이 거의 불가능해진 이 세대의 단면이 반영되기도 한다. 즉 현재 20~30대 청년 세대가 평생직장과 같은 형태의, 한 직장에 오래 다니며 '정착'하는 삶보다는, 옮겨 다니는 데에 익숙해질 것을 일찍 요구받아온 시대적 조건이 있다는 뜻이다.

그렇다면 청년 세대들이 직면하고 있는 노동 세계의 모습은 어떠한가? 최근 통계에 따르면, 취업 준비 시장과 경제 사정이 어려워짐에 따라 청년들은 평균 11개월의 취업 준비 기간 이후에 겨우 회사에 들어가지만 그중에서도 10명 중 6명은 15개월 만에 회사를 그만둔다.[21] 퇴사 이유는 적성에 맞지 않는 직무, 조직 적응 실패, 낮은 임금, 열악한 근무 환경 등 다양하지만[22] 이러한 자발적 퇴직이 아니라 하더라도 전체 근속 기간은 결코 길지 않다. 통계청이 2015년 발표한 조사에 따르면 전체 임금노동자의 평균 근속 기간은 6.1년이며 2015년 8월 자료를 기준으로 15세부터 29세 사이 청년의 64퍼센트는 비정규직으로 신규 채용된다.[23] 이는 그 64퍼센트에 속하는 청년 대부분도, 곧 비자발적으로 다시 취업 시장으로 튕겨 나오게 됨을 의미한다. 적정한 임금, 근속 안정성 등의 근로 조건이 갖춰진 괜찮은 일자리decent job는 극히 줄어들고 있다. 이러한 불안정한 취업 시장의 분위기는 젊은 세대들로 하여금 언제든 지금의 회사/조직 바깥으로 나오게 될 수 있음을 염두

에 두게 하고, 이를 위해 '다음'을 위한 자기 계발을 분주히 준비
시킨다.[24]

한편 이들은 더 이상 회사는 내 명확한 미래를 책임져 주지 않
는다는 것을 미리 보고 또한 학습해 왔기에, 회사 생활에 혼신을
다하기보다는 가족이나 친구와 보내는 시간, 혹은 자기 계발을
할 수 있는 개인 시간을 중시하게 된다. 이러한 현상은 사회와 세
대가 변화하며 발생하는 가치관의 변화임과 동시에, 지극히 현실
에 기반한 선택이기도 하다. 위의 이야기는 미국과 캐나다의 비영
리 섹터 사례를 중심으로 쓰여 최근 비영리 조직을 위한 공익 프
로젝트로 번역 출간된 《세대를 뛰어넘어 함께 일하기》[25]에서 지적
하는 것과도 맞닿는 부분이다. 이 책에서 표현하는 대로, 기성세
대가 '일하기 위해 살았다'면 젊은 세대는 '살기 위해서 일한다'는
시각차가 존재한다. 또 비영리 섹터의 젊은 세대가 갖는 사명감은
'조직'에 대한 것이 아닌 '활동'에 대한 것에 더욱 가까우며, 그렇기
에 이들은 새로운 기회를 찾아 이동하거나 더 많은 수입이나 시
간 등을 찾아 조직을 떠나기도 한다는 것이다. 이러한 젊은 세대
가 갖게 되는 조직과 '정착', 미래 구상에 대한 비전은 이전 세대
의 그것과 다를 수밖에 없지 않을까?

1년 동안 사회적 기업에 다니다가 아예 사회적 노동 영역에 대
한 비전과 기대 자체를 버리고서 미련 없이 취업 준비에 돌입한
윤예림의 말은 젊은 세대가 가지는 '일'에 대한 하나의 태도를 보

여 준다.

> 일하다 보니까 이 단체에서 내가 할 수 있는 것들과 할 수 없는 것들이 오히려 명확히 보이고, 그러면서 직업과 직장이 약간 분리된 거 같아요. 직업에 대해서는 거기에서 내가 해 보고 싶은 걸 해 봤다라는 생각이 들었어요. 하지만 직장으로서는 비전이 없었기 때문에 '내가 이 직장을 계속 다녀야 하는 건가' 이런 고민이 많았죠. (윤예림, 사회적 기업 〈라〉)

윤예림은 사회적 기업 〈라〉에서, 그가 대학 시절부터 줄곧 관심을 기울여 온 예술, 교육과 관련된 활동을 해 보았으나 이제는 적어도 이 판에서는 원하는 삶, 지속 가능한 노동/생활의 미래를 찾을 수 없다는 점에서 "끝을 본 느낌"이었다고 전했다. 자신은 "이 주제에 관심이 있었지 그걸 일로 하고 싶은 사람"은 아니었음을 깨달은 것이라 했는데, 때문에 그는 다시는 사회적 기업을 포함해 사회적 노동과 관련한 현장에 들어서지 않기로 마음먹었다. 이는 자신의 개인적인 관심사와 직업, 일과 직장(조직)이 '일치하지 않을 수도' 있음을 받아들이고 있는 청년들의 인식의 단면을 보여 준다.

또 다른 연구 참여자 김여진은 시민사회단체 〈ㄹ〉에서 일하기 전 잠시 다녔던 무역 관련 회사에서, 처음 입사하면서부터 "우리 사회에서 가치를 띤 일을 하기는 굉장히 어렵다는 생각을 깔고" 갔다고 말했다. 또한 정지현은, 자신의 세대와 동료들은 기업이 아닌 비영리 활동가로서 의미 있는 노동을 하고 싶다는 "활동가적인 마인드"도 있지만 "퇴근도 빨리 하고 싶고, 퇴직금도 받아야" 한다거나 개인적인 생활을 누리고 싶은 욕구가 충족돼야 한다는 생각을 동시에 가지고 있다고 설명한다. 한 지역의 활동가를 중심으로 세대별 가치관을 연구한 또 다른 연구에서 최종숙은 젊은 세대로 올수록 집단보다 개인에 대한 관심이 더 증가하는 경향에 대해 밝히며, 이것이 시민운동 내에서 헌신성이 약화되는 결과로 이어지고 있음을 지적한다.[26]

이른바 '신세대', 'X세대'로 불렸던 1990년대의 청년들은 '취미와 일', '좋아하는 일과 잘하는 일'을 일치시키고자 한 세대였다. 그들의 노동관에서 '일이란 곧 그 사람'이었기에, 이로부터 자존감과 재미를 얻는 것은 중요한 직장 선택의 기준이었다.[27] 이와 비교해, 이후의 세대는 이에 대한 강박에서 한결 벗어난 모습이다. 현재 한국에서 청년 노동에 대한 담론에는 일의 만족감, 자아실현 등 가치 프레임의 자리가 거의 없다. 대신 힘든 취직, 청년 실업, 고용 불안, 낮은 임금, 워킹 푸어 등의 문제가 더 중점적으로, 심각하게 다뤄진다. 청년들은 계속해서 취업에 실패하면서 '자신을 낮추게 되는 경험' 혹은 '몸값'을 최대한 높이기 위한 노력에 익숙해지고, 평생직장을 기대할 직종이란 극히 제한적이며 또한 계속 사라지고 있기에 결과적으로 사실상 많은 청년들에게 '고용 안정성'이라는 비전은 현실적이지 않다. 한 직장은 길어야 2~3년짜리 간이역이 되며, 그조차도 저임금, 긴 노동 시간, 내부 경쟁, 성과주의 평가 체제 등에 기반한 불안으로 점철돼 있다. 요컨대 현재 노동 사회에는 노동 진입의 어려움과 노동 유지의 어려움이라는 이중적 굴레가 작동하고 있는 것이다.

때문에 청년들이 회사에 입사해 그들의 직장 생활에 대해 갖게 되는 기대는, 일의 의미나 즐거움, 재미, 정서적 충만함 등보다도 '시간' 그리고 '돈'이라는 객관적 요소 쪽으로 더 이동하게 되는 것 같다. 위와 같은 사회적 조건 속에서, 최소한, 일터에서 영혼을 팔며 일하는 것을 '돈'으로 보상받을 수 있거나, 혹은 건강과 영혼, 생계를 팔며 일하는 것을 개인 생활을 누릴 '시간'으로라도 위로 받을 수 있길 기대하는 것이다.[28] 그렇다면 이러한 현상은 '요즘 젊은이들이 속물적이 되었다'거나 혹은 정신적 만족보다 물질적 만족을 더 중시하게 된 결과로 보기보다는, 대부분의 일터에서 기본적 차원의 욕구가 이루어지지 않는 방향으로 노동 조건과 환경이 점점 쇠퇴하고 있는 현실의 방증으로 보는 것이 더 타당하다. 즉, 일로부터 의미를 구현하는 것도 근본적으로 보아, 자기 자신에 대해서 생각하고 내 노동을 의미화할 수 있는 물리적 '시간', 그리고 그러한 생계를 지탱할 수 있는 '돈', 또한 가까운 미래를 위협하지 않을 고용 '안정성'이 바탕이 될 때에나 가능한 것이기 때문이다. 그런데 지금은 이러한 기본적 생존 요소들이 충족되기가 점점 힘들어지고 있기에, 다시금 생존 문제는 부모 세대와는 또 다른 의미로 절박하게 대두되고 있다.

이러한 이들에게 '업'과 '직장'은 일치할 수도 그렇지 않을 수도 있는데, 이때 둘이 일치하지 않는다면 이것은 미련 없이 그 장을 나설 수 있는 명확한 사유가 될 수 있다. 또한 이 조직 혹은 영역이 나의 어떤 부분과 맞지 않는다고 생각한다면, 이는 그 전체를 때려 고쳐 바꾸기보다는 내 몸 하나 옮기는 것이 덜 소모적이거나 혹은 더 현명한 방법이라고 볼 수 있는 근거가 되기도 한다. 그곳이 내가 노력해 바꾸기에는 너무도 완고한 조직으로 보인다면, 그럴 근거는 더더욱 확실해진다. 뿐만 아니라 회사 밖에서 자기 계발의 필요를 충족시키고 개인적인 생활에서 얻는 즐거움들 역시 중요한 가치가 되기에, 변화 실현이 요원한 상황을 자기희생적인 태도로 ('굳이') 감내해야 한다고 생각하는 경향은 줄어든다. 더불어 조직에 결합했던 방식이 특정 이슈나 일 중심이었다면, 이들을 움직이는 동력 역시 조직 논리보다는 일, 이슈 중심일 가능성이 높을 것이다.

이 책에 등장하는 연구 참여자들 역시도 위와 같은 청년 세대의 경향에 대해 공유하고 있다. 그러나 이 책에서 우리는 조직에 대한 개인의 헌신성이 약화되고 집단 소속감이 낮아지는 등의 젊은이들을 둘러싼 특성이 '우려'스럽다거나, 혹은 어떠한 (다른) 옳옹은 방향으로 바뀌어야 한다는 관점으로 접근하지 않는다. 그보다 이렇게 달라진 외부적 조건과 내적 풍경을 세대 간에 상호 어떻게 받아들이는지 살피고 어떻게 공존할 것인지를 고민하는 것이 중요해 보인다.

다른 세대와
함께 일하기

...

　이 책이 '청년'들의 경험과 목소리를 통한 '청년' 사회적 노동자의 이야기라는 점을 특징으로 밝히고 있지만 우리는 동시에 '청년'이란, 한편으로는 매우 연약한 정체성이라는 것을 잘 알고 있다. 젠더, 계급, 지역 정체성 등에 비해 일차적으로는 세대(나이)에 의해 구분되는 집단명이기에 청년 세대에 해당하는 시기, 대략 20~30대가 지나고 나면 자연스레 청년 당사자성의 기한은 소멸되기 때문이다. 세대 개념은 그 해당 주체가 계속해서 갱신되는, 특정한 나잇대에서만 주체로서의 지분 주장이 가능한 일시적인 정체성이다. 그럼에도 세대 구분이 유효성을 갖는 이유는, 동

세대 구성원들이 경험하는 특정 사회 문화적 조건이 그들이 사회를 살아가는 배경으로 기능하기 때문이다. 이때 '세대'는 비슷한 시기에 출생한 이들이 공통적으로 지니는 역사적인 경험과 사회화의 결과인 '사회적 세대social generation'로 이해된다. 단순한 인구학적, 생물학적 의미로서가 아니라 특정 가치관이나 생활 양식을 공유하는 집단으로 세대가 형성될 수 있는 것은, 그 구성원들이 동일한 사회·역사적 과정을 공유하기 때문이다.[29]

그러나 이 '세대'라는 구분 틀을 사용할 때 제거되는 것들이 동시에 존재한다. 김선기는 세대주의적 세대 담론이 연령에 대한 과도한 편견과 차별을 강화하면서 세대 고정관념을 재생산할 수 있고, 세대 갈등의 잠재적 원인이 됨을 지적한다.[30] 또한 세대론을 통해 세대라는 묶음 속에 산재해 있는 다양한 차이들이, 개인들을 '동세대'로 뭉뚱그리는 거대 개념에 의해 무화될 위험이 있다. 예컨대 서울 소재 대학을 재학/졸업한 이들을 중심으로 재현되는 '이' 청년 이야기는, 중·고등학교 졸업 후 혹은 전문대를 졸업한 후에 노동 현장으로 뛰어든 '또 다른' 청년의 경험과는 전혀 다른 모습일 것이다. 한 신문 기사는, 이제껏 4년제 인in 서울 대학 졸업자나 취업 준비생을 중심으로 주로 다뤄져 온 한국 청년 담론의 문제를 지적하며 고졸, 전문대졸 청년들의 많은 수는 최근 청년 담론의 첨단에 있는 "헬조선", "탈조선"이라는 단어조차 모른 채 살아가고 있음을 보여 주기도 했다.[31] 즉, 이러한 세대 내부의 젠더적, 계급적, 계층적, 문화적, 지역적 차이들이 자칫하면 '세대'라는 거대 서사 아래로 가려지고, 특정한 이미지로만 특정 세대를 대표/재현해 버릴 위험성이 상존한다는 것이다.

때문에 우리는 위와 같은 우려를 염두에 두며, '세대'로 구역화되는 다발 속 개개인의 경험과 감정들이 특수하고 각각 독립적이고 개별적인 배경과 원인에 기반하는 것만이 아니라, 그것이 동시대를 경험하면서 처하게 되는 상황과 배경으로부터 오는 '공통성'과 '동시성'의 결과임을 인정하는 맥락에서 '세대' 개념을 이해한다. 우리는 '청년 세대'라는 용어가 우리를 청년들의 보편성과 동일성을 상정하는 함정에 빠뜨리기보다는, 그들의 경험이 단지 개인적 사정이자 사적 서사로 기각될 수 없는 '사회적 경험'임을 강조하는 데에 사용되길 원한다.

그렇다면 현재의 '청년'이라는 집단적 정체성이 공유하고 있는 정서는 무엇일까? 현 청년 세대를 설명하는 표현들은 88만원세대나 삼포세대를 넘어 N포세대, 남아도는 '잉여'의 삶, '헬조선'에서 태어날 때부터 부여받은 흙수저, 금수저 등 계급적 '수저'에 따라 줄이 세워지는 현상, 생존을 위해 '노력' 그 이상이 요구되는 '노오력', '이생망(이번 생은 망했다)' 등으로 풍요로워졌으나 그 표현적 다양성과 별개로 하나같이 어떠한 결핍과 결여, 그리고 사회적 부정의를 연상시킨다. 이 다양한 표현을 품고 있는 공통 기반의 내용은, '과거보다 더 좋아지진 않을 것'이라는 시대 인식이다.

20~30대 청년의 부모 세대가 '열심히 살면 노년기엔 수도권 외곽에 작은 아파트라도 얻을 수 있을 것'이라 긍정할 수 있었다면, 그 자녀 세대는 돌아가 내 몸 쉴 수 있을 '방' 한 칸과, 이를 위해 평생 지불해야 할 월세를 걱정하고 있다.[32]

현재 한국 사회에서 특정 나잇대에 속하는 세대 구성원을 지칭하는 용어로서 '청년'이라는, 일면 '중립적' 키워드가 발생시키고 있는 다양한 함의를 떠올리다 보면 그 안에서 두 가지의 대립적 이미지를 발견하게 된다. 한편에서는 위와 같이 엄혹한 사회 경제적 배경과 이로부터 기인하는 우울함이, 또 다른 한편에는 그러한 열악함 속에서도 여전히 '청년다운 스피릿'의 영역이 희미하게 남아 있다. '청년 인재', '청년 경영자', '청년 (혁신) 활동가', '그래도 청년이 희망' 등 '청년靑年'이라는 한자어에 맞는 꿈과 희망에 어울리는 오래된 수사들이 그것이다. 이때 청년이라는 이름은 단순히 세대적인 객관 사실만을 나타내는 게 아니라, 여전히 그 이름에 걸맞게 요구되는 열정과 포부, 희망 등 주관적 내용을 동시에 내포한다.

최근 몇 년간 끊임없이 한국의 담론과 현실 안팎에서 논쟁적으로, 때로는 공격적으로 소환되어 온 '청년' 호명은 이를 둘러싼 여러 긴장과 마찰, 역동을 만들어 왔다. 무엇보다 이는 몇 년 사이, 청년 세대가 한국 사회에서 담론적 대상임과 동시에 주체로서 숱하게 다뤄지고 있기에, 청년에 대해 '말해지는 것'이 매우 많다는 것의 방증이기도 하다. 우리는 우리가 만난 연구 참여자들과의 대화 속에서 이러한 지형을 거칠게나마 드러내 보고자 한다. 이것은 연구 참여자들이 외부로부터 '청년'이라는 이름으로 불리면서 동시에 그 언어화를 통해 스스로를 이해하는 것과 더불어 '청년' 세대의 입장에 서서 다른 세대를 이해하는 것을 포함한다.

청년은 '청년'을 어떻게 이해하나

2000년대의 '청년○○' 명명법은 이전 세대들과 다른, 2000년대의 특수성을 담보한 시대적·상황적 배경을 나타냄은 분명하다. 이를테면 한국 근현대사에서 양적 성장을 이루어 오던 1980년대, 1990년대에 청년기를 보낸 이들과 현재 청년들이 처한 현실은 판이하게 다를 것이기 때문이다. 그 용어가 사용되는 시간대뿐 아니라 그것이 발화되는 공간(현장) 역시도 중요한 변수에 속한다. 그렇게 청년 명명법을 통해 호명되고 표상되는 집단의 모습은 필연적으로 그 주체를 둘러싼 맥락을 동시에 수면 위로 드러낸다. 그렇다면 우리가 사회적 청년 노동자들을 만난 2014년과 2016년 즈음의 맥락은 어떠했나? 이것은 외부로부터 청년 이름을 일방적으로 부여받고, 또한 이를 기준으로 판단'당하는' 당사자들의 피로와 괴리감이라는, 다소 뻐근한 긴장 형태로부터 시작한다.

청년들이 소비되는 방식이 불편할 때는, 좀 모자란 애들이라고 이야기할 때? (웃음) 혼자 자라서 사회성도 별로 없고 관계 능력도 떨어지고 그런 이미지로 많이 애기하잖아요. 그런 게 좀 당황스러운 거 같긴 해요. 사실 관계 능력이 떨어지는 것이 이 세대만의 특징이 아니잖아요. 50~60대 아저씨들만큼 관계 능력이 떨어지는 사람들이 어딨냐고 공격할 수도 있는 거고요. 그런데 가끔 새로운 일을 시작하려는 청년들에게 유난히 그런 질책들을 하고 그런 결여가 있다는 평가를 할 때 '아, 이런 식의 사고를 되게 많이 하는구나' 깨닫고 깜짝깜짝 놀라요. (차은진, 시민사회단체 〈ㄷ〉)

차은진이 보기에는, 한국에서 '사회성과 관계 맺음이 부족하고 소통이 안 되는' 사회적 집단으로 50~60대 남성만 한 집단이 없다. 그런데도 한국 사회에서 유독 청년들만이 혼자 자라서, 혹은 정치적 의식, 사회의식이 부족해서 등의 원인들로 필히 메꾸어져야 하는 '결여'를 가진, 더 성장이 필요한 존재들로 손쉽게 '낙인'찍히고 비난이 쏟아지는 현상을 경험한다. 차은진의 위의 대답은, 이에 대해 모종의 사회적 '합의'가 있는 것 아니냐는 의문처럼도 읽히는 것이다. 실제로 2007년부터 2015년까지 한국 사회에서는 "짱돌을 들라",[33] "분노하라"[34]라는, 청년 세대에 대한 기성세대의 타자화된 메시지가 끊이지 않았고, 어떤 부문에 있든 비평자들은 청년 현상에 대해서 한마디씩 덧붙이게 되었다. 이러한 현상에서 보다시피, 최근 몇 년간 한국 사회 그 어떤 집단 중에서도 '동네북'처럼 가장 폭넓고 지속적인 비판을 받아 온 집단으로 청년 세대를 꼽을 수 있다. 이 사회적 분위기는 청년 당사자들로 하여금 그러한 타자화에 익숙하게 만들기도 했고 동시에 일종의 염증을 일으키게 했다. 이는 일말의 진실을 포함할 때도 있지만 그 안의 세세한 결과 이슈들을 설명하지 못한다는 점에서 더 많은 비약과 왜곡을 잠재하고 있기 때문이다.

익명의 사회적 자아로서 경험하는 청년 정체성의 각인이 '비난받기', 일방적이고 임의적으로 '판단당하기'라는 형태를 통해서였다면, 이는 구체적 조직 내에서는 조금 다른 모습으로 탈바꿈한다. 몇몇 청년들은 조직으로부터 어떤 의무와 청유의 형태로 부과되는 '청년' 정체성에 대한 이야기를 들려준다.

몇 년 사이에 어떤 단체든 청년이 되게 이슈가 되었잖아요. 가끔 위에서 이렇게 내려와요. "〈C〉에서는 청년 뭐 없나요?" 그럼 "뭐 활동 하나를 해 보는 게 어때?", "청년 실무자라도 모여서 뭘 하면 어때?" 이런 식으로 제안되는 거죠. 근데 이게 엄청난 괴리가 있는 거예요. 위에 50대 여성 혹은 남성들 입장에서 우리 조직에 이런 것들이 하나 있으면 좋겠다고 지시나 의견이 내려오는 것과 우리 또래 친구들이 원하는 활동의 상이 되게 다른 거예요. 이분들이 원하는 거는 예전에 운동했던 방식처럼 선배들이 뒤에서 밀어 주면 우리는 앞에서 희망찬 사회를 만들어 가자 이런 말을 하는 건데, 우리는 오히려 덧없음을 얘기하고, 힘듦을 얘기할 수밖에 없으니까. (한유진, 협동조합 〈C〉)

그러니까 〈C〉 내에서 청년은 기능적으로 일을 하는 존재이거나 주어진 일을 유지하는 노동을 하고요, 두 번째로는 그야말로 청년이라는 이미지를 파는 쪽에 가까운 거죠. 〈C〉가 청년이라는 이미지를 거의 취할 일도 없지만 가끔씩 취하는 척을 할 때 보면 약간의 면피용인 것 같거든요. 그렇기 때문에 청년들이 할 수 있는 말도 굉장히 제한적이에요. 그래서 때로는 "이런 위원회 하는데 와 볼래요?", "와서 발언도 좀 해 주세요" 해서 가 보면 '그래, 내 이럴 줄 알았지. 그런 거면 하지를 말지' 하는 생각이 드는 거죠. (웃음) (이명진, 협동조합 〈C〉)

위의 대화 속에서 한유진과 이명진은 자신이 일하는 조직에서 '청년이라는 이유'로 자신 앞에 던져지던 '권유' 형태의 요구를 들으며, 청년 정체성을 끝없이 새겨야 하는 상황의 피로감과 부담감을 토로한다. 왜냐하면 "위에서", 즉 조직의 결정권을 가진 집행부들로부터 아래로 내려온 그 요구 안에 위치한 청년의 모습은 깊은 고민과 성찰 속에서 나온 것이 아니기 때문이다. 오히려 이명진이 느끼기엔 그저 "던져 보는 것"에 가깝달까. 그들이 보는 청년이란 단일한 모습의 집단인 동시에, "뭔가 새로운 에너지"를 조직에 안겨 줄 수 있을 거라는 막연하고도, 때로 왜곡된 기대로부터 출발하는 '상상적 집단imaginary group'이다. 여기에서 "청년들"이란 구체성과 특이성을 띠지 않는 익명의 집합 대명사다. 때문에 청년들에게 주어지는 실행과 실천의 자유 역시도, 허용되고 상상되는 그 영역 내로 제한된다. 이명진은 어떠한 조직에서의 큰 행사에 청년 세대에 속하는 조직원들이 발언을 하도록 권장될 때("청년 무슨 토크를 해야 해") '가서 내가 할 수 있는 일이 뭔지를 보자'고 마음을 다잡아 보기도 했지만, 결국 자신에게 주어지는 몫은 형식적이고 "면피용"이라는 사실을 매번 깨달으며 무기력을 학습하는 것만 같았다. 이명진과 한유진이 일하는 협동조합의 주요 조합원은 자녀가 있는 가정의 구성원들인데, 한유진이 보기에 위와 같은 '청년 아닌' 조직 구성원들의 태도는 결혼하지 않은(못한) 청년들이 협동조합을 이용할 '여유'조차 없는 물적, 현실적 조건에 대한 기본적인 이해와 고려조차 없었다. 이는 조직의 청년 구성원에게 "청년들의 현실을 부정하면서 청년을 끌어오라고 하는" '역할'을 떠맡길 뿐이라는 데에서 실효성이 없을뿐더러 "덧없는" 것이다.

뿐만 아니라 기성세대가 상상하는 '청년'으로부터 '열정 페이'[35] 등의 잠재적 착취 가능성이 발생하기도 한다. 때로 '청년○○'을 더 많이 발화하는 사람들은 모순적이게도 그 당사자들이 아니라 그 바깥의 행위자들이다. 이러한 맥락에서 쓰이는 껍데기 같은 이름표는 당사자들에게는 사실 더 이상 청구받고 싶지 않은, 벗어나고 싶은 집단명일 것이다.

그럼에도 때로 청년들은 자신이 실제로 주변부에 위치함을 깨달으며 '청년'의 목소리와, '청년'의 자리가 필요하다는 생각을 갖게 되기도 했다.

20~30대 활동가들 중에서도 불안이 특히 심한 계층이 30대라고 생각하거든요. 30대이면서 혼자 살고 미혼이거나 비혼인 사람이 활동가로서 삶을 영위해 나가며 느끼는 삶에 대한 불안이 상당히 극심하지 않을까 생각해요. 그러니까, 저임금이고 자기의 성장 경로가 뚜렷이 보이지 않을 것이라는 생각이요. (중략) 당연히 선배 활동가들은 열심히 할 거 같은 거예요. '그들이 왜 이렇게 열심히 일하지?'라고 했을 때, 그 방면에는 어떤 주체성들을 분명히 쥐고 있다는 느낌이에요. 그런 면에서 청년 활동가들은 의사 결정 구조에 희미하게 참여하고 있는 느낌들이 있어요. 결국 그것 때문에 자기가 주체적인 노동을 하고 있지 않다고 자각하게 되는 순간들이 자꾸만 생기는 거고요. (이명진, 협동조합 〈C〉)

사회 내에서 이미 분명한 위치와 위상을 갖고 있는 기성세대들에 비해, 청년 세대는 사회와 한 조직 내에서 주변부에 위치하는 데에서 공통적 소외감을 느끼고 있었다. 이 책에서 우리가 만난 청년들은 사회적 노동 섹터 내에 위치하므로, 이는 특히 청년 세대임과 동시에 사회적 노동/활동가임에서 오는 이중의 곤경으로 나타나게 된다. 그들은 외부의 사회 경제적 변화에서 오는 공통적 불안을 겪을 뿐 아니라, 내부에서 역시 — 앞서 살펴보았듯이 형식적 발언의 자리가 주어진다고 하더라도 — 의사 결정 과정과 조직적 변화 과정에서 실질적 발언력이 크지 않다. 큰 조직일수록 이들의 소외는 더 깊은 경향이 있다. 경력이나 결정권이 거의 없는 젊은 실무자들은 마치 "돌쇠"(이명진)처럼, 조직의 일을 '뒤치다꺼리'하는 데에 자기 노동력의 대부분을 쏟고 있다는 느낌을 갖고 있었다. 이것은 정지현, 이명진이 사회적 노동 영역에 있는 다른 청년들의 이야기를 수집하는 네트워크 활동을 시작하게 된 배경이 되기도 했다.

NGO대학원에서 나온 논문들을 찾아봐도 활동가의 노동에 대한 연구들이 별로 없어요. 그래서 깜짝 놀랐죠. 사전 조사 하면서도 제도적으로 너무 취약한 것 같고, 한 10년 전쯤 선배들이 해결하고 넘어갔어야 하는 문제가 계속 지난하게 이어져 오는 느낌인 거예요. 그래서 '이 사람들 뭐 했나' 하는 생각이 들었어요. 그럼에도 이야기를 하면 '야, 그거 우리가 10년 전에 다 했던 얘기야' 뭐 이런 식으로 대응하는 거예요. 지금도 지속되는 문젠데. 그래서, 나는 당신들의 목

소리나 태도와는 다른 문제 제기를 해야 한다고 생각하고 접근한 거 예요. (이명진, 협동조합 〈C〉)

이건 모든 그룹에서 선배들이 챙겨 줄 수 없는 거고, 결국 당사자 운동을 해야 한다고 생각해서 제3섹터에서 일하고 있는 사람들이 모였어요. 맨날 술 마시고 토로하는 데서 끝나는 게 지긋지긋하고 뭔가를 해야 한다고 얘기하니까 동조하는 사람이 몇 명 있었어요. 그땐 정말 거칠게, 청년 활동가들의 너무도 안타깝고 비참한 현실들을 우리가 다 수집해서, 선배 활동가들한테 성토하고 변화를 요구하는 간담회 자리를 만드는 게 목표였어요. 칼을 들이대는 그런 자리. (웃음) 그래서 청년 활동가들을 인터뷰했어요. 월급은 얼마인지, 복지는 있는지, 또는 4대 보험이 되는지, 근로계약서는 썼는지, 그리고 조직에서 당신 의견이 잘 반영되는지, 이런 부분에 초점을 맞춰서요. (정지현, 시민사회단체 〈ㄴ〉)

정지현은 또래 활동가들과 의기투합해 젊은 활동가들을 만나가는 과정에서, 이들이 열악한 노동 환경에 대항하는 의미 체계를 구축하지 못하며 상당 부분 길을 잃고, 동시에 무력감과 분노를 축적하고 있다는 것을 깨달았다. 자신의 이야기들이 소중히 다루어지지 않는 상황에서 그들은 누군가 "그냥 얘길 들어 주는 것만으로도" 무척 반가워했다. 정지현과 이명진 역시 또 다른 조직에 속한 구성원이기에 그 경험이 어떤 것인지를 비슷하고 또 다르게 경험하고 있는 처지로서, 더 깊이 공감할 수 있었다. 그 과정에서 이들의 프로젝트는 간담회를 여는 등 생산적이고 가시적인 "뭔가를 만들어 내려는 것"에서, 이 이야기들을 충분히 듣고 퍼뜨리고 공유하며 서로를 네트워킹하는 것으로 그 목적을 수정하게 된다. 그 누구도 돌보거나 신경 쓰는 것 같아 보이지 않는 청년(활동가)들의 위치와 이야기를, 그들 스스로 자조 모임과 당사자 운동의 형태로 재구조화해 드러내는 것이 급선무라고 봤기 때문이다.

한편 어떤 청년들에게 이 '청년○○' 용법은 개인적 '위로'와 인정 욕구와 관련된 것이기도 했다. 차은진에게 청년 담론은 역설적으로 내 위치가 갖는 위태로운 현실적 토대에 대한 위로를 운반해 준 것이다. 그는 청년으로서의 정체성에 대한 우리의 질문에 답하면서, 지금의 활동 경력이 자신의 미래에 어떻게 의미화될 수 있을지에 대해서 늘 불안감이 있다고 말했다.

한 청년 활동가에게 '네가 부딪히는 것들이 이런 의미가 있어', 이렇게 얘기해 주는 것들이 필요하다고 생각하기도 하고, 스스로에 대한 긍정적인 해석을 하게 해 주는 것 같아요. 그렇게 의미화됐을 때 힘이 나는 부분도 있고요. 그런데 그것들이 사라지면 힘든 것만 남는 거 같아요. (중략) 내가 이 분야의 전문가가 돼서 영향력을 갖지 않으면 어떤 삶을 살지 잘 모르겠는 거예요. 어떻게 보면 영향력 있는 사람이 희소하잖아요. 지금 청년 세대에서 이런 일을 했다는 게 나름 전문성으로 남을 수도 있고요. 그런데 제 스스로 의미화하지 못하거나 일의 영향력을 인정해 주는 사람들이 없으면 너무나 낙오된 삶처럼 느껴지지 않을까요? 전 그런 불안이 늘 있는 거 같아요. 그래서 이 활동들이 어떻게든 공적인 언어로 이야기됐음 좋겠어요. 그게 청년 담론에 제가 기대는 이유예요. (차은진, 시민사회단체 〈ㄷ〉)

차은진은 자신의 활동 공간이 어린이들의 입시나 교과 중심의 공부가 아니라 놀이 중심의 공부방 정체성을 고집한다는 점에 자부심이 있었고, 또한 이는 그녀 개인에게는 또래의 다른 이들이 갖기 힘든 경험 — 즉 초등학생들을 지속적으로 만나며 이들과 함께 배워 가는 경험 — 이란 점에서 실제로 큰 만족감을 주었다. 그러나 이것이 자신의 미래 커리어에까지 이어질 수 있을 것인가라는 '전문성'에 대해 자문하다 보면 늘 회의감에 봉착했다. 현재의 활동 경험이 나 스스로에게 주는 의미를 사회적으로도 인정받고 싶다. 그러나 그 욕구는 실현 가능한 것인가? 늘 그러한 의문을 가져 왔기 때문이다. 차은진은 자신의 활동이 "보육 교사"보다 공적 언어를 통해 좀 더 적극적이고 사회적으로 의미화될 수 있길 바랐는데, 그러한 점이 '청년 담론'을 만났을 때 긍정적 효과를 낼 수 있다고 보았다. 즉 사회에서 발화되는 '청년으로서 이렇게 고군분투하는 게 너를 성장시키는 거야'라는 청년 담론이 그에겐 자기 의미화와 인정 욕구의 충족을 가능하게 하는 공적 언어 역할을 했던 것이다.

이러한 차은진의 대답은, 우리에게 현재 한국 사회에서 청년 담론이 갖는 의미와 위상에 대한 조금 다른 지점을 생각하게 하는 계기가 됐다. 청년들이 갖는 인정 욕구와 사회적 위치 짓기 욕구 사이에서, 청년이라는 범주화가 이들이 스스로 임파워할 수 있는 유용한 도구와 언어로 의미화되기도 하는 것이다.

물론 이는 한국 사회에, 차은진의 교육·돌봄 경험에 내재한 가치와 의미를 제대로 평가할 수 있는 능력, 언어가 부족하다는 사실을 의미하기도 한다. 현재 사회에서 돌봄 노동을 비롯한 서비스 노동, 문화·예술과 관련된 비물질 노동 등 보이지 않는 영역의 '가치'는, 그것이 자본주의 생산성의 잣대를 통과할 때에만 '값진 것'으로 가치화되고 있다.[36] 규범적 '정상성'의 기준으로는 이들의 사회적 노동의 본질을 제대로 평가할 수가 없다. 실제로 활동가의 노동이 생산하는 것은 숫자 등의 지표로 산출되며 자본화될 수 있는 '뚜렷한 성과'와는 거리가 먼 것이다. 그러한 측면에서 차은진이 갖는 불안과 경력 인정의 욕망이 기인하는 것이다.

이는 지금 청년 집단이 외부로부터 '스펙'과 경력을 요구받는 것과 관련된다. 현재의 경험이 미래에도 유효하게 연결되려면 사회의 인정과 지지가 필요하지만 이것이 가능하지 않은 가운데, 그 자리는 불안이 점유한다. 학점, 영어 시험, 각종 수상 경력 등의 스펙이 청년 취업자들의 기본 지참 항목이 되는 현실 속에서 대안적 트랙으로 택한, 자신이 소중하게 여기는 이 경험에 대해 사회에서도 인정해 주길 바란다. 그러나 '청년답게 열심히 사네'라는 독려마저 없으면 "힘든 것만 남는" 것으로 느껴질 만큼 그 현실을 버티기가 쉽지 않다. 이렇듯 청년 당사자가 본인 스스로를 '청년'으로 자리매김하며 청년 정체성을 부각시키게 되는 때는 자신의 곤란한 안팎의 상황을 인지했을 때였다. 그것은 열정, 지지 등과 관련된 청년 담론의 '수혜'로부터 지금 겪는 갈등 상황을 위로받고 싶기 때문이기도 하고, 자신의 경험과 상황을 적절하게 설명할 공간과 언어가 필요했기 때문이기도 하다.

청년은 선배들을 어떻게 이해하나

앞서 살펴보았듯 청년들은 범람하는 청년 담론에 대해 거리감, 괴리감과 거부감을 느끼는 동시에, 한편으로는 이를 스스로를 위로하는 힐링 담론 혹은 자조自助 담론으로 의미화하기도 했다. 그렇다면 이들은, 청년 혹은 후배 위치에서 선배 세대를 어떻게 보고, 또 이해하고 있을까?

대체로 우리가 만난 많은 청년들은 선배 세대들에 대한 큰 반감과 실망감을 날이 선 언어로 비판했다. 1980~1990년대에 조직적 운동을 기반으로 성장해 온 선배 세대는 크고 작은 정치적, 제도적 승리를 경험하면서 만들어 온 "프라이드"를 지니고 있었다. 그것은 그들을 실제로 조직에 헌신할 수 있게 한 실질적, 심리적 기제로 작용해 왔다. 그들은, 후배 세대들이 보기엔 이상하리만큼 "정말 열심히 일한다". 그들이 삶에서 가장 중요하다고 생각하는 가치 비중이 조직 정치와, 활동, 운동에 놓여 있기 때문이다. 그러나 청년들이 볼 때, 이들이 자부심을 갖는 배경에 위치한 '승리'란 어딘가 미심쩍다. 그 승리의 경험에도 역시 "어떤 상황들이 있었을 거고 다양한 맥락들이 있는데, 마치 이 승리가 오롯이 자기가 쟁취한 것처럼 인식"(이명진)하는 것은 시대적 상황과 맥락에 대한 성찰성이 결여된 행위라는 것이다.

세대 간의 불신과 소통 불능의 문제는 한국 사회 전체적으로 어디에서나 늘 부각되는 문제다. 젊은 세대가 사용하는 용어의 빠른 변화를 기성세대가 채 따라갈 수 없다거나, "요즘 젊은 아이들은 문제가 있다"는 이야기는 어느 시기, 어디서나 들을 수 있는 레퍼토리다. 세대 차이(갈등)는 사회적 섹터, 비영리 영역 내에서도 마찬가지로 논쟁적인 이슈다. 물론 이 책이 20~30대의 '청년'이라는 특정 계층을 다루고 있다는 점 역시 그 가능성을 내재하고 있었으나, 이 연구를 진행하면서 우리는 비영리, 사회적 섹터 내에서 갈등의 주요 축 중 하나가 '세대 문제'임을 더욱 여실히 확인할 수 있었다. 앞서 언급한 책 《세대를 뛰어넘어 함께 일하기》

에서도 제목처럼 세대 문제가 중점적으로 다루어진다. 2008년에 미국에서 발표된 이 책은 미국과 캐나다의 비영리 섹터의 상황을 중심으로 쓰였음에도 한국 상황과 놀라우리만큼 유사하다. 세대 간의 큰 갈등과 이로 인한 문제는 한국에만 존재하는 특수한 문제는 아닌 것이다.

위의 책은 비영리 조직 내의 세대를 출생 년도에 따라 베테랑세대(1925~1945년), 베이비붐세대(1946~1964년), X세대(1965~1979년), 밀레니엄세대(1980~2000년) 등으로 구분한다. 한국의 비영리/사회적 섹터 내에서 통상적으로 이야기되는 세대 구분은 이보다 단순하다. 대표적으로는 '청년 활동가'들로 불리는 20대부터 30대 초반까지의 세대, 그리고 많은 조직을 직접 만들고 이끌어 온 리더 세대 386세대를 포함한 40~50대와의 갈등이 두드러진다. 그리고 조직의 허리 세대 격에 속하는 그 중간 연령대의 활동가는 상대적으로 부재하다고 이야기된다.

주로 우리가 만난 청년들이 386세대에 대해 비판하는 내용은, 조직 내에서 후배가 성장해 갈 터를 닦아 오지 못한 리더십의 부재, 소통 불가능, 닮고 싶은 롤모델을 보여 주지 못한다는 점 등이다. 정지현은 후배 세대를 키우지도 지지하지도 못하는 선배 세대들의 무능력에 대해 이야기한다.

자신의 영역을 탐구하고 공부하고 고민할 수 있는 충분한 시간을 줘야 하는데 여기(비영리 영역)가 너무 일이 많다 보니까 그런 시간을 주지 않고, 이 친구(신입 활동가)가 성장하는 데에는 관심이 없어요. 단체가 성장하는 데에만 관심이 있지. 그 친구들은 내가 이 단체에 그냥 부품으로 있다는 걸 너무도 잘 알잖아요. 그럼 이 부품이 없으면 우리도 끝난다라는, 그 정도의 사명감이라도 줘야 하는데 그렇지 않은 데가 많은 거죠. (중략) 그런 걸 줄 수 있는 리더들이 정말 몇 없어요. 그러면서 청년들이 떨어져 나가면, '아, 우리 때는 안 그랬는데 이 세대는 왜 그러지?' 이렇게 되는 거죠. (정지현, 시민사회단체 〈ㄴ〉)

조직에 처음 들어간 활동가들에게는 주어지는 일도 많고 해야 하는 일도 많은데 그 일은 매우 힘들게 느껴질 수 있다. 그러나 정지현이 보기에 더 큰 문제는 조직이 신입 활동가들을 "사람을 키우겠단 목적을 갖고 뽑지 않는다는 것"이다. 조직은 한 사람을 키우는 데에 2~3년 정도 여유를 두고서, 큰 성과를 내지 않더라도 그가 성장할 수 있는 여러 물적, 정서적 지원을 고려해야 하는데, 지금 사회적 노동 섹터 내에 그러한 여유를 가진 조직은 극히 드물다는 것이다.

특히나 큰 단체들의 경우에는 신입 간사가 새로 들어오면 일이 급하니 현업에 바로바로 투입시키게 되며, 그들이 그 과정에서 어떤 것을 어려워하고 배우고 싶어 하는지 등에 대해서는 상대적으로 무심한 경우가 많다. 신입 활동가들은 '선배들이 우리들의 성장에는 무감하다'는 느낌이 들 때 조직에 대한 애정과 충성도뿐만 아니라 자기 노동에 대한 자존감이 굉장히 떨어지게 되는데, 이것이 살펴지지 않는다. 이명진과 정지현이 보기에 채용 과정이나 일이 주어지는 체계 등에서부터 벌써 문제는 내재해 있다. 그러나 그보다 더 고질적인 것은 "기본적으로는 선배들의 태도"였다. 시스템이 없는 것뿐만이 아니라, 시스템을 만들지 않고, 이를 만들어야 한다는 문제의식 자체가 부재하다. 때문에 청년 활동가들에게 무엇이 필요하며, 이들이 어떤 면에서 부족함을 느끼는지, 일의 의미와 재미를 찾지 못하게 되는 이유는 무엇인지 등의 질문이 오지 않는 것이다. 이렇게 불균등한 관심사와 고민 속에서는 쌍방의 소통도 일어나기 어렵다.

선배에 대한 환상을 빨리 버려야겠다 생각했어요. '저 사람은 나보다 훨씬 더 많은 경험을 했고 그런 과정에서 나를 좀 더 배려해줘야 하지 않나'라는 생각이 일면 맞으면서도 한편에서는 얼토당토않다는 생각도 드는 거예요. [헛된 기대라고요?] 네, 헛된 기대. '사실 배울 게 별로 없구나. 내가 잘못된 기대를 했던 거구나. 그런 헛된 기대를 하지 말아야겠다' 그런 거죠. 내가 저 정도 나이가 되면 그래도 배려나 어떤 걸 해 주려고 노력할 거 같은데 그런 게 안 보이니까요. (차은진, 시민사회단체 〈ㄷ〉)

그런 상황에서 처음 진입하게 되는 청년 활동가들은, 아무리 좋은 의도와 열정을 가지고 들어왔다 하더라도 "계속 허드렛일만 하고 내가 뭔가 기획하지도 못하고 선배들에게 어려움을 토로할 수도 없고 그렇다고 지지받을 수도 없는 상황 속에서"(정지현) 결국에는 바깥으로 떨어져 나갈 수밖에 없다. 중간에 그만두었다는 책임까지도 함께 떠안고서 말이다.

임금 인상을 하는 것, 혹은 의미 있는 역할을 부여하거나 정보를 공유하는 것, 밥을 사며 격려하는 것, 편지와 작은 메모를 쓰는 것 등 정지현이 보기에 신입 활동가를 지지하고 키우는 과정은 크고 작은, 매우 다양한 방식으로 가능한 것임에도, 그것이 조직이 할 일의 우선순위 목록에는 속하지 않는다. 때문에 그는 많은 비영리 조직에서의 "리더십이 실패했다"고 본다.

윤진희의 경우 지금의 센터로 오기 전 노동조합에서 일했던 경험을 이야기하면서, 당시의 노조를 "원칙만 있고 실행력이 죽어 있는" 곳이라고 표현했다. 즉 몇십 년 전부터 지켜 왔던 자신들의 "원칙", "운동에 대한 철학"은 확실하지만, 그것은 사회적 변화와 새로 유입되는 활동가, 시민들의 변화에 호응하지 못하는 경직된 철학이며 문화다. 그러한 인물들이 "나가야지만" 조직에서 일하는 실무진과 조합원이 살 수 있을 정도라며, 윤진희는 조직을 장악하고 있는 소수의 인물 중심의 보수적이며 "오래된" 운동이 노출하는 한계에 대해 혹평했다.

진짜 사람 우울해지는 게 못살겠더라고요. 오히려 지금 일하는 센터의 세대 차보다 노조에서의 세대 차가 더 컸어요. 운동에 대한 철학이 확실해요. 옛날 노동운동 방식을 고수하는 오래된 노조 간부들이 나가야 조직이 살아요. (윤진희, 시민사회단체 〈ㄱ〉)

윤진희는 이 영역에서 오랫동안 활동해 온 선배로부터 뭔가를 배울 수 있고, 자신의 부족함과 성장에 대한 '배려'를 받을 수도 있을 거라 생각했지만 정작 일하면서 경험하는 선배들은 자신의 기대와 달랐다. 정보나 노하우를 나누지도 않고 배울 것도 없어 보이는, 후배 세대나 조직의 질적 성장이 아닌 조직 차원의 안위만을 걱정하는 선배들을 보면서 이들은 기대마저 스스로 접게 된다.

그런데 연구 참여자들은 그러한 문제들이 선배들 개개인의 잘못이나 개인적 부족함에서 비롯된 것이 아니라, 이 비영리 섹터, 사회적 노동 섹터 내의 '구조적' 문제라는 생각에 도달하게 된다.

후배들의 성장에 관심이 없다기보다는 개인이 성장해야 한다는 인식 자체가 없어요. 왜냐하면 본인들은 운동을 만들었고 그러면서 스스로 성장했던 사람들이기 때문에, 지금 이 시스템 내에서는 너희들이 알아서 커라, 이런 느낌인 거예요. (이명진, 협동조합 〈C〉)

어떻게 후배 세대의 성장에 기여해야 하는지 선배들도 안 배웠다는 거예요. 필요하다곤 생각하는데 자신들도 지지받는 경험을 못 했기 때문에 어떻게 후배들을 지지해 줘야 할지 모른다고요. 그리고 어쨌든 우리랑 그때 세대가 너무 다르잖아요. 선배들은 마치 영웅담처럼, 우린 그때 한 달에 20만 원 받고 일했다, 이런 식으로 얘기 하는데 제가 볼 때 그때는 되게 좋은 시절이었어요. 어쨌든 집은 가질 수 있는 세대였고요. 그런 식의 괴리가 있는 거예요. (정지현, 시민사회단체 〈ㄴ〉)

정지현, 이명진은 프로젝트 활동을 하면서, 현재와는 다른 환경에서 운동을 조직적으로 '만들어 내던' 시대의 선배들이기에 그들에게는 자신의 선배들로부터 배우거나 '받은' 경험이 없다는 것을 알게 된다. 한마디로 "스스로 성장해 온" 이들이기에, 그들이 후배들에게 바라는 모습 역시도 자신들의 과거에 비추어 판단하게 되는 맹점을 갖게 된다는 것이다. 즉 기성세대가 지나온 그들의 성장 과정과 활동 모습은 지금 자신들과는 상당히 다른 모습이었고, 그로부터 지금의 세대적 갈등이 발생하는 것이라는, 이전보다 폭넓은 이해를 갖게 된 것이다.

정지현은 자신이 과거에는 기존의 사회적 노동 판을 "다 때려 부수어야" 한다는, 다소 과격한 감정적 열기에서 활동을 시작했지만, 또래 활동가들뿐 아니라 선배들의 이야기를 듣는 과정에서 자신의 관점과 생각이 바뀌게 되었다는 이야기를 들려주었다. 그가 만난 한 선배의 이야기는 이러했다. 그 선배는 20대에 노동 운동을 했지만, 이후로 본격적인 활동 진영에서 멀어져 주부로서의 삶을 몇십 년간 살아왔다. 그러다 한 환경 단체에서 일을 하게 되었는데 그러면서 자신의 세대가 객관화되는 어떤 당혹감을 느꼈다는 것이다. 흔히 386세대, 운동 판을 주도해 온 40~50대 세대인 또래들은 일 중독적이고 헌신적인, "운동이 곧 삶"인 생활을 살아가고 있었다. 정지현은, 그 선배가 "쭉 운동적 트랙으로만" 살아온 사람들과 일을 같이 하게 되면서 부딪힌 괴로움이 지금 청년 세대들이 느끼는 그것과 비슷하지 않을까, 하는 생각을 하게 됐다.

그 사람들이 살아온 궤적들? 선배들이 왜 그렇게 될 수밖에 없었는지에 대해 듣다 보니까, 이해의 폭이 좀 넓어졌어요. 이 사람들이 그러고 싶어서 그런 게 아니고 몰라서 그런 게 크겠다 싶은 생각이 든 거죠. 우리가 계속해서 비판만 하는 건 답이 아니겠다 싶었고. (중략) 시니어 그룹도 괴롭긴 마찬가지일 거예요. 청년들이 뭘 원하는지 모르겠고 어떻게 다가가야 할지 모르니 풀어내야 할 숙제이기도 하죠. 저희도 고민을 되게 많이 하고 있어요. 청년들이 취약한 부분이 분명히 있어요. 소통이 약해요, 확실히. 그리고 시니어 그룹들이 가진 장점도 분명히 있거든요. 어쨌든 청년 세대들이 시니어 그룹과 적절히 소통하고 연대하면서 새로운 진보 세력이라든가 구심점을 만들 수 있을 것인가가 초점인데, 그걸 잘 소통하지 못하는 거죠. (정지현, 시민사회단체 〈ㄴ〉)

정지현이 많은 또래, 선후배 활동가들을 만나 이야기를 들으면서 도달하게 된 하나의 중간 결론은 '모두가 서로 소통하고 싶어 하지만 방법은 모른다'는 사실이었다. 청년들은 때론 자신과는 다른 선배들의 맥락을 이해하지 못한 채 탓하고 힐난하게 되기도 하고, 선배들의 경우엔 역시 변화한 후배 세대의 사회 경제적 사정에 무지하기도 하며 "너무 헌신적이고, 착하고, 희생적이고, 순수하고, 똑똑하고, 일도 잘"하기에 후배들의 요구에 귀 기울일 틈이 없다.

큰 조직일수록 세대 격차가 잠재하는 문제는 더 고질적일 수 있다는 문제의식으로, 정지현과 이명진은 역사가 비교적 오래되고 규모가 큰 조직에서 일하는 활동가들을 많이 만나 보려 했다. 그러면서, 그곳에 일하는 시니어 그룹들 역시 마냥 무관심한 것이 아니라 나름 많은 고민들을 하고 있음을 보게 된다. 하지만 "본인들도 청년들과 고민하고 싶어 하고, 청년들도 애기하고 싶어 하고, 그런데 애기하는 방법을 서로 모르고, 서로 감춰 두고 있는" 것이 더 문제로 보였다. 2016년에 다시 만난 정지현은 〈ㄴ〉 단체를 그만두고 아시아 여행을 했던 이야기를 들려주며, 한국에도 여

러 세대에 걸쳐 공통적으로 즐길 수 있는 축제 문화나 의식^{ritual}
이 있었다면 지금처럼 서로 간의 적대심과 몰이해가 심해지진 않
았을 거라는 이야기를 하기도 했다. 그의 생각처럼, 세대 간의 서
툰 대화 방식, 혹은 침묵이 세대 격차와 갈등을 더욱 심화시키고
있던 것이다.[37]

실제로 시민사회단체를 포함한 비영리, 사회적 노동 섹터는 총
체적 위기 상황을 겪고 있다. 새로운 활력소가 될 20~30대는 이
렇듯 현재의 판에 들어와 그들의 흥미와 열정을 북돋는 대신 오
히려 실망과 분노를 키우고 있고, 허리 세대인 30~40대는 이런
저런 이유로 빠져나가고 있으며, 젊은 세대와 리더 세대 사이에는
위와 같은 갈등이 불거지고 있다.

그런데 청년 활동가들이 겪는 불만과 문제 제기가 조직과 섹터
차원에서 잘 해결되거나 소통되지 못하고 있는 이유는 그들의 선
배 세대인 40~50대 활동가들 역시 자신들의 확실한 미래 비전을
세우거나 보여 주지 못하고 있다는 점에서도 기인한다. 시민운동
계에서 오래 활동해 온 세대 중 상당수가 중앙정부나 지방정부의
소위 '거버넌스' 속으로 들어가고 있다는 사실은 조직의 사무국
장, 대표를 거치면 더 이상 올라갈 곳이 없는 시민사회단체의 구
조적 문제를 보여 주지만 그뿐 아니라 그들 역시도 운동의 정체성
과 방향을 분명히 찾고 있지 못함을 보여 주기도 한다.[38]

때문에 '세대 문제'로 발화되는 비영리 섹터, 사회적 노동 영역

의 문제는 단순히 구성원 간의 세대가 다르기 때문에 필연적으로 오는 세대 갈등이라는 표면적인 분석을 넘어서, 사회적 섹터 전반에 걸친 세대를 아우르는 구조적 문제로 접근해야 한다. 앞서 소개한 연구 참여자들이 자신들의 불만과 문제 제기를 수집해 가는 과정 속에서 이것이 개별 조직 내지 선배 개개인의 미성숙, 부족함 문제에서만 비롯되는 것이 아님을 알게 된 것처럼, 청년 활동가들도 이러한 문제 제기를 선배–후배의 이분법적 적대 구도를 중심으로 보는 관점에서 탈피하는 것이 필요하다는 걸 깨닫고 있다. 이 문제는 그보다 더 큰 범주를 포함하고 있기 때문이다. 또한 조직을 오랫동안 이끌어 온 기성세대 역시도 과거 자신이 성취한 '영광'이나 조직에 바쳤던 '헌신'을 결정권을 가진 현재 위치의 자원으로만 주장하는 권위적인 태도에서 벗어나, 조직의 지속 가능한 미래를 위한 성찰적 작업을 보여 주어야 한다. 결국 그들은 곧 이 영역을 떠나게 되고, 그 빈 공간은 그 이후의 세대들이 채워 가게 될 것임에도 '이후 세대'에 대한 준비와 지원은 여전히 요원하다고, 많은 청년 활동가들은 느끼고 또한 경험하고 있기 때문이다.

'나잇값'에 걸맞은
청년 되기

···

2014년 이후 2016년 들어서 청년들을 다시 만났을때, 2년 사이에 이직이나 결혼 등의 가시적인 신상의 변화를 경험한 이들이 있었다. 그동안 윤진희(28), 정지현(29)을 제외한 대부분의 청년들은 30대 초중반의 나이에 들어섰다. 즉 우리가 이들을 만난 시점에, 그들의 나이는 적게는 20대 중반, 많게는 30대 중반에 걸쳐 있었다. 우리는 그 가운데 특히 30대에 접어드는 이들에게서 나이라는 사회적 시간성과 활동가라는 정체성이 교차하는 지점에서 발생하는 내적 갈등을 발견할 수 있었다.

나이, 즉 생물학적 연령은 한 사회에서 개인의 생애 주기에 따른 과업과 역할 모델을 가장 강하게 요구하는 기준 중 하나다. 일련의 역할과 단계에 따른 생애 과정의 사회적 시간표는 개개인에 따른 삶의 개별적 특성에도 불구하고, 특정한 사회적 규범에 따라 조직되고 배치된다.[39] 한 사회가 '정상적'이라고 간주하는 일련의 생애 과정, 즉 출생-교육-(정규직) 취업-결혼-출산, 양육-정년 퇴직-노후-죽음은 가족, 사회, 민족을 안정적으로 재생산하기 위한 재생산적 시간성reproductive temporality의 담론적 효과다. 이러한 효과는 여러 법적, 제도적 범위에서뿐 아니라 '정상적' 생애 과정의 바깥에 존재하는 사람들이 개인적으로는 "미성숙"하게 여겨지고, 사회적으로는 가족과 국가를 해치는 "위험한" 존재로 여겨진다는 점에서 '실제적'이다.[40] 부모 의존으로부터 '독립'으로 나아가야 한다는 청년기에 부과된 사회적 규범 등으로, 한 개인의 특정 시간대는 특정한 과업, 사회적 요구와 깊은 연관을 맺을 수밖에 없다.

100만 원 남짓한 돈을 계속 받지만 고시원 같은 데 있는 건 아니니까. 일시적 불안들은 해소되는데요, 그렇다고 모아 놓은 돈이 있는 것도 아니고 월세 내고 밥값 내고 딱 그 정도 유지할 만큼만 돈을 버니까 늘 현재를 영위하는 데에만 급급하고. 장기적으로 보험이나 연금 같은 것을 들어 놓지도 않아서 나이가 들어서 어디가 아프다거나 하는 현실적인 문제들이 저한테 더 절박하게 다가올 땐

어떤 선택들을 할까 그런 고민들이 있어요. (차은진, 시민사회단체
〈ㄷ〉, 2014년)

저축을 계속 못 하는 거죠. 저축을 하려면 소비를 줄여야 하는데
제가 쓰는 소비가 대단한 것도 아니거든요. 그리고 소비의 패턴도
사실은 나이에 맞게 달라지는 부분이 있잖아요. 사회 초년생 때는
무조건 아끼기만 했는데 이제 가족들을 조금 더 지원해야 되지 않
나 하는 생각이 드는 거예요. (차은진, 시민사회단체 〈ㄷ〉, 2016년)

20대에 마침표를 찍었다는 생각을 해요. 20대가 상징 같은 말
이기는 하지만. [현실을 알게 된 것 같은 거요?] 네. 그렇게 무모하
게 뛰어들 만큼의 나이도 지났고 내가 그럴 만큼의 깜냥이 아닌 거
같다라는 판단? (중략) 마음 맞는 친구들이랑 어느 때든지 재밌는
프로젝트를 할 수 있다면 당연히 하고 싶지만, 나의 밥벌이와 그걸
연결시키는 것이 얼마나 어렵고 위험한지를 이제는 좀 아는 거죠.
20대 때는 잘 몰랐고, 몰라도 괜찮았다면, 이제는 그렇지 않으니까
그런 것에 조심스러워진 거죠. (윤예림, 사회적 기업 〈라〉)

위는 각각 차은진이 28세이던 때와 30세가 된 때, 그리고 20대
의 끝에 사회적 기업을 그만두고 취직 준비를 시작했던 30세의
윤예림이, 자신의 나이와 관련지어 언급했던 말이다. 우리가 연구

과정에서 만난 이들을 포함해, 시민사회단체, 비영리 조직 등에서 일하(려 하)는 청년들의 경우 비교적 사회로부터 요구되는 규범성에 대한 비판 의식이나 저항감 혹은 무감함을 갖고 있는 편이며, 그러한 규범적인 역할을 맡는 것을 거부하는 경향이 있다. 이렇게 다른 집단에 비해 '사회적 정상성'에 의한 압력을 덜 느낀다고 할지라도 사회적으로 요구되는 역할과 가족 내에서 기대되는 역할, 스스로에게 허용되는 행동 범위에 대한 인식과 관련해, 그들 역시 생애 주기적 역할 과업과 압박을 느끼고 있었다. 이는 특히나 이들이 임금이 낮은 시민사회단체, 사회적 기업, 비영리 단체에서 일한다는 사실과 중점적으로 연결된다.

2016년에 만난 차은진은, 시민단체에서 운영하는 공부방 교사를 곧 그만둘 계획을 하고 있었다. 2년 전 인터뷰에서 이미 그는, 100만 원 남짓의 월급은 "자신의 생계와 현재를 영위하는 데에만" 소비될 수 있으며 생활 유지비 이상의, 보험이나 저축, 교육 등 미래(계획)를 위해 남겨 두거나 투자하는 데에는 지출하지 못하는 상황이, 가까운 미래에 심각한 고민으로 다가올 가능성이 있음을 시사했다. 그리고 이 "현실적인 고민"은 2년 후에, 실제로 더욱 가깝게 다가왔다. 2016년은 서른 살이 되는 해이기도 했는데, 그는 소비 패턴과 이에 대한 고민이 나이에 따라 달라지는 느낌이 들었다. 사회 초년생 때는 "무조건 아끼기만" 하며 지냈는데, 서른 살 정도가 되니 각종 경조사비로 나가는 돈이 커지기도 하고, 좀 더 미래에 대한 준비를 생각하게 됐기 때문이다. 뿐만 아니라, 가족 내에서 가장 많은 월급을 받으며 생계 부양자 역할을 해 온 어머니가 최근 건강 문제로 인해 일을 쉬게 되면서 그는 자신의 역할에 대한 고민을 더더욱 현실적으로 느꼈다. 부모님, 원가족^{family of origin}과는 떨어져 친구와 함께 살고 있었지만 당분간 어머니의 수입이 사라진다는 사실은 그에게 가족에 대한 책임감을 상기시키는 계기였다. 어머니 수입 전부를 대신할 수는 없을지라도, "내가 제 역할을 못 해 다른 사람들이 불안정해지는 건 좀 아니지 않나" 싶었던 것이다. 친척 등 주변 사람들이 서른 정도의 나이가 되면 나름 사회적으로 자리를 잡아 부모를 지원하는 모습을 보기도 했고, 사회적으로 그런 모습이 바람직하게 요구되는 나이에 도달한 듯한 생각도 들었다. 조금 더 어렸던 때에는 어떻게 해서든 그러한 역할을 피하려 하거나, "솔직히 내가 그 정도 여건이 안 되면 못 하지 않나" 싶은 정도였다면, 이제는 "사정에 맞추어서 내가 변화해야 하는 건 아닌가" 하는 생각으로 바뀐 것이다. 윤예림은 이를 "20대에 마침표를 찍었다"라고 표현했다. 즉 자신에게 재미있고 흥미 있는 일을 중심으로 미래를 탐색하는 것이 허락되던 시기가 사회적 기업에 다녔던 20대라면, 30대 즈음에 들어서면서는 그것을 "밥벌이와 연결시키는 것"이 얼마나 어렵고 또한 위험한 일인지를 깨닫게 되었다는 것이다. 즉, 20대에는 꿈과 재미를 좇을 수 있었다면 30대에는 현실적 미래를 좇게 되었다는 뜻이기도 하다.

　돈 문제와 돈이 아닌 문제가 구분되는 듯 보이지만 제가 겪어 보니까 실제로는 하나도 구분이 안 되더라고요. 왜냐면, 노동 환경이랑 너무 맞닿아 있어서 즐거운 일도 즐거워지지 않는 거예요. 좋아하는 일도 한 달을 막차 타고 집에 들어가면 하나도 안 즐겁더라고요. (중략) 이곳에서 하는 활동 자체가 의미 없다고 생각하는 사람은 아무도 없어요. 저도 그렇고요. 근데 이게 늘 그렇잖아요. 가치가 혼자 따로 있는 게 아니라 내 삶과 어떻게 공존할 수 있느냐의 문제인데, 거기에는 경제적인 문제들이 늘 같이 있는 거고, 그런 데에서 삐거덕거리게 되더라고요. (윤예림, 사회적 기업 〈라〉)

　윤예림의 말은 일에는 '의미', '즐거움'뿐만 아니라 '생계 유지', '돈' 등의 다양한 가치가 모두 연결되어 있음을 보여 준다. 이를 둘러싼 개인의 내적 갈등은, 불안정하고 전반적으로 임금이 적은 비영리, 사회적 노동 섹터에서 일하는 이들의 경우 더욱 크게 두드러진다. 윤예림이 사회적 기업에 다니던 시절, 거의 마흔에 가까운 선배의 오랜 꿈은 미국으로 가 새 삶을 시작하는 것이었고, 팀장이던 또 다른 선배가 비교적 안정적이고 "기획자로 살 수 있는 가능성"이 훨씬 크다고 여겨지는 문화재단으로 가기 위해 늘 주변 사람에게 "그 사람은 어떻게 거기(문화재단)에 갔대? 그 사람은 경력이 몇 년이나 됐대?"라고 묻고 다니는 모습을 보았으며, 또 다른 직원은 2년만 채우면 무조건 그만두겠다고 얘기하곤 했다. 이렇게 주변에서 늘 불안해하고 떠나고 싶어 하는 선배들을 보면서 그가 이 영역에서 미래를 구상할 수 없다는 판단을 내리고 영리 분야 쪽으로 취직 준비를 시작하게 된 것은 당연한 수순이었는지도 모른다. 윤예림은 당시 자신이 이른바 '명문대' 졸업장, 조금이라도 더 어린 나이 등 취업 시장에서 통용 가능한 상징 자본을 갖고 있다는 현실적 판단을 했고, 그나마 "내게 자원이 있을 때에 이것을 더 절박하게 잡아야겠다"는 생각을 했으며, 그 자원을 활용해 취업할 수 있는 길을 찾아간 것이다.

만일 어떤 개인이 자기 자신과 가족을 부양해야 하는 미래의 경제적 상황을 직업/직장 선택의 가장 중요한 요소로 고려한다면, 그들에게 사회적 섹터에서의 일이란 어리고, 건강하고, 부양할 가족이 없어서 자신의 열정과 욕구를 좇을 수 있는 '젊은 시기'에나 임시적으로 할 수 있는 일로 인식될 수 있음을 위의 사례들은 보여 준다. 시민사회단체에 취직해 몇 년이 지나도록 어머니로부터 '언제 취직할 거냐?'라는 질문을 들었다는 한 30대 인권 활동가의 말처럼, 활동가라는 직업은 누군가에게는 철없고 일시적인 '파트타임' 혹은 '자원봉사' 같은 일로 여겨지기도 한다. 그러나 사회적 인정 문제와 별개로, 안정적인 월급과 4대 보험 등의 조건을 가진 사회적으로 승인되는 안정된 직업의 위치를 획득하지 못한다는 점은 젊은 청년들에게 보다 실제적인 위협이 된다는 측면에서 주목할 필요가 있다. 즉 현실적으로 점점 사회적 안전망이 사라지고 있는 한국 사회에서 사회적 노동자로 살겠다는 선택은 곧 청년들에게 자기 부양 불능 혹은 생계유지의 위험을 뜻하는 것이다. 사회적 노동 영역 내에서 생계와 생활에 대한 비전을 찾을 수 없다면, 우리는 미래 세대들이 이 영역에 안착하지 못하고 옮겨 다니며 더욱더 임시적으로만 존재하는 현상을 계속 지켜볼 수밖에 없을 것이다.

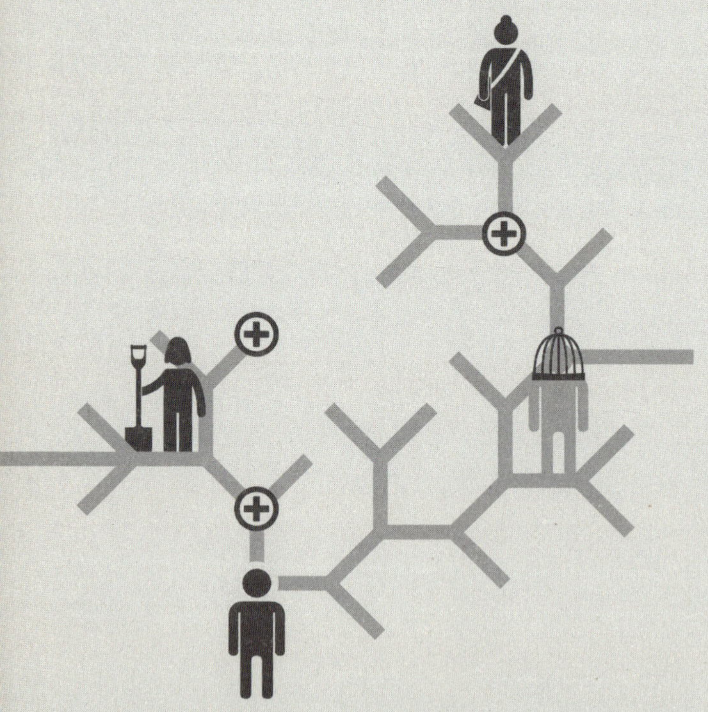

'2010년대' 활동가로 일하기

더 이상
'낭만적인 운동'은 없다

…

청년들이 진입하게 되는 시민사회단체 및 사회적 섹터의 지형은 전반적으로 변화하고 있다. 10년, 20년 전에 비해 '사회적 노동 섹터'라 부를 수 있는 범주의 외연도 시민사회단체를 비롯해 사회적 기업, 협동조합, 중간 지원 단체 등을 포함하며 넓고 다양해졌다. 그리고 이런 표면적 모습을 넘어 좀 더 근본적인 '정신spirit'의 문제를 살펴보자면, 무엇보다도 무용담과 '신화'처럼 내려오던 선배들의 이야기가 이제 후배들에게는 너무도 먼 이야기처럼 느껴진다. 특정 조직에 대한 헌신과 존경은 급속하게 변화해 버린 한국 사회에서 더 이상 청년들에게 당위가 될 수 없다.

　1장에서도 언급했던 2014년 3월, 청년허브 주최 이슈 포럼 '사회적 가치를 지향하는 청년의 일, 노동인가 활동인가?'에 참여한 박권일은 이에 대해서, "실제로 운동의 성취감을 주는 사회적 가치는 무엇일까. 어떤 평가 기준이 있을까. 시민들이 얼마만큼 합의해 줬나. 정치적 상황에 좌우되는, 토대가 없는 면이 있다"고 지적했다.[41] 한때 진보 정당이 '희망'이 되던 시기, 적어도 운동가가 '사회에 필요한 일'을 한다고 존중되던 시대에 비교하면 지금의 상황은 상당히 달라졌다는 것이다. 박권일의 말처럼 활동가의 위치가 그 정권과 정치적 상황에 좌우되기 쉬운 만큼 최근의 국면은 아주 어려운 시기를 통과하고 있다. 이러한 맥락에 비춰 봤을 때 오늘날 활동가들의 삶은 한마디로 '우울증'적이다. 몇 년 전 잇따른 진보 운동 활동가들의 자살과 죽음은, 우리에게 이러한 현실을 다시금 아프게 환기시켰다.

　2014년 노동당 부대표를 맡고 있던 박은지 씨가 스스로 목숨을 끊은 이후, 그의 동료가 쓴 글[42]이 한동안 회자되었다. 글쓴이는 자신의 경험을 반추하여, 활동가들이 우울증에 시달리게 되는 이유로 크게 빈곤, 그리고 진보 (정당) 운동, 사회운동의 어두운 전망을 꼽는다. 활동을 지속하는 한 개선될 여지가 보이지 않기에, 가난에 대해서는 수용하고 적응하며 부분적으로 극복하는 방법밖에 없다. 그러나 차라리 가난'만'이라면 상황은 더 나을지 모른다. 주변의 가까운 사람들에게조차 자신의 활동을 인정

받지 못하게 된 전면적인 사회 환경이, 가난의 공포를 넘어 더욱
더 활동가들의 삶을 짓누른다. 한때 지지율이 15퍼센트에도 이르
렀으나 이제는 1퍼센트 혹은 2퍼센트의 지지를 받는 진보 정당에
서 활동가로 일한다는 건 "만나는 사람 100명 중 99명이 나의 활
동에 대해 뭔가 긍정적인 것과는 정반대의 메시지를 던지는 현실
에 직면한다는 것"[43]이다. 정당 지지율에 빗댔지만, 당직자에만 해
당하는 건 아니다. 유권자들이 진보 정당에 표를 던지지 않는다
는 것은, 그만큼 사회의 진보적 의제와 이슈에도 예민하게 반응
하지 않는다는 것을 의미하기 때문이다. 그렇기에 이는 이른바 진
보적인 시민사회 활동에 종사하는 이들 전반에 해당하는 이야기
가 될 것이다. 위의 글에 의하면 이들은 "지난 십 년 돈도 못 벌고
열심히 살아온 것밖에 없는데 왜 이렇게 운동 판이 다 무너진 거
지?"라는 개인적 자책과 환멸에서부터, 사회보장이 없는 한국 사
회에서 노년을 보내고 가족을 부양해야 하는 생존의 불안, 그리
고 이렇게 압박해 오는 상황 속에서 동료들과 서로의 상처와 심
리를 보듬을 여유조차 없는 이중, 삼중의 고통에 시달리고 있다.
활동가들이 느끼는 절망은 때로 스스로를 죽음에까지 몰고 갈
정도로 절박한 것이다.

2016년 4월 치러진 20대 총선에서도 진보 정당들의 성과는 좋
지 않았다. 유일한 원내 진보 정당인 정의당의 의석은 19대의 다
섯 석에서 한 석이 늘어 여섯 석이 됐으나, 애초 목표였던 '10퍼

센트 이상의 정당 지지율'과 '두 자릿수 의석'을 얻는 데 실패했다. 녹색당, 노동당 등 원외 진보 정당의 경우, 비례대표를 한 석이라도 확보하는 것이 총선의 목표였으나 단 한 명도 원내에 진입하지 못했다. 소수 정당에 불리한 선거 제도가 발목을 잡았을 뿐 아니라 언론에서 이러한 진보 정당들은 거의 다루어지지 못했다. 유권자를 포함한 시민들에게 진보 정치에 대한 비전을 제시할 수 있는 환경이 열악해지고 있다. 제도 정치권 내에서의 진보 의제뿐만 아니라 대중운동 영역에서의 사회운동의 전망 역시 밝지 못하다. 한 노동조합 활동가는 그의 칼럼에서 사회적 모순을 대면한 시민들이 진보 정당을 해결 수단으로 택하지 않는 현실에 대해, "왜 그들에게조차 그런 비전을 제시하고 있지 못한지, 사회에 대한 다양한 불만과 저항들을 담을 그릇은 왜 존재하지 않는가에 대해 고민할 때"라고 지적한다.[44]

개인들은 집단적 문제 해결의 의지를 상실 혹은 포기한 채 경쟁에서 각기 생존하거나 종교적인 위안을 찾는 것으로 그 자리를 대신 채우고 있다. '생존은 개인의 몫'이라는 말은 여기에서도 유효한 것이다. 이는 시민사회운동을 하고 있는 청년들에게서도 발견되는 이야기이다.

내부 구성원들도 시민사회 활동을 통해서 세상을 더 좋게 만들 수 있다는 영향력이 지금 현재로서는 상당히 떨어져 있다는 얘기에

동의해요. (중략) 아무도 주인이 아니에요. 서로가 다 침체되어 있고 다 소외되어 있다고 느끼고 주체성을 발휘하지 못하고 있다고 생각 하거든요. 이게 착각인지 객관적인 사실인지 알 수는 없는데 어쨌 든 다들 그렇게 느끼고 있다는 거예요. (이명진, 협동조합 〈C〉)

청년들뿐만 아니라 진보 운동을 하는 전 세대의 활동가들이 현장에서 경험하는 현재의 상황은 총체적으로 절망적이다. 우리 가 만난 연구 참여자들도 인터뷰 중에 이러한 현실에 대한 우려 와 답답함을 토로했다. "누구 하나 쉽게 희망을 이야기하지 못하 는"(이명진) 지금 현실에서 '더 나은 미래'에 대한 희망을 이야기하 는 활동을 유지한다는 것은 무엇인가? 이러한 질문을 하게 되는 '과도기적' 삶 속에서 청년들이 사회적 노동 영역에 들어선다는 것은 또한 어떤 의미인가? 생존주의 속에서, 각자의 생존만이 선 결 조건이 되어 버린 현실에서, 가치를 위한 노동과 활동, 운동을 한다는 것이 어떠한 의미를 가질 수 있는가?

또한 연구 참여자들은 신자유주의 시대의 공공 부문 사영화, 사회적 안전망의 축소, 삶의 금융화 및 시장화, 개인들의 기업가 화 등 여러 지배적인 흐름에 대항하고 그것에 균열을 내고자 하 는 사회운동의 방식이 오히려 그러한 시대의 주류적 흐름에 '따 라 가고 있다'는 인식을 하고 있고, 이를 핵심적인 문제점으로 제 기하고 있었다. 이는 앞서 언급한 무력해진 사회운동의 열패감과 무관하지 않은 이야기로 읽힌다. 이런 현실에서, 운동의 방식과 조직 운영, 그리고 자기 자신의 활동 내용과 방식에서도 좌절감을 느끼고 있는 것이다.

연구 사업도 해야 해, 캠페인도 해야 해, 청계광장에서 축제도 한번 해야지……. 되게 이상하죠? 그런데 다른 데도 다 그렇게 경쟁적으로 해요. 우리가 좀 더 심할 수도 있죠. 가시적인 성과를 계속 고민할 수밖에 없는 거고 '지원'이란 말이 붙을 수 있는 모든 걸 다 하는 거죠. 그러니까 사실 변별력이 없고 사업의 목표가 모호해요. (윤진희, 시민사회단체 〈ㄱ〉)

'시대'가 변한 것과 함께 운동의 방식과 내용 역시 변했다. 멀어진 대중의 관심을 조금이라도 끌어올리기 위해서 다양한 활동 방식을 강구하게 되지만, 한편 그것은 1장에서 정지현이 표현한 대로 "어쨌든 뭔가 팔려는 활동에 계속 아이디어를 쏟고" "하는 일이 거기에만 국한되는", 즉 "아이템을 파는" 느낌으로도 이어지고 있다. 활동가가 마치 소비자에게 뭔가를 팔고 '서비스'를 제공하는 입장이 된 듯한 상황이다. 활동가들 사이에서도 "사업 진행한다"는 말은 흔하게 쓰인다. 활동의 내용은 아이템, 사업, 콘텐츠 등 마치 기업의 프로젝트("사업")처럼, 기금을 따낼 수 있는, 혹은 조금이라도 더 '가시적'이고 단기간 내에 외부적 성과를 낼 수 있는 형태로 협소화되고 있다. "시민 없는 시민단체"라는 표현이 여러 의미를 함축하고 있지만 그중 한 가지 모습은 시민들이 더 이상 후원하지 않는 시민사회의 측면이다. '시민 없는 시민단체'는 내부에서 수익/비수익성 사업을 끊임없이 나눌 수밖에 없고, 밑으로부터의 후원 자리를 위로부터의 '기금' 내지 '사업 지원금'으로 충당하고 있다.

내보일 성과를 위한, '관'에서 요구하는 지표를 만들기 위한, 혹은 활동가와 조직 자체의 생존을 위한 이러한 '사업' 행위들은 진정 대중 속에 운동을 한 발짝 다가서게 만들었을까? 이것은 이를 직접 행하는 활동가들에게 어떤 식으로 다가올까? 활동가들이 추구한다고 말하는 '의미'와 부합할 수 있을까? 일반 기업의 직원과 다르지 않게, 때로는 더하게 '부품화'되는 조직 방식은 활동가의 자존감과 의욕을 꺾고 좌절을 안겨 주고 있지 않은가. 그 속에서 활동가들은 계속해서 지치고, 자신이 하는 노동의 그 '사회적 효과'와 의미에마저 의구심을 갖고 좌절하게 된다. 그렇게 노동하던 청년 활동가들 중 많은 수는, 자신의 노동에 사회적 노동으로서의 의미를 부여받지도, 부여하지도 못한 채 소진된 후에 탈락되고 있다. 4장에서 더 자세히 살피겠지만, 이것은 활동 방식의 문제임과 동시에 주체성과도, 조직 문화와도 관련되는 것이다. 실제로 청년 사회적 노동자들은 이러한 운동의 전반적 침체에서 비롯된 여러 모순들을 조직 내에서 직면하고 있었다.

사회운동이나 활동가로서의 삶도 중요하고, 공부도 하고 싶어요. 그것들이 자연스레 연계됐으면 좋겠지만 여유가 없어요. 한 영역에 오래 있기는 불안정하고 미래를 볼 수 없고. 활동가라는 직업은 전망이 없죠. (중략) 노조에서도 그런 사람들이 있었어요. 오히려 활동가나 운동권이 아니었는데 회계직으로 왔다가 데어서 사회운동 자체가 싫어진 사람들. 노조의 '노' 자도 싫다고. 외부적으로 드러나는 공익 활동이 사실은 내부의 자기 착취로 일어나는 것을 일하는 사람은 아는 거죠. 활동 경험이 긍정적으로 남지 않으면 더 이상 그런 사람들은 유입이 안 되겠구나, 그런 생각이 많이 들죠. (윤진희, 시민사회단체 〈ㄱ〉)

옛날에 이런 쪽에서 일을 할 때 보면 '사회를 위해서 한다' 그러는데 결국엔 내가 괴로울 때가 더 많았거든요. 되게 지치고 소진되고. 그것을 해결하지 않는 한, 분노 상태에서 일하게 되거든요. 처음 사회적 기업에서 일할 때도 되게 열 받았었어요. 그때는 윗사람들도 늘 화가 나 있는 상태였어요. 회의를 할 때 윗사람들이 관두고 싶다고 하고. 나야 일을 못해서 그런다고 하지만, 윗사람들은 롤모델이 되어야 하잖아요. 그런데 그 사람들이 진짜 힘들어하는 것을 알고 나니 나의 미래가 저렇다는 게 우울하더라고요. 실망을 많이 했어요. (강인혜, 협동조합 〈A〉)

강인혜는 대학원 졸업 이후 처음 일했던 사회적 기업에서 늘 '분노 상태'에 있던 선배, 동료들을 보면서 많이 실망했다고 전한다. 그들은 고된 장시간 업무로 소진되어 있고, 때문에 병을 안고 살았으며, 그리고 늘 화가 나 있었다. 윤진희는 이전에 노조에서 일했을 때, 함께 일했던 동료가, 다시는 촛불 집회나 데모 근처에는 오기도 싫을 정도로 사회운동 진영에 실망하고 그만둔 이야기를 해 주었다. 학생운동 등의 경험 없이 노조에서 일하게 된 경우였는데 "외부적으로 드러나는 공익 활동이 사실은 내부의 자기 착취로 일어나는 것"을 직접 경험하고서 아예 그 영역으로부터 완전히 등을 돌리게 된 것이다. 이러한 사례를 보며 윤진희는 활동가들이 겪는 경험이 긍정적이지 않으면, 이 영역에 새로운 사람들이 유입되기도, 그들의 활동과 관심이 유지되기도 힘들다는 것을 알게 되었다. 하지만 대학 때부터 지속적으로 노조와 관련된 활동을 해 왔으며, 앞으로도 계속 사회 활동가로 살고 싶다고 생각하는 자신조차도 활동가로서의 삶이 힘겹기는 마찬가지였다.

위와 같이 살펴보건대 '사회의 변혁 주체'로서의 활동가의 삶의 반경은, 이전보다 상당 부분 축소된 듯 보인다. 분명 그 안에서 끊임없이 고군분투하며 살아가는 활동가들이 있으나, 점점 그 영향력과 펼칠 수 있는 힘은 약해져 가고, 이로 인한 열패감이 깊어지고 있다. 경제적 배경과 사회적 조건뿐 아니라 활동가가 바꿀 수 있던 삶의 범위조차 극히 좁아지고 있는 것이다. 그러한 현실에서 사회적 노동은 존경도, 돈도, 자족감과 자존감도 채울 수 없는 노동에 가까워지고 있다.

위와 같은 여러 가지의 난제로부터 '과연 내가, 나의 노동이 무엇을 바꿀 수 있는가?' 반문하면서, 그러나 우리의 연구 참여자들은 그 안에서도 활동하는 생활을 매일 영위해 가고 있다. 그들은 자신들의 '활동'을 어떻게 이해하고 있으며, 또한 요구받고 있을까?

'활동가 코르셋' 속에서

...

우리는 이제 연구 참여자들의, 활동가로서의 정체성을 둘러싼 자기 인식을 '활동가 코르셋'이라는 표현을 통해 살펴보려고 한다. '활동가 코르셋'이라는 용어는 정지현이 인터뷰 중에 언급한 것이다. 2016년에 만난 그는, 2014년에 다니던 시민사회단체 〈ㄴ〉을 그만두고 또래 청년들과 함께 지역 기반의 활동을 준비하고 있었다. 그는 자신이 〈ㄴ〉을 그만둔 것을 "활동가 코르셋을 벗어난" 것이라고 표현했다.

'코르셋'이라는 도구는 그 본래의 역사가 보여 주듯이 두 가지의 의미를 동시에 포함하고 있다. 첫 번째 의미에서의 코르셋은 여성이 자신의 허리를 가늘고 '아름다운' 형태로 만들어 줄 수 있게 하는 도구다. 즉 이 옷을 통해 어떠한 형태를 '갖출 수 있게' 한다. 그러나 이 코르셋이 만드는 몸의 형태는 당시 사회가 여성에게 요구하던 문화적 억압에 기반하고 있었고, 때문에 여성들에게 자유로운 생활을 하기 어렵게 할 정도의 불편함과 신체적 고통을 주었다. 즉 이 코르셋은 자격을 부여하는, 또한 자신이 원하는 여성의 몸을 수행할 수 있게 하는 일종의 '작업복'인 동시에 이들을 위협하는, 그리고 타인이 원하는 여성의 몸을 수행하게 하는 '억압체'였다. 이러한 기원에 비추어 보면 '활동가 코르셋'은, 이들이 활동가로서 몸을 만들고 활동가로서 살게 한 (활동가) 작업복이며, 또 한편으로는 외부로부터 강요되고 입힘을 '당하는' 억지 갑옷이기도 한 것이다.

코르셋의 첫 번째 의미: '내 활동'을 활동답게

첫 번째 의미에서 이들이 입는 '활동가 코르셋'의 의미를 생각해 보면, 이것은 스스로 '나는 활동가'라는 정체성을 받아들이며 활동할 때 어떠한 자세와 태도로 이 일에 임하고자 하는지, 즉 이 '작업복'은 사회적 노동자와 활동가들이 어떻게 '활동가'로서의 자격과 자의식을 갖추게 하는지 보여 줄 수 있다.

정지현은 회사에 소속된 "직원"들이 하는 노동과 구분되는 "활동"이라면 시민들에게 에너지를 줄 수 있으면서 동시에 시민사회를 이끌어 갈 수 있어야 한다고 본다. 지금은 오염되거나 풍자적인 맥락에서 사용되기도 하지만 "헌신", "인간애" 등의 가치가 (그럼에도 불구하고) 기본적으로 활동가의 매우 중요한 기본 가치라는 점에 동의한다.[45] 사람과 사회를 바라보는 태도와 관점이 자신의 활동/노동에 주요 요소라는 시각을 강하게 갖고 있는 것이다. 또한 우리는 다른 청년들과 만나는 과정에서도, 그들 각자의 표현 방식을 통해서 이들이 기본적으로 자신의 활동가로서의 '역할'과 입지를 진지하게 생각하고 있으며 이를 행위로서 의미화하고 있음을 알 수 있었다. 우리가 만난 청년들을 포함해 그 바깥의 많은 젊은 사회적 노동자들 역시 이러한 사회 활동을 향한 자기 의미화를 실현시키기 위해 다양한 방식으로 실천하고 있다.

지금 일하고 있는 협동조합 카페는 청소년들이 많이 다니는 곳이니까 청소년들한테 또 다른 것을 보여 주고 싶은 거예요. 우리가 여기 있는 존재 이유는 다른 식의 삶이 가능하다는 걸 보여 주는 거예요. (강인혜, 협동조합 〈A〉)

〈나〉 같은 단위는 체계보다 약속, 선언 같은 게 더 중요하지 않을까 하는 생각이 들어요. [선언이라는 것은 일하는 분들에 대한 〈나〉의? 아니면 사회적인?] 둘 다 포함해서요. 그러니까 내부적인 관계를 위한, 내부적인 힘의, 어떤 역량을 위한 약속. 그리고 외부화시킬 수 있는 선언. (이유리, 사회적 기업 〈나〉)

이들의 활동가로서의 자기 의미화는 "다른 식의 삶이 가능하다는" 것을 보여 주는 일이 자신의 역할 중 하나임을 받아들인다는 위의 강인혜의 말에서, 그리고 조직 내의 "약속", "선언" 등의 가치를 외부로도 확대하는 것이 자신의 가장 중요한 활동이라 말하는 위의 이유리의 대답을 통해서 나타난다.

앞서 정지현이 헌신, 인간애가 활동가의 기본 바탕이 되는 가치라고 말한 것을 이들의 대회 속에시 조금 너 넓게 풀어 이해하자면, 자신의 일이 다만 어떠한 재화와 서비스를 공급하는 데에서 그치거나, 혹은 화폐적 가치를 창출하는 데에 방점을 둔 노동이 아니라 사회를 향한 '가치'의 파급력을 기반으로 하며, 타인과의 연결성을 전제한다는 것이다. 그렇기 때문에 청소년들이 많이 이용하는 건물에서 카페를 운영하는 강인혜에게 자신의 일은 커피와 음료를 만들어 파는 물적 노동과 더불어서, 이러한 일을 하는 자신을 청소년들이 하나의 롤모델로 삼을 수 있게끔 하는 가치 차원의 의미를 포함하게 된다. 카페를 운영하고 사람을 만나는 커뮤니티 공간 만들기가, 미래의 선택 가능한 삶의 모습일 수 있음을 자신을 통해 보여 준다는 것이다. 한편 이유리는 목공업이 주요 활동 내용이 되는 사회적 기업에서 일하지만, 그에게 나무에

대해 배우고 이를 이용해 가구를 만드는 일 못지않게 중요한 일
은 그 공간의 구성원들과의 합의에 의한, 공동체 내부의 규칙, 약
속, 선언 같은 것을 만드는 일이었다. 그가 말하는 "약속"과 "선언"
이란, 〈나〉 조직의 공간을 운영하는 규칙과 체계를 이른다. 이 생
각은 그가 겪어 온, 사회적 기업 〈나〉가 현재의 체계를 갖추게 된
'역사적' 배경에서 나온 이야기였다.

> 초창기에는 체계화하려는 기조가 〈나〉에도 있었어요. 이윤을 낼
> 수 있는 더 효율적인 시스템에 훨씬 천착했어요. 그럼 저 같은 노
> 동력은 사실 필요 없는 노동력인 거죠. 숙련되지 않았을 뿐 아니라
> 여자이고. 근데 지금은 체계를 허물어뜨리는 작업을 하는 것 같아
> 요. 그런 걸 허물어뜨리면 노동력이 훨씬 더 확장돼요. 누구나 할
> 수 있는 적정한 기술을 같이 배우고 공유하는 거죠. 지금도 저는
> 제가 전문적인 기술을 갖고 있다고 생각하진 않아요. 근데 어느 정
> 도 숙련되었다는 느낌은 들어요. 그럴 때 기분이 좋죠. (이유리, 사
> 회적 기업 〈나〉)

〈나〉의 설립 초기, 이윤을 낼 수 있는 수익 창출 모델 만들기에
집중해야 한다고 생각하는 일군의 구성원들과 사회적 기업으로
서의 가치를 추구하는 활동 지향적 구성원 사이에서 갈등이 있
었다. 당시, 이윤 추구 모델에 집중하던 구성원들의 입장에서 이

유리와 같은 구성원, 즉 목공에 숙련되지 않았을 뿐 아니라 물리적인 힘이 남성에 비해 부족한 여성은 "필요 없는 노동력"이었다. 그러나 이윤 추구 모델을 주장하던 구성원들은 이후 갈등 관계 속에서 결국 조직을 나가게 되었고, 지금 〈나〉의 체제는 오히려 그러한 '쓸모' 있는/없는 노동력이라는 구분을 허무는 방향으로 '진화'하는 중이다. 이전에는 팔릴 수 있는 가구를 빨리 만들어 낼 수 있는 효율적이고 숙련된 노동력이 중시되는, 즉 "일할 수 있는 노동력이 협소"한 조직이었다면 현재는 누구나 일할 수 있는, 함께 노동/활동할 수 있는 사람의 범주가 훨씬 더 확장된 방향으로 말이다. 이처럼 활동 철학과 방식을 논의하고 합의하는 과정 속에서 "약속"과 "선언"이 만들어지는 것이다. 그가 볼 때 이것이 사회적 지향성을 가진 조직의 정체성과 더욱 일치하는 방향이다.

행정에서 하는 일이다 보니까 실제로 그 마을에서 활동하는 사람들의 진짜 이야기, 그런 것들은 사실 반영이 잘 안 되는 거예요. 새롭게 커뮤니티를 만들려고 하고, 그 사람들이 공간을 운영하게 하고, 그러다 보니까 공간 운영이 안 되고. 그런 악순환이 발생하면서, 마을 만들기 자체에 대한 회의감이 들었던 거예요. 우리가 팀을 만든 것도, 우리가 스스로 민간 차원에서 할 수 있는 것들을 하기 위해서였어요. 공공에서 재원을 투입해서 하는 일들에 우리가 크게 할 수 있는 역할이 없기 때문에, 스스로 할 수 있는 부분들을 찾아

보자고 해서 팀을 만들어서 자체적으로 마을 활동을 해요. (홍명준, 사회적 기업 〈다〉)

제가 만났던 여러 사람들을 아이들한테도 만나게 해 주고 싶어서 인터뷰하는 프로그램을 짜 가지고 목수를 만나거나 다양한 사람들을 만나게 하기도 하고. (중략) 밀양과 관련된 얘기를 한다거나, 세월호 참사가 일어났을 때도 같이 읽어 보고 싶은 것들을 읽거나 했어요. (차은진, 시민사회단체 〈ㄷ〉)

저희는 무책임하지 않으려 노력하거든요. (중략) 책이나 문서나 이메일, 전화로 소통하는 것은 한계가 되게 명확해요. 디자이너들이 자기 방 책상에 앉아서, 작업실 예쁘게 해 놓고 좋은 컴퓨터 쓰면서 소통을 한다는 건 참 웃긴 일인 거 같아요. 어떻게 보면 부채의식 같은 게 있는 거죠. 커뮤니케이션 디자인이라는 게 소통 디자인인데, 실제로 사람들을 만나거나 발로 움직이지 않으면 어떻게 그렇게 거창한 타이틀을 달고 있겠어요. (김지훈, 사회적 기업 〈가〉)

청년들의 조직 진입 서사와도 부분적으로 겹치는 이 이야기들은, 연구 참여자들이 사회적 노동 지향성을 가진 그들의 조직(사회적 기업, 시민사회단체)에서 추상적 가치를 실제적 모습으로 실현시키기 위해 어떤 노력을 하는지 좀 더 구체적으로 보여 준다.

활동의 방식과 내용 측면에서 말하자면 이들의 활동은 각기 다르다. 그렇기에 위의 대답들은, 매우 다종다기하며 상이한 활동들 속에서 사회적 활동에 대한 가치가 어떤 모습들을 '통해', 그리고 어떤 모습들 '속에서' 실천되는지 보여 준다.

마을 기반 사회적 기업에서 일하는 홍명준에게 그의 활동은, 행정과 제도의 언어로 번역되지 못하는 '마을'이라는 개념에, 그 지역에서 살아가는 '사람'이란 색채를 더해 현실에 반영하는 활동이다. 이는 민간 차원에서 할 수 있는, 또한 그가 건축이라는 자신의 특정 언어를 통해서 지역 사회에 기여하는 방식이 된다. 한편 차은진에게 공부방 활동은 일종의 교육운동의 성격도 지닌다. 그의 활동적 지향은, 공부방 교사로서 만나는 어린이들에게 자신이 아는 다양한 세계를 보여 주고, 보다 다양한 직종과 영역에서 일하는 어른들을 만나게 해 주고, 사회에서 벌어지고 있는 이야기를 함께 나누며, 그 어린이들의 세상을 보는 시야를 좀 더 넓히는 데 기여하는 것으로 실천된다. 한편 김지훈이 활동하는 사회적 기업 〈가〉의 주요한 클라이언트이자 협업 파트너들은 비영리 기구, 비정부 기구, 시민사회단체 등이다. 사회적 기여를 중시하는 이들 단체들과, 금액에 크게 개의치 않고 ― 시민사회단체, 비영리 기구에서 디자인 비용으로 제시하는 금액은 절대적으로 크지 않은 경우가 대부분이기에 ― 작업을 함께하는 것은 〈가〉가 중시하는 자기 정체성 중 하나다. 돈보다 가치 지향

을 더 중시해 작업을 진행하기 때문이다.[46] 그 과정에서, 김지훈
이 자신의 디자인 활동에 대해 택하는 윤리적 태도는 자신이 함
께 작업하게 되는 그 단체가 '어떤 곳인지' 기본적인 정보를 알아
보는 것으로부터 시작한다. 즉, 나의 작업 결과가 어떻게 쓰이게
될지에 대해 적어도 무책임하지 않는 것이다. 김지훈과 사회적
기업 〈가〉는, 때로는 〈가〉 조직의 차원에서, 때로는 김지훈 개인
의 차원에서, 이제껏 해군기지 건설 반대 투쟁을 벌이는 제주 강
정, 용산 참사 현장, 송전탑 건설에 반대하는 싸움을 이어 가고
있는 밀양, 젠트리피케이션이 벌어지는 장소 등 다양한 사회운동
이 벌어지는 현장들을 방문해 직접 취재와 경험을 바탕으로 한
디자인 결과물들을 만들기도 했다. 이는 〈가〉가 사람들이 투쟁
하고 있는 삶의 사회적, 정치적 현장을 작업으로 담고, 때로는 이
러한 현장에 직접 개입하는 일에도 적극적인 성격을 가진 디자
인 그룹임을 보여 준다. 그리고 김지훈은 이러한 활동들을 자신
이 가진 "디자이너라는 타이틀에 대한 증명"과 책무로 받아들이
고 있었다. 소수만이 폐쇄적으로 향유하는 소위 '아티스틱'한 작
업이 아니라 대중 혹은 시민이라 할 수 있을 평범한 이들의 이야
기를 담고, 또한 그들과 대화할 수 있는 작업의 가능성을 조직하
는 것은 그가 지향하는 '커뮤니케이션 디자인'의 목적이기도 하
기 때문이다.

위에 인용한 사례들을 통해 살펴본 바처럼 개개인이 현장에서

일하는 구체적 모습과 사용하는 활동 언어(수단)는 다르다. 하지만 이러한 모습들은 공통적으로, 그들의 위치와 자리가 연구 참여자들에게 부여하는 자기규정과 정체성, 그리고 이러한 관념적, 추상적 차원에서의 가치가 그들의 '정체성'과 상호작용하며 어떤 구체적 실천 모습으로 나타나고 있는지 보여 준다. 즉 사회적 노동 섹터, 다시 말해 '사회'를 향한 노동/활동 영역에 걸쳐 있는 직업적 정체성은 그들로 하여금 이에 준하는 태도를 스스로의 방식을 통해 만들어 가도록 추동하며 그 태도를 기반으로 한 활동을 조직하게 이끈다. 이러한 맥락에서 '활동가 코르셋'이란, 말하자면 이들에게 자신의 활동, 때로는 더없이 모호하고 희미한 단어인 이 '활동'을 가장 '활동답게' 만들기 위한 일종의 노동 윤리인 셈이다.

코르셋의 두 번째 의미: '네 활동'을 활동답게

코르셋이라 불리는 이 보정 속옷의 목적은 '아름다운 몸의 형태'를 스스로 가지기 위함이었다. 그러나 결과적으로 이는 여성들에게 요구되는 여성다움과 아름다움이 무엇인가에 대한 사회의 합의가, 실제로는 이 보정을 '당하는' 여성들의 목숨을 빼앗기도 할 정도로 매우 폭력적으로 이루어졌음을 보여 주었다. 때문에 한편으로 이 코르셋은 억압적인 외부 시선과 이에 응답하기 위한 수단을 뜻한다.

　그렇기에 우리가 이번에 살펴볼 '활동가 코르셋'의 두 번째 측면은 '내 활동을 활동답게' 만들기 위한 첫 번째 의미와는 반대로, 이들이 자발적으로 입는 것이 아니라 '입혀지는' 코르셋, 즉 '네 활동을 정해진 어떤 방식대로 하라', '네 태도를 이렇게 하라'라는 외부로부터의 요구에 대한 내용을 담고 있다.

　앞서 살펴본 것처럼 '활동가로서의 나'라는 정체성은 연구 참여자들에게 스스로의 자세를 가다듬고, 또한 구축하게 만드는 자기상狀의 기본 틀이 된다. 그렇기에 이들은 이 자아 정체성을 자기 삶의 중요한 기준과 태도로 삼고 있다. 그러나 스스로 선택하고 구축한 것이 아니라 조직의 안팎에서 '요구'되는 비영리 활동가에 대한 특정상狀 — '어떠한 모습'의 활동가가 되어야 한다는 — 은 커다란 무게감으로 다가오며 이들의 개별 행위자성에 일종의 억압 기제로 작동한다.

　시민단체의 활동가로서 뭔가 이야기를 해 달라 하면 동공에 힘이 풀리면서 '난 아무 생각이 없는데, 그냥 재밌는데, 재밌는 걸 하면 되는 거 아니야? 아, 이 자리에 내가 되게 맞지 않는구나' 하는 생각이 확연히 들어요. 예전에는 고민하고 있는 티를 내면서 '이런 것들이 부족하고, 이런 건 시정되어야 할 것 같고, 우린 앞으로 이렇게 가야 할 것 같다' 이런 얘길 했는데, 진짜 제 그릇에 맞지 않는 이야길 하는 것 같아서 이제 그런 곳에 안 가려고요. 뭔가, 어깨가 너무

무거워요. (차은진, 시민사회단체 〈ㄷ〉)

헌신 권력. 헌신을 계속 요구하는 거예요. 그런데 후배들은 역량도 없고 자원도 없고 자신도 없어요. 저 선배 너무 대단해, 그런데 난 그렇게 못 살 거 같애, 이런 생각에서 오는 위축감 때문에 되게 우울한 거죠. '나는 왜 이것밖에 못 할까. 내가 여기에 큰 뜻이 없기 때문일 거야' 이렇게 생각하게 되는 거예요. 그러면서 조직에서 나가는 거죠. (정지현, 시민사회단체 〈ㄴ〉)

차은진은 일터에서 자신이 생각하는 가치를 어린이들과 나누면서 '활동가 정체성'을 실천하고 있으면서도, 공식적 자리에서 "활동가로서 어떤 것에 대해 한마디 해 주세요"라는 부탁을 받으면 뭔가 '대단한', '특별한' 대답을 해야 한다는 압박을 느낀다. 이것은 언뜻 보기에 사소하고 재밌는 하나의 에피소드 같지만, 한편으로는 청년들이 활동가로서 기대되는 역할을 어떻게 이해하고 있는지 보여 주기도 한다. "재밌으면 되는 거 아니에요?"와 같은 식의 대답은 결코 할 수가 없는, 그보다 대의, 명분, 거대 가치 등이 담긴 언어가 이 섹터에서 보다 통용되는 일종의 '업계의 방언'처럼 느껴지며, 그러한 이야기를 하는 것이 그 자리에서 기대되는 내 역할이라고 생각하는 것이다. 즉, 이는 활동가와 그의 활동에 팽배한 엄숙주의, 헌신주의에 대한 얘기다.

물론 어떠한 정체성에든 대체로 그에 요구되고 기대되는 스테레오 타입화된stereotyped 역할 모델은 존재한다. 한국에서 전형적인 활동가상이라 하면 많은 사람들은 다음과 같은 모습을 떠올릴 것이다. 예컨대 그의 모든 행동은 정치적 올바름political correctness을 기준으로 이루어진다거나, 혹은 활동가인 그 사람이 자신의 모든 생활과 선택 앞에 활동과 운동을 배치하며 이에 헌신하는 모습. 한편 이는 실제로, 과거의 많은 활동가들이 그렇게 살아왔음을 일정 부분 반영한다. 그것은 이 시민사회 영역의 조직들을 꾸리고, 또한 지금의 형태로 유지시킬 수 있었던 힘의 기본 바탕이기도 했다. 그런데 문제는 이런 엄숙주의, 그리고 헌신에 대한 무게("헌신 권력")가 현재의 청년 활동가들에게 그 영역에 대한 거리감을 느끼게 하며 때로는 그들을 영역 바깥으로 밀어내는 힘으로 기능하고 있다는 지점이다. 자신에게 '활동가들은 어떻게 해야 한다'라고 요구되는 시선이 있음을 느끼고, 이에 따라 스스로를 다그치며 이에 도달하지 못했을 때 콤플렉스를 느낀다. 이것은 그들의 심리적 압박감과 열등감의 측면에서만 중요한 게 아니라 실제로 소진하는 자아를 만들고, 그렇게 지치고 소진되어 결국은 나가떨어지게 된다는 점에서도 주목을 요하는 지점이다.

항상 단체들은 새로운 사람 뽑는다고 하고, 한두 명이 지원해서 또 한두 명 일하다 나가고, 또 뽑고 그래요. 참 지겹겠다 싶죠. 운영하는 사람도 고민이겠지만 그렇게 전전하고 있는 나도 비슷해요. 만약 여기서 또 그만두고 다른 곳에 가면 거기서도 한 2년 정도 일하고 그만둘 텐데. 정말 내 비전을 잘 찾을 수 있게 도와줬으면 좋겠다는 생각을 해요. 그 활동이 일생을 바쳐야 하는 게 아니더라도, 나중에 그 사람의 비전을 찾는 데 최대한 도움을 줬으면 좋겠다, 그 사람을 너무 소비하지만 않아도 좋겠다는 소박한 욕구예요. 그게 이루어지면 제일 좋겠죠. 새로운 조직에 들어가면 환영하고, '네가 여기서 일을 해 줬으면 좋겠어' 이렇게. (웃음) 그렇지만 그렇게 사람을 아끼는 분위기도 아니고, 계속 뭔가 일생을 바쳐 일할 것만을 바라지 그걸 위해서 뭘 주진 않으니까. (차은진, 시민사회단체 〈ㄷ〉)

소위 386세대 등 '삶이 곧 활동'이었던 운동가와 2010년대의 청년 활동가가 추구하는 활동가상은 같을 수가 없을 것이다. 몇십 년 사이, 사회는 상당히 변했고 그에 따라 한국에서의 운동과 노동 환경, 이를테면 '시대 양식'이 변화했다. 즉 대중의 관심을 얻고 운동을 펼쳐 가는, 활동이 기반한 사회의 총체적 환경이 바뀐 것이다. 위에서 차은진이 말한 것처럼, 조직은 활동가 개개인을 귀하게 여기기보다는 "계속 일생을 바쳐 일할 것만을" 바랄 뿐이라고, 그들은 느낀다. 자신에게 요구되는 태도와 엄격함에 비해서, 일에서 얻는 만족감이나 임금 등의 객관적 조건은 너무도 불충분하다고 생각하는 것이다. 그런 상황에서 "난 삶이 활동이고, 내 활동이 곧 삶이야"라는 선배의 이야기가 후배에게도 공감을 불러일으킬 수 있으려면(정지현), 그럴 수 있는 토양에 대한 고민이 선행되어야 한다. "내가 공익을 추구하는 일을 하면서도 이것을 내 희생으로 여기지 않을 수 있고, 이것이 내 삶을 즐길 수 있는 방식이기에 좋다"고 느끼는 사람들을 키워 가는 것 역시 사회적 섹터의 역할이자 목적이기 때문이다. 현재의 많은 젊은 세대들은 "남을 위해서 헌신하는, 외부의 인정과 욕구를 우선하는 삶이 아니라" 자기 삶에서의 재미와 즐거움 역시 찾을 수 있어야 한다는 생각을 하고 있다. 실제로 정지현의 경우 2016년에 다시 만났을 때 〈ㄴ〉을 그만둔 상태였는데, 그만둔 배경에 역시 이러한 문제가 있었다.

활동을 할 때, 나를 위한 활동을 안 하면 원동력이 안 생기는 거예요. (중략) 예전에는 이 운동을 할 때 제가 저를 괴롭게 했어요. '운동을 실현해야 한다'는 생각으로. 그리고 조직에서 채울 수 없는 무언가를 ○○(외부 네트워크 모임)에서 채우려고 했어요. 거기서 또래도 만나고 다른 조직 문화를 접해 보고 그 안에서 배우기도 하고. 제가 다니던 단체 안에서는 그게 불가능하다고 생각했고 그래서 결국 그만두게 됐어요. (정지현, 시민사회단체 〈ㄴ〉, 2016년)

〈ㄴ〉의 동료들은 정지현에게 따뜻한 공동체가 되어 주었고, 그녀는 자신의 의지와 활동의 자율성을 보장해 주는 동료와 선배들에게 커다란 고마움을 느꼈다. 그럼에도 끝내 해결되지 않던 것은 자신에게 가장 중요한 20대 비혼 여성으로서의 정체성과 '삶의 주제'를 남편과 아이가 있는 지역의 주부들이 중심이 되는 〈ㄴ〉에서 운동으로서 펼칠 수 없다는 아쉬움이었다. 내 상황, 고민하고 있는 내용과 처지가 〈ㄴ〉의 회원을 비롯한 다른 동료들과 매우 다르기 때문에 — 정지현은 〈ㄴ〉에서 청년으로 분류될 수 있는 유일한 활동가였다 — 이해받거나 혹은 함께 공유하는 데 한계를 느꼈다. 자신의 고민을 충분히 나눌 수 없는 공간에서 외로웠고, 재미도 사라져 갔다. 또한 세대 구성이 단일한 조직에서는 순환이 이루어지지 않는 것 같았기에 활동에 대한 자극을 받을 수 없었다. 〈ㄴ〉은 그에게 "편안한 자궁 같은 느낌"을 주지만, 이제는 그 "자궁" 같은 울타리에서 벗어나 "다른 세상을 보고 싶었"던 것이라고, 그는 자신의 이동을 설명했다. 이후 그는 또래들과 함께 자신의 정체성과 밀접한 주제로 활동할 수 있는 장, 그리고 조직에 특별히 구애받지 않고 자유롭게 커뮤니티 활동, 여성주의 활동을 할 수 있는 방법을 모색하며 자신의 지역에서 여러 프로젝트 형식의 활동을 이어 가고 있다.

그러나 그 자신의 욕구와 필요가 아닌 외부의 기대, 대의에 의해 지어진 '활동가 코르셋'을 입고 살아가는 것은 선배들도 예외가 아니었다. 청년 활동가들의 눈에는 활동가 코르셋을 입은 선배들 역시 결코 행복해 보이지 않았다.

협동조합 〈C〉에서 일하는 모든 사람들이 다 코르셋을 입고 있다고 봐야 할 거 같아요. 일반적인 조직에서라면 그러지 않아도 될 것 같은 사람들까지 다 무거운 옷을 입고 있어요. 그래서 때로는, 실무 리더들, 상무이사나 때로는 이사장, 이런 사람들조차도 어떠한 기대 같은 것 때문에 불필요한 행동을 한다거나 하는 모습을 마주할 때가 많아요. (중략)《피로사회》에 보면, 규율사회에서 성과사회로 넘어가면서 '~해서는 안 된다, ~해야 한다' 이런 식의 강제가 '할 수 있어, 할 수 있어' 하는 긍정성으로 바뀐다고 하잖아요. 그게 협동조합 〈C〉에도 들어온 거예요. (중략) 그것이 시행된다고 해서 과연 개인들이 행복해질 수 있을까 생각했을 때 그렇지 않을 것 같아요. 결국엔 자기 착취가 더욱 심해질 거 같다는 느낌이 들었어요. 조직이 시키는 건 아닌데, 내가 나를 시켜서 할 거 같은 거예요. 그때 사람들이 더 슬퍼지지 않을까 하는 생각이 들었어요. 이런 방식의 경영을 소위 대기업에서는 이미 하고 있을 거예요. 그런데 저는 거기서 하나 더 문제의식이 생겼던 게 뭐냐면, 그게 비영리 조직에 들어왔을 때 벽돌 하나를 더 얹는 느낌일 거 같은 거예요. 그러니까 자발적으로 착취하는데 이제는 거기에다가 '이거 당연히 해야 하는 운동이야'라는 당위까지 얹혀지면 굉장한 착취가

될 수 있겠다란 생각이 들면서 이게 괜찮은 걸까 싶었어요. (이명진, 협동조합 〈C〉)

위의 이야기는 각기 연결되는 두 가지 쟁점을 시사한다. 첫째, 이 '코르셋'은 세대에 따라 적용되는 것이라기보다 조직 전반 그리고 다양한 세대에 걸쳐서 활동가들의 몸에 착용되고 있는 문제라는 것이다. 둘째, 최근 '자기 착취'를 부를 가능성이 있는 담론적 언어가 제3섹터에도 유입되면서 '운동'과 '의무'의 결합이 개인에게 이중 착취 고리를 만들어 낼 여지가 더 확대되고 있으며, 그것이 위의 '활동가 코르셋'을 더 강화할 우려를 잠재한다는 점이다.

이명진이 말하고 있는 성과 위주의 경영 담론에 대한 문제의식은, 최근 몇 년 사이 《피로사회》를 통해서 널리 퍼졌다. 즉 규율사회에서는 그야말로 '하라', '하지 말라'는 '규율'에 의해서 노동이 이루어졌다면, 성과사회에서는 내 성과를 위해 내가 스스로에게 명한 (과잉) 노동이 이루어진다는 것이다. 때문에 이 사회에서는 할 수 없다는 부정성보다 '할 수 있다'는 긍정성이 범람한다.[47] 이는 경영 담론의 영역에서, 더 많은 성과를 내기 위한 노동자들의 자구自救적 노력이 회사 이윤과도 직결될 수 있다는 점, 또한 그것이 착취적 관계에 의한 것이 아닌 것처럼 '보이는' 효과를 갖는다는 점 때문에 유용한 경영 기제로 검토될 수 있는 것이다.

이명진이 보기에, 이미 비영리 섹터에서 일하는 많은 활동가들은 기본적으로 '자기 착취적'인 상황 속에 놓여 왔다. 그에게 이것이 자기 착취적 상황으로 보이는 까닭은 아마도, 실제 이 책 전반에 걸쳐 연구 참여자들이 수시로 토로하고 있듯이, 이미 많은 활동가들은 열악한 환경 속에서도 "자기가 자기를 시켜" 하는 업무를 감내하고 있기 때문일 것이다. 업무 시간/강도 대비 페이는 무척 낮고, 활동과 일 자체에 대해 충분히 인정받거나 존중받지 못하며, 늘 과다 업무와 장시간 업무에 소진되면서도, 많은 활동가들은 거의 자발적으로 '희생'하고 있다는 (혹은 희생을 요구받는) 느낌을 받으며 일하고 있다.[48] 특히 청년 세대들은 이 영역에서 자신들이 "피만 쪽쪽 팔리고 팽을 당할지 모른다는 공포심"[49]을 느끼고 있다. 권한은 주지 않고 "마치 젊으니까 쉬지 않고 일하는 것이 당연하다는 듯", 그리고 예전의 선배 세대들처럼 "너희도 당연히 그렇게 살아야 한다는 듯"이 시민사회운동 영역에서 자신의 열정과 노동력을 착취당한 경험이 있거나, 그러한 사례를 숱하게 보아 왔기 때문이다.

기업형 NGO나 큰 규모를 가진 조직이 아닌 제3섹터의 많은 조직에는 성과급이나 승진 등 성과의 결과에 따른 직접적 인센티브가 존재하지 않는다. 이제껏 이러한 물질적 보상 체계의 자리는 사회적 인정이라는 상징적 보상 혹은 자기만족이라는 심리적 보상이 대체해 왔을 것이다. 비영리 영역, 사회적 노동 영역을 택하는 많은 이들의 삶의 가치관에는 세대를 막론하고 이러한 물질적 보상보다는 자기만족, 정서적 행복감 등의 탈물질적인 가치관이 더 선행해 왔다.[50] 하지만 우리는 그나마도 여의치 않은 시대와 상황에 직면해 있다. 이러한 열정 노동[51]의 성격이 깊은 일에, 운동의 당위성이라는 '코르셋'까지 착장된다면? 이명진은 이를 "자기 착취라는 벽돌에 명분과 운동의 대의라는 벽돌이 하나 더 얹히는" 이중의 굴레로 본다. 이미 스스로 자기 착취와 희생을 통해 어떤 형태의 보상도 충분치 않은 채로 힘겹게 일하는데, 게다가 그것이 당연히 해야 하는 일이라는 인식까지 더해진다면 '이중적' 착취가 아니냐고 말하고 있는 것이다. 이는 특히 청년 세대에게 더욱더 민감하게 느껴질 수 있겠지만, 기본적으로는 비영리, 사회적 노동 섹터 전반에 걸쳐 있는 문제다. 기성세대인 선배 활동가 역시도, 그들 자신의 자리에 놓인 기대감과 당위의 무게만큼 부담감을 느끼고 있기 때문이다. 이러한 현실과 성과주의의 결합은 성과주의적 활동가로의 주체화라는 '활동가 코르셋'을 재생산할 위험이 있다. 이는 당사자 개개인들을 더 불행하고 건강하지 못하게 만들 수 있음은 물론이다.

이는 현재 맥락에서 사회적 섹터, 비영리 활동 영역에서 앞으로 더 논의되어야 할 중요한 질문들을 암시하고 있다. 일례로 이명진이 일하고 있는 협동조합에서는, 최근 성과주의에 기반한 경영, 관리 담론이 조금씩 유입되고, 이와 연관된 조직 개편이 실행되려 하고 있었다. 이명진은 변화가 그렇게 전면적이지는 않을 것이라고 조심스럽게 전망하지만, 조직이 저성장 국면에 접어들었다는 공유된 진단 아래 일종의 '구조 조정'이 이루어지고 있음을 보여 주었다. 이는 비단 협동조합 〈C〉에만 해당하는 움직임이 아니었다. 4장에서 조금 더 자세히 살펴겠지만, 이러한 움직임은 전통적인 시민사회 조직뿐 아니라, 사회적 기업, 협동조합, 마을 기업 등으로 확대되어 왔고, 이미 영리-비영리, 기업-시민단체, 이윤-가치, 착취-정당한 노동 등의 이분법적 구분은 더 이상 사회적 노동 영역을 명쾌하고 충분히 설명할 수 있는 언어로 기능하지 못한다. 시장과 시민사회를 갈랐던 20세기적 특성들은 이제 혼재되고, 넘나들고, 뒤섞이고 있다. 그러한 상황에서 시장주의 및 성과주의에 기반한 경영 담론과 언어가 사회적 영역에 들어서기 시작한 것은 어찌 보면 당연한 흐름인지도 모른다. 문제는 그것이 만들어 낼 효과다. 사회적 의미, 공공적 가치를 추구하는 개인들이 '대안'과 '좋은 노동'을 찾아 모여들고 있는 사회적 노동 섹터. 이곳에 몸담고 있는 개개인들에게 새로운 변화들과 그 효과는 어떠한 '대안'으로 다가오게 될까?

　이명진은 이러한 흐름이 전면적으로 정책화되어 시행될 때에 그 영역 내부에 있는 구성원들이 "행복할 거란 믿음"이 전혀 없다. 물론 조직 내에는 "어쨌든 변화는 필요한 것"이고, 이러한 변화가 가져다줄 순기능들이 있을 것이다. 예를 들어, 행정 단계의 간소화라거나, 성과에 대한 충분한 평가와 인정이 이루어져 바닥에

떨어진 구성원들의 사기를 진작하는 효과를 노려 볼 수도 있을 것이다. 그러나 이것이 그 내부에서 일하는 이들의 삶에 어떤 영향을 미칠까? 자신의 활동이 성과를 높일 '업무'처럼 공공연하게 여겨진다는 것은 활동가 개인에게 무엇을 의미할까? 또한 이때의 '성과'란 무엇을 말하는가? 누군가가 자발적으로 하는 일이 자율성에 기반을 둔 일이 아니라 '자기 착취'에 의한 일로 번역되는 과정에서 어떠한 것들이 생략될까? 혹은 이러한 과정에서, 활동가 개인이 자신을 '착취'한다고 스스로 느끼게 만드는 노동이, 그 일하는 몸의 주인을 소외시키지 않는다고 말할 수 있을까? 이러한 변화는 오히려 사회와, 타인과의 연결을 위해 일하고자 하는 사회적 노동자 개개인의 소외를 더 가속화시키지 않을까? 이제 이러한 질문들은, 이윤 추구의 극단에 있는 영리 기업 직원들에게만 향하고 있는 것이 아니다. 우리는 이런 물음에 답할 준비를 해야 함을 인정할 필요가 있다. 이 '새로운' 흐름과 어떤 식으로 대면할 것인가.

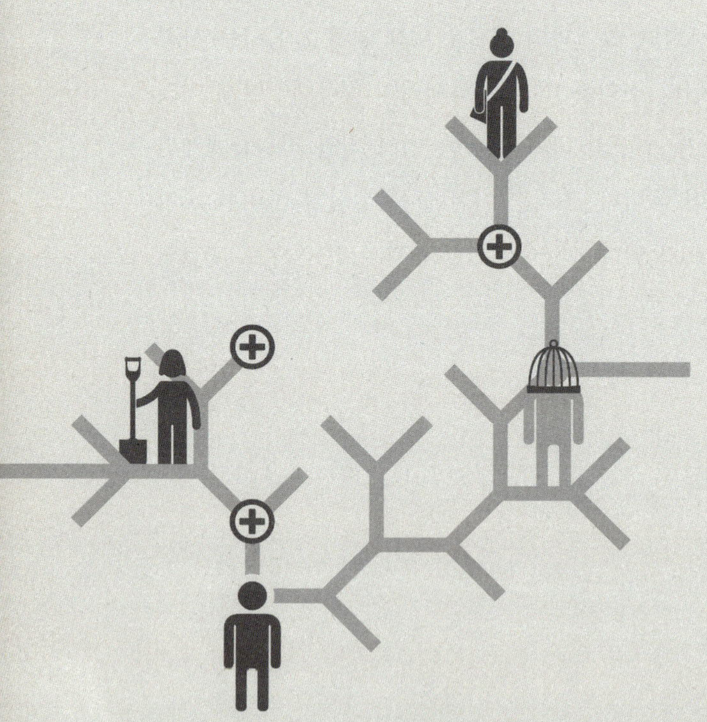

4장

모순과 함께
일하기

지금까지 청년 사회적 노동자로서의 정체성과 이를 둘러싼 갈등과 긴장을 다루었다면, 이 장에서는 사회적 노동 조직에서 청년들의 사회적 노동과 관련하여 어떤 일들이 일어나고 있는지 보다 구체적으로 다루어 보려고 한다. 특히 우리는 연구 참여자 청년들의 이야기를 통해, 이들이 오늘날 사회적 노동의 장에서 어떤 모순적인 의지 혹은 경향들의 좌표에 놓여 있다는 점을 새삼스럽게 깨닫게 되었다. 이렇게 상응하는 경향들은 겉보기에는 완전히 상충하는 것으로 보일 수도 있고, 사회적 노동이 아닌 다른 노동의 형태에서 마찬가지로 관찰되는 것일 수도 있다. 활동과 운동, 노동이 혼재되어 있는 사회적 노동의 특성상, 사회적 노동이 다른 노동과 비교했을 때 전적으로 분리/구분될 수 있는 독특한 노동은 아닐 것이다. 또한 우리는 청년들이 경험하는 사회적 노동의 모순들이 사회적 노동에 내재한 '근본적인' 특징은 아니라고 본다. 이는 부분적으로 개개인과 개별 조직이라는 경계를 넘어 오늘날 사회적 노동이 처해 있는 한국 사회의 구조적 위상에서 기인하는 것이기도 하다. 다시 말해, 앞으로 살필 모순과 딜레마의 경향들은 경제적 현실이나 정책이 바뀌면 해소될 수도 있다.

그렇지만 이러한 모순적인 경향 혹은 딜레마들은 동시에 사회적 노동 현실의 일단을 만들어 가는 힘이기도 했다. 여기서 언급하는 여러 모순은 논리적으로 모순되는 것이라기보다는 상황과 관계에 따라 변화하는 상대적인 모순이다. 다시 말해, 각 청년들이나 사회적 노동 조직 각각에서는 이를 다른 방식으로 경험하고 있다. 이러한 경향들 중에 어떤 것들은 너무나 당연하기도 하지만, 어떤 것들은 긍정적이든 부정적이든 기대치 않던 결과를 — 그리고 우리가 미처 전해 듣지 못한 결과를 — 초래하기도 한다. 또한 뒤에서 살펴볼 각기 다른 모순적 경향들은 서로 독립되어 있다기보다는 맞물려 있었다.

우리는 사회적 노동 현장에서 경험되는 이러한 모순적 의지와 경향들을 쉽게 해소할 수 있다거나 빠른 해결책을 찾을 수 있다고 주장하지 않는다. 대신 우리는 청년들의 사회적 노동에 내재해 있는 여러 모순과 딜레마들에 대해 숙고할 때, 사회적 노동을 더 좋은 노동으로 만들기 위한 실천적인 노력이 가능해진다고 믿는다.

조직은 체계적이어야 하나
: 체계화 vs. 탈체계화

...

사회적 노동 조직은 '체계적'이어야 할까? 체계화는 사회적 노동의 일상에 어떤 영향을 줄까? 우리는 연구 참여자 청년들의 이야기를 통해 체계화와 탈체계화에 대한 상반되는 경향이 사회적 노동 영역을 관통하고 있다는 점을 알게 되었다. 물론 사회적 노동 조직들이 체계화하는 방향은 조직 구성원들의 요구를 '민주적'으로 수합하면서 각자의 상황과 목적, 정체성에 맞게 정해지는 경우가 많다. 하지만 이미 정부나 기업 등에서 사용하고 있는 체계를 일종의 '모델' 혹은 '모듈'로 삼아 조직에 적용하거나 실험하는 경우도 있었다. 물론 사회적 노동 영역의 역사가 얼마나 되었는지에 따라 — 이를테면 청년들끼리 만들어 내고 있는 신생 소규모 조직인지, 혹은 이미 오랜 역사를 가졌고 조직의 규모가 상대적으로 커서 체계화가 상당히 진행된 곳인지 — 체계화 과정의 구체적인 양상은 서로 다른 방식으로 나타나기도 한다. 여기서 우리는 사회적 노동 조직들이 체계화 과정을 어떻게 경험하고 있는지 사례를 검토하기보다는, 사회적 노동 영역 내에서 체계화를 하려는 경향의 배경과 이유들에 집중해 보려고 한다. 그리고 체계화의 효과와 부작용을 다루고 이어서 반대의 경향인 탈체계화에 대한 의지에 대해서 다룰 것이다.

사회적 노동과 조직을 체계화하려는 개인적, 집단적 경향에는 여러 가지 배경과 이유가 있다. 먼저 사회적 노동 영역에서 노동의 중심이 되는 '실무의 효율적인 분담'을 위한 경우를 꼽을 수 있다. 이를테면 정지현은 처음에 시민사회단체 〈ㄴ〉에 들어갔을 때 "체계 없음에 너무 분노"했다고 말한다. 〈ㄴ〉은 비교적 규모가 작은 지역 기반 단체였고, 정지현은 조직 내에서 직무와 큰 관련 없이 실무가 그때그때 배정되는 등 조직에 다소 구멍이 많은 편이라고 느껴 '언제까지 이렇게 체계 없이 살 것인가?'라는 생각도 종종 했다. 물론 그는 사회적 노동 조직에서는 체계의 존재 여부보다 체계를 누가 어떻게 만들고 유지하느냐가 더 중요한 문제라고 신중하게 지적한다. 또한 그는 한번 만들어진 체계가 구성원을 통치하고 규율하는 원칙이 되어 버리는 것에도 문제를 느낀다. 그러나 정지현은 조직의 "아랫사람이 보기에도 (조직 내에) 너무 구멍이 많을 때에는, 체계를 만드는 것이 (구성원들을) 옭아매는 시스템으로 다가오진 않을 것 같다"고 말했다. 비슷한 이유로 윤진희도 조직에 "건강한 관료제"가 필요하다고 생각한다. 윤진희는 조직 내에서 특정 인물에게 "결정권이 집중되는" 것에 대해서는 문제의식을 느끼지만, "각 파트는 파트의 역할을 명확히 결정하고 배분하고 통제권은 자기가 갖는 것"이 "관료제가 갖는 장점"이라고 생각한다. 이는 체계화가 사회적 노동자들의 실무 노동을 효율적으로 관리할 수 있고, 이에 따라 일상에서 활동이나 운동이 차지하는 비율을 높여 나갈 수 있으리라는 기대도 함축하고 있다.

한편 체계화의 의지는 사회적 노동 조직이 성장하고 규모화됨에 따라 자연스럽게 등장하기도 한다. 역사가 길어 체계가 많이 잡혀 있는 협동조합 〈C〉에서도 지속적으로 체계화가 진행됨에 따라, 실무 영역의 노동과 활동 영역의 노동에서 구조 변동이 일어나기도 했다. 이명진은 "조직이 규모화되면서 예전에는 실무 영역에서 커버했던 기초 업무 같은 것이 조합원 활동 노동에 계속 이양"되어 간다고 말한다. 반대로 협동조합 내 실무자들은 "정책 생산"이나 "조합원 활동 노동들을 효과적으로 지원할 수 있는 시스템"을 만드는 식으로 업무 양상이 분화되고 더 체계화되기도 한다. 배유진도 사회적 노동 조직이 커지면 체계화에 대한 압력이 높아지고, 업무와 조직 기구의 "분화"가 당연히 일어날 것이라고 생각한다. 협동조합 〈B〉 역시 설립된 지 얼마 되지 않았지만 초기에 비해 조직이 크게 확대되었다. 배유진은 이제 활발한 활동과 조직화 사업을 통해 "단계적"으로 내부 영역을 분화하고, 이를 사회적 노동 조직의 목표와 정체성이라는 큰 틀에서 다시 묶는 작업을 하고 있다.

흥미롭게도 배유진은 이러한 체계화가 곧 "진짜 혁신적인 것"을 할 수 있는 기반이 될 것이라고 기대한다. 그가 지적하듯, 체계화는 조직의 "하드웨어를 구축"하는 일이다. 동시에 조직의 장기적인 비전을 세우고 "조직의 원칙"을 만들어 가는 일이기도 하다. 배유진은 초기에 의욕 넘치는 사람들이 모여서 체계의 유무와 상관없이 열정적으로 활동했을 때를 긍정적으로 추억하지만, 시간이 점차 지나면서 본인을 포함한 구성원들의 열정이 소진되거나 체력이 바닥날 수 있음을 절감했다. 때문에 배유진은 자신이 책임을 맡고 있는 사회적 조직 내의 사업이 "제 스스로 걸음마를 할 수 있는 시기까지는 하드웨어를 만드는 것"을 제대로 해 둘 필요가 있다고 말한다. 설령 조직 개개인의 열정이 소진되거나 사람이 바뀌더라도, 체계화가 어느 정도 진행되어 있다면 프로토콜에 따라 상대적으로 안정적 기반 위에서 사회적 노동 조직의 목표를 장기적으로 실현해 나갈 수 있는 여지가 열릴 것이라 기대하기 때문이다.

이러한 체계화 경향은 개별 조직의 틀을 넘어 좀 더 넓은 영역에서 조망해 볼 수도 있다. 이를테면 사회적 노동 영역이 사회적 경제를 포함한 정책 입안과 법제화에 따라 점차 제도적 안정화 단계를 밟게 되면서 사회적 노동 관련 "전문가"들을 양성해야 된다는 요구가 곳곳에서 나오고 있다. 오늘날 몇몇 대학교와 사설 교육 기관에서는 사회적 기업 MBA 과정이나 협동조합 최고 경영자 과정 등을 운영하며, 시민사회단체들도 사회적 경제 체제와 결합하여 다양한 형태의 '학교'를 설립하면서 사회적 경제 관련 기초 교육부터 사회적 경제 활동가나 사회적 기업가에 대한 전문적인 재교육을 담당하고, 이에 대한 자격증이나 수료증을 발급한다.[52] 이러한 전문적 인력들은 사회적 노동 영역 내부에서 배출될 수도 있지만, 조직의 가치에 동조하는 사람들을 규합하는 형태로 만들어지기도 한다. 예컨대 배유진은 협동조합의 전문화에 대해서 이렇게 말한다.

〈B〉는 영리 추구가 목적이 아닌 단체이기 때문에, 경영이 영리 조직보다 굉장히 중요해요. 이 조직이 장기적으로 지속 가능하고 스스로 살아남을 수 있게 되려면 (중략) 전반적으로 커다란 비영리 조직을 경영할 수 있는 경영 전문 인력이 필요하죠. 지금 〈B〉에서는 보통 기업에서 CEO의 일이라 불리는 것들을 많은 사람들이 같이 고민하면서 만들어 가고 있고요. 규모가 큰 협동조합 같은 경우에는 그런 경영 전문 인력들이 존재하고 (중략) 그리고 경영을 잘 아는 회계사나 아니면 법조인이라든지, 이런 사람들이 모여서 위원회 내에서 이 규모의 살림을 유지하는 데 필요한 것들을 같이 고민하고 있어요. 근데 만약에 〈B〉의 사업소가 더 많아지고 지금보다 훨씬 조직이 커지게 된다면 아마 더 많은 경영 전문 인력들이 필요하게 되겠죠. (배유진, 협동조합 〈B〉)

배유진은 사회적 경제 조직의 '경영'이 경영자의 독단적 지배가 아닌 다양한 목소리가 모인 민주적 제도라는 점을 강조하며, '경영 전문화'에 대한 압력이 협동조합 〈B〉가 추구하는 사회적 목표를 뒤흔들지 못할 것이라고 확신한다. 경영 전문 인력들이 해당 협동조합의 목표와 설립 목적을 늘 염두에 두도록 이사회를 비롯해 조직 내 단위에서 상호 견제와 제어를 할 수 있는 제도적 장치가 있기 때문이다. 배유진의 이야기는 체계화와 전문화가 조직 내에서 어떤 우려를 낳는지, 그 우려에 어떻게 대응하고 있는지에 대한 단서를 주고 있다는 점에서 흥미롭다.

한편 우리가 만난 청년 개개인에게서 전문화는 단지 조직과 체계의 문제가 아니라 사회적 가치를 지향하는 삶과 노동의 지속 가능성을 묻는 문제이기도 했다. 사회적 노동의 세태가 언제 어떻게 변화할지 모른다는 우려, 낮은 임금에 대한 현실적 고려, 또한 사회 전반에 걸쳐 잘 인정받지 못하는 사회적 노동 경력에 대한 염려는 청년 사회적 노동자들의 일상을 잠식하기도 한다. 조직의 체계화와 더불어 개개인의 전문화에 대한 의지는, 경우에 따라서는 업무의 효율성 제고라는 명시적 목표를 넘어 각 개인들이 사회적 노동의 장 안팎에서 나름대로 생존해야 한다는 일종의 위기의식에서 우러나온 것으로 보였다.[53]

따라서 배유진을 비롯해 규모가 큰 단체에서 일하는 청년 외에, 비교적 규모가 작고 체계가 유연한 조직에서 일하는 청년들에게도 "전문성"은 중요한 이슈가 된다. 예컨대 지역에서 어린이를 대상으로 문화예술교육 노동을 하고 있는 차은진은 종종 이 노동이 "나한테 어떤 전문성을 주었나?"라는 질문을 던지게 된다고 했다. 자신의 사회적 노동 경력을 "살려서 어디로 갈 수 있을까? 혹은 (다른 영역에서는) 이 일을 했다는 걸 그렇게 쳐 줄까?"라는 '불안'은 "전문적인 영역에 대한 갈망"으로 연결된다. 이때 '전문성'을 인정받는다는 것은 자기 계발의 기회뿐 아니라 더 나은 직업을 가질 수 있는 이직의 가능성이나 더 많은 소득에 대한 기대, 혹은 실직을 했을 때에도 새로운 직업을 가질 수 있는 가능성과 직접 관련되기 때문이다. 즉, 전문성 혹은 전문화가 개인 청년 사회적 노동자의 '지속 가능성'과 '생존'을 위해서 각자 경력이나 이력 관리를 해야 한다는 당위와 직결되는 경우도 있는 셈이다. 이렇게 개개인의 전문화는 사회적 노동에 대한 '사회적 인정'의 토대로 점차 자리를 잡아 가고 있다. 이는 물론 오늘날 시장 사회에서

"개인 노동자들이 유연안전성flexicurity"으로 생존을 도모하는 전략과 어느 정도 닮아 있는 부분이다.[54]

그러나 청년들은 체계화 및 전문화 과정에 내재해 있는 문제점 역시 많이 언급했다. 이를테면 체계화에 따라 활동이나 운동이 아닌 체계를 유지하기 위한 실무 노동의 비중이 강화되면, 그야말로 "모니터 앞에서" 활동을 하게 되는 경우가 발생한다는 점이다. 예컨대 돌봄 노동자를 지원하는 단체 〈ㄱ〉에서 일하는 윤진희는 부족한 인력 때문에 사업에 필연적으로 수반되는 갖가지 행정 업무를 병행하다 보니 정작 노동자들을 만나는 과정은 생략되었다고 말한다.

> [가장 많이 만나는 분들은 돌봄 노동자분들이에요?] 그렇죠. 그런데 역설적이게도 가장 못 만나고 있어요. 홍보랑 이것저것 하느라고 맨날 사무실에서 컴퓨터만 해요. 지역 사업을 하면 돌아다녀야 하는데 정작 그걸 못 하고 있어요. 그게 업무상 가장 큰 애로점이에요. 그런데 정말 할 수가 없어요, 두 가지를. (윤진희, 시민사회단체 〈ㄱ〉)

특히 공공 기관과 업무를 제휴하고 재정 지원을 받게 되면, 활동가가 마치 공무원처럼 수많은 서류 작업에 전념할 수밖에 없는 문제가 나타나기도 한다고 지적한다. 또한 체계가 한번 안정화되면 마치 당연하다는 듯이 체계가 미처 포괄하지 못했던 빈 곳들이 보이기 마련이고, 이 공백을 채우며 구성원들의 현실적 역량과는 별개로 새로운 사업이나 제도, 규칙이 가지를 치며 불쑥불쑥 등장하기도 한다. 구성원들이 합의를 통해 체계를 만드는 자율적 영역을 넘어, 반대로 체계가 체계에 적합한 구성원을 생산하고 또 다른 세부 체계를 만들어 내는 경향이 나타나는 것이다.

지금도 과부하고 풀^{full}로 돌려야 할 수 있는 건데, 계속 사업이 하나씩 생기는 거예요. 예산을 수정하다 보면 하위 항목에 '돌봄 사업 연구했는데 돌봄 보급도 한번 해야지' 하면서 교육 사업이 그냥 만들어져요. 어, 언제 내 예산안에 만들어져 있지? (웃음) '한번 해보자'라고 하지만 그걸 누가 담당할지는 얘기되지 않아요. 일단 지르는 거예요. 이게 관료제의 문제예요. (윤진희, 시민사회단체 〈ㄱ〉)

또한 체계화는 구성원들이 노동을 대하는 태도나 인식에 좋지 않은 영향을 주기도 한다. 정지현은 사회적 노동 조직이 새로 유입되는 청년들에게 "계속 허드렛일만 시키고 주체적으로 책임을 질 수 있는 권한을 쥐어 주지도 않는" 경향이 있다면서, 이 경향이 청년들로 하여금 사회적 노동의 영역에서 "떨어져 나갈 수밖에 없는" 조건을 만들고 있음을 지적한다. "기업과 다른 것을 기대하고 들어왔는데 결국 별다른 게 없어"라는 비판을 할 수밖에 없다는 것이다. 또 다른 예로 이유리가 소속해 있는 사회적 기업

〈나〉는 초창기 체계화된 조직 구조로 팀별 분업에 따른 효율성과 업무의 전문성을 자랑했지만, 역으로 조직 내에 차별적 질서를 만들어 내기도 했다. 이유리는 당시 목공 일을 배우고자 하는 열의로 가득한 초심자였지만, 선배들은 조직의 체계를 빌미로 그의 의지를 잘 받아 주지 않았다고 말한 바 있다. 다시 말해, 〈나〉의 초기 체계 속에서는 전문적인 분업과 구성원 간 위계질서를 유지하려는 경향이 있었기 때문에, 이유리는 선배들의 눈총을 받으며 "자존감"이 떨어지는 경험을 해야 했을 뿐 아니라, 〈나〉의 구성원 사이에 "차별"이 생기고 조직 문화에 부정적인 영향을 미친다는 점을 확인할 수 있었다.

목수 형님들하고 같이 일할 때는 공방 규율도 엄격하고 기획팀과 제작팀의 분리도 굉장히 엄격했어요. 그래서 기획팀과 제작팀 사이에 차별이 생기는 게 있었어요. 그러니까 기획팀은 늘 제작팀보다 일의 성취도가 낮은 거예요. 왜냐면 물질적이고 실질적인 가치들을 만들고 납품하고 돈을 벌어오고 이러니까. 제조업을 하는 단체다 보니까 제작 일이 제일 중요하고, 그래서 제작 일에 다른 것들을 다 맞추어야 해요. 공장으로 치면 현장인 거죠. 그때는 그런 분리가 되게 엄격했거든요. 그러니까 제작 일에 손이 부족할 땐 기획팀도 달려들어서 하는데, 기획팀이 힘들면 제작팀은 안 한단 말이에요. 그런 건 안 좋은 것 같거든요. (이유리, 사회적 기업 〈나〉)

그렇기에 사회적 노동 영역에서는 체계화에 반하여, 탈체계화 혹은 재체계화의 의지가 등장하기도 한다. 탈체계화라고 해서 곧 '체계 없음'을 뜻하는 것은 아니다. 다만 이는 사회적 노동 영역에서의 체계화의 한계에 대한 문제의식에 기반을 두고, 체계를 점차 느슨하게 만들어 나가거나 다른 방식으로 작동하는 체계를 짜려는 의지도 공존하고 있다는 뜻이다. 대표적으로 이유리의 사회적 기업 〈나〉는 창립 이후 존속해 온 조직 내 체계에 대한 반성을 통해 탈체계화하려는 움직임을 보여 준다. 3장에서도 언급했듯 〈나〉에서는 "서로 구분 없이, 분리 없이 일을 하자는 것이 요즘의 기조"로서, "일의 경계를 다 허물고서 의사소통을 더 수평적으로 하기 위해" 기존의 수직적인 조직 체계를 해체하려는 움직임이 있다. 이는 〈나〉의 정체성에 대해 구성원들이 함께 고민하면서 이루어 나가는 재체계화의 과정이다. 이유리는 "우리는 우리 방식을 계속 찾아가는 거"고 "그게 되게 중요한 거 같다"며, "여기서 우리가 활동하는 데 불필요한 것들은 무엇인가에 대해 끊임없이 생각하는 것"이 사회적 노동 조직에 꼭 필요하다고 했다. 특히 〈나〉의 초기에는 체계화가 중요한 이슈였지만 점차 구성원들의 합의 속에서 그 기조가 변화했다는 점은 중요하다.

〈나〉의 사례를 통해 사회적 노동의 장에서 체계화에 대한 의지와 탈체계화의 의지가 잠재적으로든 현실적으로든 공존하고 있음을 알 수 있다. 사회적 노동 조직들은 각각의 방식으로 체계화와 전문화를 추진하다가도, 어느 지점에서는 체계화의 속도를 늦추고 체계를 다시 짜거나 체계에 따른 실무 노동의 규정이라는 틀을 넘어 (뒤에서 더 자세히 살펴볼) 구성원들의 '자율성' 혹은 '자율 노동'을 신장하는 방향으로 조직 질서를 재편하는 노력을 기울인다. 혹은 사회적 노동자 개개인의 자율성을 침해한다는 판단이 드는 경우에는 체계화가 요구되는 변화 자체를 합의로 중단해버릴 수도 있다. 이러한 체계화와 탈체계화 사이의 역동은 사회적 운동 조직 내에서 일정한 긴장을 일으키는 이유가 되기도 하지만, 동시에 조직의 체계와 일상적인 문화가 구성원들의 욕구와 발 맞추어 변화하는 데 중요한 동력이 되기도 한다.

사회적 노동은 자율적일까
: 자율성 vs. 타율성

…

사회적 노동은 자율적일까, 타율적일까? 물론 사회적 가치를 추구하면서 활동 및 운동 지향성을 내재하고 있는 사회적 노동은 대개 자율적일 것으로 기대받는다. 하지만 사회적 노동의 일상에서 자율적인 노동의 문제는 그렇게 간단하게 풀리지 않는다. 예컨대 앞에서 살펴본 사회적 노동 조직들의 체계화 경향은 때로 사회적 노동을 통해 '자율'을 추구하는 청년들의 성향과 충돌하는 원인이 되기도 한다. 물론 구성원 사이에 비교적 수평적인 관계를 형성하고 있고 민주적인 의사 결정 과정을 통해 사회적 노동 조직을 구축해 나가는 경우, 사회적 노동을 통한 각 개인의 자율성 추구와 조직 내에서 관습화, 제도화된 타율적 노동 사이에 긴장과 충돌이 적은 편이다. 하지만 청년들이 역사가 오래된 기성 조직에서 수직적인 인간관계에 노출되는 경우, 사회적 노동에서 자율성과 타율성 사이의 충돌은 보다 첨예한 이슈가 된다. 규모가 크고 업무의 체계화가 촘촘한 조직에서 일하는 청년들 중에는 조직의 최하위에서 반복적이고 지루한 실무 노동에만 종사하거나 오직 '청년' 관련 사업에 한해서만 마치 떠맡겨지듯 책임지고 전담하게 되는 사례도 있었다.

자율성을 지향하는 청년 사회적 노동자들에게 이는 결코 간과할 수 없는 문제가 된다. 3장에서 살핀 것처럼 많은 청년들은 열악한 노동 조건에도 불구하고 사회적 노동에 끌린 이유로 노동에서의 '자율성'을 꼽고 있기 때문이다. 예컨대 사회적 기업 〈다〉의 홍명준은 〈다〉에서 조직이 추구하는 사회적 가치에 맞는지를 고려하여 프로젝트를 선택해 노동할 수 있기 때문에 강한 활동의 동력을 찾을 수 있었다. 또 다른 예로 협동조합 〈A〉의 강인혜는 노동의 자율성이 보장되는 사회적 경제 조직에서는 다양한 불안 요인에도 불구하고 "주인 의식"을 느낄 수 있었다고 이야기한다.

예전에 다른 회사에 다닐 때는 사업을 하면 조마조마했는데, 여기는 돈 벌 일이 있어서 힘들어지면 "하지 마, 힘 되는 데까지만 하자"는 태도예요. 이게 일하는 사람에게 주인 의식이 생기게 하는 것

같아요. '여기서는 내가 주인이다' 이런 마음으로 하게 돼요. '남 좋
은 일 하는 게 아니다', 이런 거. (강인혜, 협동조합 〈A〉)

물론 여기서 사회적 노동의 자율성이 곧 사회적 조직 내에서
노동자 개인의 고립이나 분리를 의미하지 않는다는 점은 특히 강
조되어야 한다. 사회적 노동에서 자율성은 동료들과의 관계나 조
직 문화를 전제로 한다. 자율성을 보장하는 조직 문화 없이 자율
적 노동을 기대한다는 것은 허상에 가깝다. 다시 말해, 사회적 노
동에서 자율성은 단지 노동자 개인에게 보장된 노동의 상태를 의
미하는 것이 아니라, 사회적 노동의 전 과정에 걸쳐 조직 안팎의
다른 사람들과 맺어 가는 '관계성'이 작동하는 방식을 가리키는
것이기도 하다. 이때 관계성은 결국 노동을 구체적으로 어떤 식으
로 행하는지, 다시 말해 노동하는 방식이나 '실천'과 밀접하게 연
결된다. 그리고 이는 더 나아가 사회적 노동을 대하는 청년들의
전반적인 인식과 태도에 영향을 주고 있었다. 이를테면 우리가 만
난 청년들에게 협업을 촉진하거나 "동료 의식"을 형성하는 것은
중요한 과제로 제시되기도 한다. 예컨대 윤예림은 (비록 좌절되기
는 했지만) 동료들과의 친밀한 관계 속에서 일하며 스스로 또 함
께 "성장"할 수 있을 것이라 기대하기도 했고, 정지현은 활동가들
과의 협업 속에서 "동료 의식"을 형성하며 활동의 기반을 닦아 나
갔다.

사실 제가 속한 〈ㄴ〉에서는 정말 동료라 생각해요. 저는 30대 여성, 40대 여성, 같이 일하는 실무자뿐 아니라 같이 일하는 자원 활동가 모두 동료라고 생각하거든요. 그게 가능할 수 있었던 건 많이 만나고 대화하고, 내 결정이 많이 받아들여지고 그들의 의견을 많이 듣는, 그 과정을 충분히 겪었기 때문이에요. (정지현, 시민사회단체 〈ㄴ〉)

문제는 뭐였냐면, 제가 거기서 너무 외로웠다는 거예요. 그러니까 저를 성장시켜 줄 수 있는 상대라거나, 저한테 지적 자극을 주거나 하는 롤모델이 있는 단체는 아니었던 거죠. 제가 성장할 수 있다는 확신이 없는 게 여기서 계속 일할 수 없다고 생각한 제일 큰 이유였어요. 제 의견에 플러스해 주는 선배나 동료가 있어야 제 아이디어가 발전도 하고 제가 깨지기도 하는 건데, 그게 안 되는 게 너무 답답했어요. (윤예림, 사회적 기업 〈라〉)

이렇듯 청년 사회적 노동자들이 추구하는 자율성은 노동의 강도나 노동의 종류와 관계가 있을 뿐 아니라, 동료/타인들과의 관계성 혹은 조직 문화와 긴밀하게 연결되어 있다. 예컨대 윤예림은 〈라〉에서 자율적으로 프로젝트를 할 수 있는 권한을 가지기도 했지만, 동료 간 소통과 신뢰 관계가 잘 형성되지 않아 '자율성의 질'이 급격히 떨어지는 경험을 했다.

이는 비단 조직 내 인간관계의 문제만이 아니라, 개인 청년들의 의지나 지향과는 잘 맞지 않는 조직 업무가 우선시될 때의 문제점과 직결된다. 이명진은 많은 활동가들이 조직에서 필요로 하는 노동의 양뿐만이 아니라 비민주적인 조직 문화에 의해 청년들이 일종의 "하청 활동가"라는 모순적 지위로 전락할 위험이 있다고 지적한다. 주어진 조직 업무를 처리할 것이 기대될 뿐 해당 업무에 대한 의사 결정에 포괄적으로 참여하지 못하는 경우, 사회적 노동 조직 내에서도 "하청 활동가"가 될 가능성이 높아진다는 것이다. 이명진은 청년들의 자율성은 조직 내에서 의사 결정에 참여할 수 있는지, 다시 말해 조직 문화와 의사 결정 구조와 연결되어 있다고 지적한다. 한편 정지현은 사회적 노동 영역에서 자율성과 타율성 사이의 긴장을 의제화하지 않으면, 기성 노동과는 다른 사회적 노동만의 특이성이 삭제될 것이라고 생각한다.

많은 청년들이 자발성에 근거한 노동이고 협동 노동일 거라는 기대를 갖고 비영리 영역에 뛰어들어요. 이거 두 가지만 충족하면 되는데, 이게 되게 큰 것도 아니라고 생각했는데 그게 좌절될 때 배신감이 굉장히 커요. 그럴 수밖에 없어요. 내가 돈을 많이 달라고 한 것도 아닌데 왜 이것마저 나한테 안 주나 싶거든요. 전 이게 담보됐을 때 조직 안에서 조직과 함께, 그리고 개인으로서도 성장한다는 느낌을 받을 거 같거든요. 관계 속에서 보면 그게 어떤 전문성이 될 수도 있을 거 같고, 내적인 정서적 성숙이 될 수도 있을 거 같아요.
(이명진, 협동조합 〈C〉)

난 다른 조직을 경험하고 문화를 경험하고 싶은데, 기업과 정말
다른 뭔가를 몸소 체험할 수 있는 것들이 너무 적기 때문에 계속
그만두는 거예요. 예를 들면 우리는 녹색 정치를 지향해서 슬로라
이프slow life가 너무 중요해요. 그런데 그건 구호로만 있을 뿐이지,
조직에서 구체적으로 하고 있는 일상들은 아닌 거예요. 정말 단어
일 뿐이에요. 제가 슬로라이프를 체험하지 못했으니까 이게 좋은지
도 모르겠고, 단지 말뿐인 거 같고, 그럴 때 괴리가 오면서 힘든 거
죠. (정지현, 시민사회단체 〈ㄴ〉)

흥미롭게도 노동자들이 타율적인 노동에 시달리는 이유가 대
체로 조직 위계에서 하위에 위치하기 때문만은 아니었다. 이명진
은 경력을 쌓아 조직 위계에서 상위에 위치한 "관리직"이라 하더
라도, 스스로 자율성이 훼손당하고 노동에서 소외되었다고 느끼
는 경우가 있다고 지적한다. 이를테면 중간 관리자가 된다고 하더
라도 "조직의 벽에 부딪히고 실무자와 권력관계나 소통 문제 때
문에 자기 마음대로 할 수 있는 게 없는" 경우가 적지 않기 때문
이다. 이렇듯 사회적 노동 영역에서도 일반 기업이나 사회 조직과
마찬가지로, 혹은 그보다 더욱 첨예하게 노동의 자율과 타율의

문제가 일상 곳곳에서 충돌한다.

　따라서 사회적 노동에서 자율성 문제는 사회적 노동 조직에서 내세우는 가치들과는 별개의 문제라는 점을 강조할 필요가 있다. 노동의 자율성에 대해서는 오히려 사회적 노동이 작동하는 방식, 즉 일상적인 동료들과의 관계 속에서 각자의 노동이 이해되고 실천되는 방식 자체가 중요한 것이다. 그렇기에 강인혜는 사회적 노동 조직에서 관찰했던 비민주적인 노동 문화를 비판적으로 바라본다.

　　뭔가 회의를 해도 같이 하는 게 아니고, 상하가 분명해서 윗사람이 그럼 이걸 하자 하면 그게 되는 거예요. 그래서 '여기 정말 별로인데?' 이런 생각을 했는데, 나중에 나와서 보니까 거기만 그랬던 게 아니라 다 그런 분위기였어요. (강인혜, 협동조합 〈A〉)

　공적 가치를 추구하는 사회적 노동이라 하더라도, 강인혜가 말한 것처럼 구성원들의 전반적인 동의나 공감을 얻지 못한 경우 노동은 타율적인 것으로 받아들여지는 경향이 있다. 이 문제는 노동 문제에 그치지 않고 "동료 의식"이나 "신뢰"와 연결되는 조직 문화를 심각하게 약화시키는 기제가 되기도 한다. 정지현은 타율적인 실무 노동 중심으로 운영되는 대형 사회적 노동 조직에서는 "동료 의식을 가질 수 있는 계기"가 너무 없다고 말한다. 정지현은

"힘들 때 떠오르는 사람"으로 "같은 조직의 동료를 드는 사람이 얼마나 될까?"라는 질문을 던지기도 했다. 다음 절에서 더 살펴보겠지만, 청년 사회적 노동자들에게 "살아가면서 비슷한 가치관을 추구해 갈 동료"를 찾는 일은 매우 중요한 문제로 인식되고 있다. 이들에게 동료는 노동을 함께 하는 사람이기도 하지만, 공통의 사회적 가치를 나누면서 또한 삶을 나누는 사람이기도 하다. 다시 말해, 자율성의 문제는 개별 노동 행위가 아니라 곧 자율성을 보장하고 촉진하는 조직 문화와 삶의 원칙까지 연결되며, 따라서 노동자 개인이 동료들과의 상호 배려 및 신뢰 속에서 실천에 옮기는 노동 문화(공율성共律性)로 이해되어야 한다.

사회적 노동도 다른 노동들과 마찬가지로 일상적으로 수행해야 하는 타율적 노동의 요구에 둘러싸여 있다. 때문에 노동의 자율성을 바라고 사회적 노동 영역에 유입된 청년들의 일상에서, 타율적 노동과 자율적 노동 사이의 긴장은 언제나 내재해 있다. 자율과 타율의 문제는 청년 개개인의 성향이나 개별 노동의 성격만이 아니라, 동료들과의 관계성과 조직 문화에 따라 상대적으로 정의되는 '노동 방식'을 의미한다. 그리고 이는 곧 사회적 노동의 지속 가능성에 대한 질문과도 직결되는 문제이다. 이어서 우리는 자율과 타율의 문제 틀을 넘어 사회적 노동에서 조직 문화가 갖는 문제에 대해서 더 상세하게 다루어 볼 것이다.

우리 공동체는 효율적일 수 있을까
: 공동체적 조직 문화 vs. 일의 효율성
...

앞에서 살핀 것처럼, 사회적 노동을 하는 청년들도 사회적 노동을 통해 자율성을 추구할 뿐 아니라, "동료 의식"을 가진 이들과 자유로운 협업 관계를 만들고 함께 노동할 수 있기를 바란다. 더불어 공동의 사회적 목표를 추구하는 구성원들이 모인 사회적 노동 조직들은, 일종의 가치 지향적 결사체로서 상대적으로 구심력이 강한 공동체적 조직 문화를 가지기 마련이다. 특히 임금 수준이 높지 않고 사회적 보상도 크지 않은 사회적 노동의 현실에서, 동료들의 존재와 공동체적 조직 문화는 청년들이 사회적 노동을 지속할 수 있는 유력한 동기가 되고 있다. 그렇기 때문에 사회적 노동 영역에서 일하는 청년들은 대개 이해관계나 경쟁, 능률을 강조하는 조직 문화보다는 '공동체성'이 강한 조직 문화를 더욱 높이 평가하며 희망하고 있었다. 다시 말해, 이들은 사회적 노동의 장에서 함께 노동하는 관계만이 아니라 함께 시대를 살아가는 동료들을 만나고 싶어 했다. 이를테면 배유진은 "나의 밑바닥을 받쳐 주는 따뜻함을 가진" 〈B〉 협동조합 사람들과의 관계가 사회적 노동의 장에서 받을 수 있는 가장 큰 "선물"이자 "굉장한 자산"이라고 말한다.

[일을 하면서 어떤 부분이 가장 좋으세요?] 사람이죠. 조합원들과의 관계도 그렇고, 같이 일하는 동료들과의 관계도 그렇고. 제가 이번에 갑자기 쓰러져서 병가를 냈는데 일반 기업에서는 상상할 수도 없는 일이죠. 병가 낸 사람에게 오히려 막 손해를 물어내라 그러지, 나를 이렇게 보살펴 주고 돌아왔다고 반가워해 주고 아플 때 걱정해 주고……. 이런 기업 문화가 사실은 없죠. 그리고 제가 없으면 제가 담당한 업무를 남은 사람들이 하게 되잖아요. 남은 사람들은 그것 때문에 힘들 텐데, 그래도 건강하게 돌아오기만을 바라고 기다려 주는 거예요. 이런 사람들이 어느 기업에 있겠어요. 그런 것들이 저를 여기에 머무르게 하는 이유예요. (배유진, 협동조합 〈B〉)

사회적 노동 조직의 문화는 청년 노동자들이 노동과 활동, 운동 등을 하는 배경일 뿐 아니라 동료들과 관계성을 형성하고 유지할 수 있는 중요한 기반이자 그 결과가 된다. 물론 업무가 과중하다면 조직의 초점은 동료 간 관계보다는 일이 중심이 될 것이다. 그런데 업무의 많고 적음이 조직 문화를 인과적으로 형성하지는 않는다. 비교적 조직 문화가 좋은 편인 〈ㄴ〉에서 일한 정지현도 "언제나 조직에는 일이 많을 수밖에 없다"고 본다. 〈ㄴ〉에서 담당하고 있는 일들, 이를테면 조직의 일상을 유지하는 반복적인 업무, 조직의 사업을 실행에 옮기는 일, 또는 새로운 프로젝트 활동을 개시하는 일, 어느 것 하나 덜 중요하거나 부담되지 않는 게 없다. 하지만 이렇게 일이 많음에도 불구하고, 정지현은 "누구도 내게 그걸 강요하지 않는다"고 했다. 〈ㄴ〉의 조직 문화는 그가 스스로의 리듬에 맞게 노동할 수 있도록 적절한 속도를 보장해 주었다. 정지현은 이를 "기다림"이라고 표현한다. 구성원들이 적절한 타이밍에 노동하고 활동할 수 있는 충분한 시간을 서로 보장하는 것이다. 정지현도 배유진처럼 〈ㄴ〉 사람들은 자신에게 "선물"이었다고 말한다.

동료들과의 관계성을 넘어, 조직 문화는 사회적 노동 조직에서 노동이 이루어지는 방식 그 자체이기도 하다. 따라서 이는 앞에서 언급한 자율성이라는 문제와도 밀접하게 연관된다. 연구 참여자들은 노동 과정의 특징 중 하나로 특히 "회의會議주의"를 꼽기도 했다. '회의주의'란 사회적 노동 조직에서 회의를 유난히 많이 하는 문화를 꼬집어 표현한 말이다. 이는 여러 조직을 옮겨 다닌 청년들보다는, 특정 사회적 노동 조직 내에서 비교적 오랫동안 일을 해 왔고 앞으로도 할 계획이 있는 청년들에게서 더 자주 언급되었다. 이를테면 배유진은 "협동조합은 회의에서 시작해서 회의로 끝"나기도 한다고 말한다. 사회적 가치를 중시하는 사회적 노동 조직에서는 구성원들이 조직의 가치에 자발적으로 동의하는 정도에 따라 조직 문화와 조직의 정체성, 업무의 과정과 결과가 좌우되는 경향이 있기 때문에, 상호 이해와 논의, 설득을 위해 회의가 매우 중시되는 경향이 있다. 그런데 회의는 이렇게 다양한 입장 차이를 조절하고 공동체적인 조직 문화와 노동을 위해 반드시 '필요한' 과정으로 이해되기도 하지만, 활동 영역에서는 필요성의 영역을 넘어 아예 '불가피한' 일이자 활동하는 방식 그 자체가 되기도 한다.

원칙은 없어요. 그냥 일정 얘기하면서 이런저런 얘기 다 하고, 쓸데없는 얘기도 되게 많이 하고. (웃음) 제일 중요한 건, 결국 정보를 어떻게 공유할 것인가예요. 납부 기한이 있는 제작 작업이니까 일정을 공유하는 게 되게 중요한 일인 거죠. [여기서 말하는 정보라는 건 단순히 데드라인 같은 게 아닌 거죠?] 일이 들어왔을 때 숙련되어 있고 기획력이 있는 사람들이 일머리도 있고 일도 빨리 처리하는데 그런 능력이 떨어지는 사람은 정보가 자꾸 후퇴하는 거예요. 일에서 멀어지고. [그걸 회의에서 평준화하는 거네요?] 네. 어떻게든 좀 해 보려고 하고. 요즘에는 카톡도 되게 많이 활용하고 있어요. (이유리, 사회적 기업 〈나〉)

[신나거나 좋았던 경험 같은 게 있으세요? 아니면 유독 이건 좀 답답했다거나.] 저희는 회의를 워낙 많이 해요. 어느 마을이나 다 그렇겠지만 대화하는 게 거의 전부거든요. 특히 마을 기업을 만들 때도 그걸 하기 위해서 거의 일주일에 몇 번씩 회의를 하고. [마을 분들이랑요?] 네, 어머님들이랑 같이 얘기도 하고, 마을에 대해서도 워크숍이나 세미나를 계속 가졌으니까. 근데 회의라는 걸 체계적으로 하지는 않거든요. 딱딱 정해진 대로 얘기를 하고 끝내는 것이 아니라 이 얘기를 하다가 저 얘기로 빠지고 저 얘기 하다가 이 얘기로 빠지고. 이러다 보면 정작 해야 할 얘기는 못 할 때도 많아요. (웃음) (홍명준, 사회적 기업 〈다〉)

홍명준은 마을 만들기를 비롯한 마을 활동을 하는 데서 "대화를 많이 하는 게 제일 중요한 것" 같다며, 이 과정이 "굳이 효율적이어야 하나 하는 생각"이 들기도 한다고 말한다. 이유리의 사회적 기업 〈나〉도 조직 문화에서 대화와 회의의 중요성을 강조한다. 이유리는 회의를 통해 조직 동료들과 소통을 하는 과정에서 "집단적으로 일하는 것의 힘"을 느낄 수 있다고 말한다. 사회적 노동 영역의 '회의주의'는 의견 차이를 좁히고 사회적 노동의 내용과 가치를 공유하는 민주적인 조직 문화라는 점에서 조직의 일상에서 중요한 지위를 차지한다는 점을 부정하기 어렵다. 또한 이는 여러 구성원들이 협업을 하는 데 필수적인 과정이다. 공동체적 조직 문화는 이렇듯 회의라는 말의 잔치와 구분되지 않는다.

그러나 청년들은 동시에 '회의주의'에 대해서 이중적인 해석을 하고 있었다. 이유리는 회의가 좋으면서도 "근데 너무 힘들다"며 웃었다. "사소한 것 하나도 다 같이 결정하려고 해서 너무 비용도 높고 피곤"한 경우가 생기기 때문이다. 회의를 하려면 구성원들 모두가 바쁘더라도 부족한 시간을 쪼개고 나누어야만 한다. 다시 말해, 이들은 충분한 회의의 필요성을 인정하면서도 그것이 업무 측면, 특히 시간 관리 측면에서는 '효율적'이지 않음을 인정한다. 이를테면 이유리의 사회적 기업 〈나〉는 업무 시간을, 프로젝트 단위로 이루어지는 유연한 노동 시간제가 아니라 전일제를 택하고 있었고, 의사 결정을 할 때도 구성원 간에 회의를 하는 데 많은 시간을 보내고 있었다. 그래서 〈나〉에 내부적인 갈등은 없냐는 질문에 그는 이렇게 대답했다.

내부적인 갈등이라면 일하는 방식에 대한 거예요. 그러니까 일하다 보면 유연하게 일하고 싶어 하는 경우도 많거든요. 왜냐면 〈나〉에서 맡는 제작 프로젝트가 정기적인 일이 아니잖아요. 주문

제작은 있을 때는 있고 없을 때는 없는 일인 거예요. 그러니까 어떤 사람은 일주일 내내 '나인 투 식스'로 일하는 건 비효율적이라고 생각해요. 유연하게 결합해서 유연하게 일하고 싶고, 일이 있을 때만 일하고 싶다는 사람도 있는 거죠. (이유리, 사회적 기업 〈나〉)

이렇듯 회의를 중시하며 공동체성을 강조하는 조직 문화는 때로 일의 '효율성'을 요구하는 목소리와 긴장을 형성하기도 한다. 물론 이러한 긴장 관계는 〈나〉에서만 나타나는 것은 아니고 다양한 사회적 노동 조직에서 서로 다른 방식으로 나타난다. 그리고 공동체적 조직 문화에 대한 강조는 대형 조직보다는 소형 조직, 그것도 신생 단체일수록 많이 나타나기 마련이다. 이를테면 규모가 비교적 작은 사회적 기업을 창업한 홍명준은 앞에서 언급한 것처럼 활동이라는 측면에서는 굳이 효율적일 필요는 없다고 생각하지만, 보다 규모가 크고 역사가 깊은 협동조합에서 일하고 있는 이명진은 노동 과정에서 효율적으로 의사 결정을 해야 하는 순간들이 있다고 본다. 더 나아가 최근 이명진의 협동조합은 조직 구조가 수직적이고 업무의 효율이 낮으며 미래 성장 동력이 부족하다는 인식에 외부 컨설팅을 받았고, 현 체계를 보다 '효율적'으로 바꾸려고 노력하고 있다고 한다. 구성원들의 성과와 전문성을 강조하고, 수평적인 사업 체제로 바꾸어 각 구성원들에게 권한과 책임을 분산하는 방식으로 체계를 재조직한다는 것이다. 이는 공동체적 조직 문화를 강조하는 경향과는 사뭇 다른 방향으로 전개되는 변화인 셈이다.

효율성에 대한 요구는 조금 더 복잡한 차원으로도 연결된다. 이를테면 이유리의 이야기처럼, 일괄적으로 규정된 노동 시간에 대한 문제의식을 가진 구성원들도 존재한다. 특정 조직에 모든 노동 시간을 다 쓰기보다는 다른 활동에도 나누어 쓰고 싶은 욕구가 사회적 노동의 장에 함께 존재하는 것이다. 정지현의 말을 빌려 다시 말하자면, "노동 문화를 선도해야 할" 사회적 노동 영역의 청년들이 지나치게 많은 시간을 타율적 노동에 할애하는 것은 비효율적일 뿐 아니라 과도한 노동을 기반으로 유지되는 소비적인 구조로 이해되는 측면도 있는 것이다. 하지만 이유리는 노동 시간 축소와 효율성 제고에 대한 〈나〉 구성원들의 욕구를 이해하면서도, 사회적 기업이라는 특성상 작업자들의 협업 공간을 지탱하는 뿌리인 공동체적 조직 문화를 유지할 필요성도 있다고 본다. 이렇게 노동의 효율성을 추구하는 경향과 공동체적 조직 문화를 추구하는 경향은 각각의 사회적 노동 조직의 맥락 속에서 또 하나의 딜레마가 되고 있다.

우리는 우리로 충분할까
: 우리 좁히기 vs. 우리 넓히기

…

사회적 노동 조직은 대부분 특정한 사회적 가치를 공유하는 구성원을 중심으로 운영된다. 그러나 사회적 노동은 비단 특정한 가치 결사체 내에서만 이루어지는 것이 아니다. 다시 말해, 사회적 노동은 특정 조직 내에서 이루어지기도 하지만, 조직의 경계를 넘어 다양한 사회적 관계들을 횡단하면서 이루어지기도 한다. 여기에서 우리는 이 두 가지 상이한 관계성의 경향에 대해서 살펴보려고 한다. 먼저 특정 조직의 구성원 내지는 인접 영역의 다양한 행위자들 사이에서 이루어지는 '우리 좁히기'라는 움직임에 주목해 볼 것이다. 이는 사회적 노동 조직의 정체성이나 더 넓은 사회적 가치를 형성하고 유지하는 사회적 노동의 한 과제를 가리키며, 사회적 노동 안팎에서 행위자 간 결속을 다지는 일종의 구심적 경향이라고 정리할 수 있을 것이다. 그런데 우리는 결속의 지평을 넓히려는 '우리 넓히기'라는 원심적 경향도 언급하지 않을 수 없다. 뒤에서 자세히 살피겠지만, 이는 조직의 생존 가능성과 지속 가능성을 확장할 필요로 인해 추동되는 측면도 있고 사회적 노동 영역이 표방하는 가치를 더 많은 사람들과 공유할 필요가 있기 때문에 촉발되는 측면도 있다.

물론 이 두 개의 상이한 운동은 구별되기도 하지만 혼합되기도 한다. 예컨대 사회적 기업 〈다〉의 홍명준에게 우리 좁히기는 비단 〈다〉 내부 구성원만이 아니라 클라이언트와 지역 주민, 인접 사회적 노동자들을 비롯한 다양한 관계 속에서 이루어진다. 홍명준은 활동을 하면서 "색깔이 맞는, 비슷한 사람들이랑 같이 협업하는 것이 중요"하다고 말한다. 그렇기에 홍명준은 교육 프로그램을 통해 사람들을 만나 연결될 수 있는 자리를 마련하고 "소통 창구"를 개설하는 과정을 활동의 한 축으로 삼고 있다. 1장에서 살핀 것처럼, 사회적 가치를 공유하는 조직 외부의 사람들과 네트워크를 만들고 협업의 공간들을 만들어 내는 것은 사회적 노동 영역에서 주요한 활동의 역할 중 하나다.

반대로 보다 특정 조직에 한정되어서 내부 구성원들의 결속을 다지는 운동도 존재한다. 예컨대 사회적 기업 〈나〉의 경우 구성원

간에 "관계의 신뢰"가 낮았다는 반성 끝에 일상 속의 '의례'를 만들어 공동체적 분위기를 제고하고 '우리'로서의 결속력을 높이려는 시도를 하기도 했다.

우리는 일종의 의례 같은 것을 많이 만드는 편이에요. 그런 게 없이는 함께 일하는 사람으로서의 결속력, 관계가 약화되는 거예요. 서로 즐겁게 일하고 웃고 떠들고 하지만 일에서는 신뢰 관계가 약하다고 서로 고백했거든요. 예를 들면 지각 문제가 있었어요. 요 근래 피곤하고 그러면 지각을 잦게 했거든요. 저희는 9시에 출근해서 6시에 퇴근하는데, 규율이 되게 엄격했던 시기, 그러니까 제가 입사하고 초기 1년 동안은 9시 10분을 넘겨서 출근하는 사람이 없었어요. 그런데 규율이 느슨해지면서 차츰차츰 10시에도 출근하고 막 들쑥날쑥인 거예요. 그 와중에 기분이 언짢은 사람이 있었던 거죠. 자기는 9시에 오는데 누구는 늘 10시에 오니까요. 그래서 요즘 저희는 9시 영화관이라는 의례를 하고 있어요. 다 모여서 그때그때 보고 싶은 영상들을 봐요. 티켓도 발권을 해요. 별짓을 다 해 봤는데 9시 영화관이 제일 효과가 좋았어요. (이유리, 사회적 기업 〈나〉)

이러한 노력은 업무뿐만 아니라 조직 구성원들의 친밀성을 촉진하는 방식으로 이루어지기도 한다. 예컨대 강인혜의 협동조합 〈A〉는 구성원 간에 "단단해지는 시간"이 필요하다고 말한다. 구성원 간의 서로 다른 성격과 지향, 의견 사이에서 "균형"을 찾기 위해서는, 특정 사회적 가치만 나눌 게 아니라 일상생활과 삶을 공유하면서 구성원들의 관계를 조금 더 긴밀하게 만들 수 있는 절대적인 시간이 필요하다는 것이다. 이렇게 단단해진 '우리'들 사이의 관계와 서로 간의 신뢰는 강인혜 개인에게도 큰 의지가 되는 편이다.

> 서로 잘 놀면서 자신감이 생겼어요. 자신감이 차곡차곡 쌓이니까 이게 망해도 이 경험으로 나는 뭐라도 하겠지, 이런 긍정적인 마음이 생겨요. 제 친구들도 여기 나가서 회사 일은 못 할 것 같다, 계속 여기서 일하고 싶다, 딴 거 하고 싶지 않다, 이런 얘기를 해요. 글을 쓰든 뭘 하든 난 여기에 있겠다, 이런 마음이 많았고 그런 순간들이 되게 행복하게 만드는 거죠. 아지트랄까? 진짜로 기댈 곳이다, 그런 느낌이 있었어요. 그런 마음을 먹고 열심히 하다 보니 더 기운이 모이잖아요. (강인혜, 협동조합 〈A〉)

하지만 우리 좁히기가 구성원 간의 상호 합의와 노력에 의해 점진적으로 이루어지는 과정이 아니라 조직에 대한 의무와 "충성"을 강조하는 형태, 다시 말해 결속이 개인에게 부과되면 사회적 조직 내에서 문제가 되기도 한다. 즉, 가치 결사체로서 특정한 가치를 구성원의 관계에 일종의 규제적 이념으로 부과하면서 구성원의 결속을 '강요'하는 경우가 나타나는 것이다. 이 경우에는 오히려 강요된 우리로서의 결속이 구성원의 상호 신뢰를 저해할 뿐 아니라 노동자들을 개별 지평에 고립시키는 상황을 만든다. '우리 좁히기'의 과정은 곧 공동체로서의 우리^we^가 아니라, 사회학자 베버의 표현대로 일종의 쇠우리^iron cage^가 되기도 한다. 정지현의 표현을 빌리자면, 어떤 중요한 외부 자원도 없는 상태로 특정 단체 안에만 "콕 박혀" 있는 상황이 오는 것이다. 이때 청년들은 조직에 결속되기보다는 조직 내에서 오히려 고립감을 느낀다. 또 타율적으로 노동하게 되기도 쉽고, 조직과 동료에 대한 신뢰를 상실하고 더 나아가서는 사회적 노동에 대한 기본적인 신념을 잃어버리기도 한다. 이와 관련해 강인혜는 한 사회적 기업에서 직접 경험했던 바를 이렇게 이야기했다.

> 이전에 일하던 사회적 기업에서는 그런 말이 많았어요. 입조심해라, 뒤통수 조심해야 한다. 서로에 대한 뒷소문이 되게 많고, 앞에서 하는 얘기, 뒤에서 하는 얘기가 다르고. (중략) 사회적 기업에서 모든 문제를 (특정한 기업 내 인간관계의) 라인 타고 아는 사람끼리만 일하다가는 실력이 없어질 수도 있고 이 상태로는 정말 망하는 길밖에 없겠구나 하는 생각을 하게 됐어요. (강인혜, 협동조합 〈A〉)

강인혜는 특정한 일부만 포함하는 관계의 "라인"이 결과적으로는 사회적 영역 조직 자체의 위기, 즉 "망하는 길"로 나아갈 수밖에 없다고 비판한다. 강인혜가 말하는 사회적 기업은 대외적으로도 일찍부터 널리 알려져 있는 명망 있는 기업이었는데, 사회적 노동 영역이 워낙 '좁은 바닥'인 탓에 조직 내에서 부당하거나 억울한 일을 겪고도 대외적으로 발설하지 못하는 분위기가 형성되었다. 이는 비단 강인혜가 경험한 사례에만 한하지 않는다. 특정한 사회적 노동 조직 내에서 발생한 문제들이, 대외적으로 혹은 공식적으로 제기되는 일은 매우 드문 편이다. 조직에 대한 문제 제기가 곧 조직과 사람들, 더 나아가 특정한 사회적 가치에 대한 배반으로 인식될 수 있다는 가능성은, 사회적 노동자들의 일상에서도 상존해 있는 요소이다.

반대로 우리 좁히기가 구성원들의 "동료 의식"이나 상호 소통을 촉진하고 공동체적 관계성을 지향하는 방식으로 이루어질 때도, 경우에 따라서는 문제가 나타날 수 있다. 끈끈한 결속과 연대로 이루어진 인간관계가 예상치 못한 방식으로 갑자기 깨어질 가능성도 있기 때문이다. 이를테면 배유진은 협동조합에서 활발하게 같이 활동하던 동료가 그만두게 되면서 심신 양면으로 타격을 받았다.

저랑 같이 공부도 하고 함께 꿈꾸던 사람이 갑자기 일을 접게 되었어요. (중략) 그 사람이랑 저랑 동지이자 친구이자 동료이자 결사체였는데, 갑자기 그만두면서 엄청난 충격을 받았죠. (중략) 내가 힘든 것을 알고 내가 뭐 때문에 힘들어하는지를 아는 동료가 없어진 것이 너무 상실감이 큰 거예요. 여성주의적인 감수성과 운동을 통해서 여성 혹은 모든 사람들이 건강해지면 좋겠다는 그런 지향을 같이 지니고 일을 하던 사람이 이제 없다는 것이 가장 속상했어요.
(배유진, 협동조합 〈B〉)

배유진은 이 일을 계기 삼아, 사회적 노동을 지속하기 위해서는 특정한 관계에만 집중할 것이 아니라 관계의 폭을 조금씩 넓혀 나갈 필요가 있다는 점을 받아들이게 되었다. 물론 배유진에게도 과거 동료를 대신하여 새로 들어온 낯선 동료와의 관계를 형성하는 것은 아직 어려운 과제다. 하지만 그는 새 동료가 적응하기 위해 노력하는 것을 보면서, 점차 결속감을 다져 갈 수 있을 것이라고 생각하게 됐다. 이런 과정을 거치면서 배유진은 협동조합의 기존 조합원이나 동료들뿐 아니라 다양한 관심을 가진 새 구성원들을 향해 '우리'의 외연을 점차 넓혀 가는 것 — '우리 넓히기' — 도 중요한 과제임을 인식하게 되었다. 조합원들이 조합 행사와 교육에 참여하며 '우리'로서의 결속을 다지고, 이들이 또 새로운 조합원을 모집해 오면서 '우리'라는 관계를 넓혀 나가는 과정의 중요성에 주목하게 된 것이다. 배유진은 〈B〉의 시설에서 이루어지는 활동 자체도 그런 '우리'를 넓히는 과정이라고 생각한다. 그는 조합에서 실천하는 가치들이 지역 주민들에게 점차 영향을 줄 수 있을 것이라는 기대를 갖고 있다.

우리 좁히기와 우리 넓히기는 경우에 따라서는 사회적 노동의 외연을 넓히는 과정에서 동시에 조직의 내부 정체성을 다질 수도 있는 과정, 즉 상호 모순되지 않는 양방향적인 운동이 되기도 한다. 정지현도 우리 좁히기와 우리 넓히기라는 구심력과 원심력의 두 힘이 필연적으로 충돌한다고 생각하지 않는다. 정지현은 조직 내부의 업무와 함께 조직 외에서 새로운 관계를 만드는 네트워킹도 활발히 하고 있다. 그는 외부 활동이 "우리 단체에 도움이 되지 절대 마이너스가 되지 않는다"고 본다. 활동에 "시너지"가 생기고, 외부 사람들과 관계를 쌓고 이야기를 나누면서 〈ㄴ〉의 방향을 더욱 고민하게 된다는 것이다. 정지현은 외부 활동이 오히려 "단체를 더 생각해야겠다는 충성심으로 환원"된다며 웃음을 짓기도 한다.

물론 이와 반대로 현실적인 요건 때문에 우리 좁히기와 우리 넓히기의 긴장이 쉽게 해소되거나 조화를 이루지 못할 가능성도 있다. 이를테면 조직의 경제적 자립이 어려운 경우 조직의 생존 가능성을 높이기 위해 무리해서라도 사회적 관계를 확장해야 하는 사례도 있기 때문이다. 그리고 이는 사회적 노동의 자립과 지속 가능성의 문제로 이어지기도 한다. 윤진희의 언급을 소개하면서 다음 논의로 넘어갈 수 있을 것이다.

일 벌이는 사람 따로 있고 일하는 사람 따로 있다는 말이 나오는 거죠. 문제인 거 같아요. 잘된 조직들을 보면 저 조직장이 얼마나 많은 일을 물어 오고 있는지 보이고. 사실 살아남기 위해 하는 거거든요. 그게 느껴져요. (중략) 내부적으론 핵심 사업이 없다는 거, 그리고 우릴 둘러싼 이 많은 기관들 사이에서 방향을 못 잡는 게 문제인 거 같아요. (중략) 정체성을 못 잡으면 망할 거예요. 벌써 지금 힘들어하고 있어요. 분위기는 좋아 보여도 진짜 힘들어요. (윤진희, 시민사회단체 〈ㄱ〉)

우리는 자립할 수 있을까
: 자립 vs. 의존
…

오늘날 사회적 노동 영역에서 경제적, 사회적 자립에 대한 우려는 어렵지 않게 찾아볼 수 있다. 지속 가능한 자립의 기반을 비교적 잘 잡아 가는 조직도 있지만, 아직도 많은 조직에서는 거의 불가능한 곡예처럼 보인다. 더군다나 한국에서는 소규모 사회적 노동 조직들이 수월하게 생존할 수 있는 경제적, 사회적 생태계가 아직 안정적으로 자리 잡혀 있지 않다. 더군다나 사회적 노동 조직들은 단순히 조직의 생존을 위한 수입만을 생각하지 않고 사회적인 가치를 추구하고 '더 나은 사회'를 만들겠다는 의지까지 결합되어 있기 때문에, 이들이 불확실한 생태계에서 안정된 자립의 기반을 닦는 일은 결코 쉽지 않다. 그러나 사회적 노동을 통해 최소한의 생계를 지탱해야 하는 청년들이 사회적 노동 영역에서 자리를 잡기 위해서는, 결국 조직의 경제적 자립과 안정적인 재정이 매우 중요한 고려 대상일 수밖에 없다.

사회적 기업 〈라〉에서 일했던 윤예림은, 앞서 2장에서 조직의 경제적 문제가 조직의 문화뿐 아니라 사회적 노동자가 하는 활동의 질과 재미까지 좌우한다고 말한 바 있다. 윤예림의 지적은 오늘날 사회적 노동이 처해 있는 중요한 난점 중 하나를 가리키고 있다. 사회적 노동이 노동을 통한 생계유지와 운동을 통한 사회적 가치 추구라는 이중의 과제를 수행해야 하는 영역이라는 점을 감안하면, 경제적 자립은 결국 사회적 노동 영역 자체의 필요조건이 될 것이다. 물론 자립은 단지 경제적 소득을 추구하는 사업으로만 수렴하지 않고, 조직의 목적과 구조에 따라 다양한 형태로 이루어진다.

그러나 사회적 노동 영역에서 안정된 수입 기반을 확보하는 경우는 그리 많지 않다. 예컨대 마을 기반 사회적 기업을 성공적으로 운영하고 있는 홍명준도 "마을 활동이 돈이 되는 것은 아니"라고 잘라 말한다. 때문에 그는 소득을 위해서 마을 활동과 직접적으로 연결되지 않는 다른 노동이나 활동을 할 수밖에 없었다. 그는 이를 "먹고살아야 하니까"라는 말로 간명하게 표현한다. 현재로서는 마을 사업 외의 프로젝트 사업을 하면서 조직이 경제적으로 자립할 수 있는 소득 기반을 닦는 것을 고려할 수밖에 없지만, 자신의 사회적 기업이 추구하는 사회적 가치는 보다 장기적인 전망으로 바라보는 비전을 세우는 방향으로 대처하고 있다(5장 참조). 그러면서도 경제적 이익의 추구는 어디까지나 사회적 노동 조직의 목표 속에 배태되어 있어야 한다는 전제는 우리가 만난 청년들에게서 공통적으로 발견됐다.

또 다른 예로 사회적 협동조합에서 일하는 배유진은, 조직은 자립을 위해서 지속적으로 확장될 필요가 있다고 말한다. "장기적으로 지속 가능하고 스스로 살아남을 수 있게 되려면 물질적인 것이 반드시 필요"하고, 이를 위해서는 사업 확장이 필요하다는 뜻이다. 물론 배유진은 협동조합 운영에서 "돈의 비중이 굉장히 크다"는 점을 부정하지 않으면서도, 조직의 확장 과정이 단순히 이윤을 많이 창출한다는 개념으로 이해되는 것에 대해서는 명확하게 선을 긋는다. 협동조합은 무엇보다 "비영리 조직"이며 "많은 사람들이 건강해지고, 건강한 마을을 만들겠다"는 목표가 가장 기본적인 조합의 정체성이기 때문에, 배유진은 이러한 사회적 목적을 실현하기 위한 '수단'으로서 돈을 이해하고 있다. 홍명준은 사회적 기업의 주요 사업 목표 중 하나로 도시 내 빈 공간을 활용해 '공공성'을 지향하는 공간을 만드는 사업을 꼽는데, 이를 위해서는 공간을 단지 공중에 개방하는 것이 아니라 공간 유지와 운영을 위해 어느 정도 소득을 창출할 필요가 있다고 한다. 그리고 동시에 공간을 운영하는 노동에 대한 대가로 임금을 받는 청년들, 다시 말해 공간 만들기를 통해 "고용을 창출"하려는 목적도 가지고 있다.

배유진의 협동조합과 홍명준의 사회적 기업의 사례 외에도, 자립이라는 조직 안팎의 압박 속에 생존과 자립을 해 나가려는 의지를 가진 사회적 노동 조직이 대부분이다. 비슷한 조직 형태를 갖추었다 하더라도 사회적 노동 조직마다 추구하는 방법은 각기 다르다. 예컨대 배유진의 협동조합은 경제적 자립을 추구하는 과정에서 협동조합의 정체성 유지와 조합원 확장이라는 목표를 동시에 추구하며 체계적인 교육 프로그램을 갖추려고 노력하고 있지만, 이유리의 사회적 기업 〈나〉는 전략적으로 사업 규모를 확장하기보다는 오히려 공동체 지향적인 방법을 택한다. 10명이 넘는 작업자들이 생존하기에는 경제적 조건이 열악하다는 점을 인정하지만, "내가 벌어서 널 먹여 주고, 당신이 벌어서 날 먹여 주는" 호혜적 시스템을 실험하고 있다고 했다.

반면 윤예림이 관찰한 사회적 기업들은 "공격적인 사업 확장"을 통해 수익을 내고 자립의 기반을 닦으려는 시도를 하기도 했다. 윤예림의 이야기에서 특히 흥미로웠던 점은, 사회적 노동에 대한 국가 및 지원 기관의 인정 — 이른바 '스펙' — 도 사회적 기업들에게는 자립과 지속 가능성의 기반으로 꼽힌다는 점이었다. 예컨대 윤예림이 일했던 사회적 기업 〈라〉의 사람들은 몇 년 전 "우수

사회적 기업"에 선정되어 크게 기뻐했다. 이는 이러한 제도적 '인정' 자체가 해당 사회적 기업의 '전문성'에 대한 입증이자 그간의 노력에 대한 상징적 보상이 된다는 측면도 있지만, 무엇보다 척박한 사회적 노동 생태계에서 조직의 경제적 생존과 자립을 향한 일종의 상징 자본으로서 다른 사회적 기업에 대한 비교 우위, 즉 '경쟁력'이 되기 때문이다. 물론 이는 〈라〉에만 해당하는 사례가 아니라, 재정 자립도가 낮아 지원 사업 선정 여부에 사활을 거는 사회적 노동 조직이라면 어디서든 겪을 수 있는 문제가 되고 있다.[55] 결국 〈라〉가 획득한 상징 자본은 또 다른 사회적 자본과 경제적 자본을 획득할 수 있는 밑절미가 될 것이다.

실제로 실무자가 되어서 일을 하면 몸에 닿는 건 사명감이나 비전보다 직원들에게 월급을 줄 수 있는가예요. 월급을 줄 수 있으려면 수익 사업이 있어야 하고, 그러려면 남들에게 PR을 해야 하는 거고. 그럴 때 사회적 기업, 특히 우수 사회적 기업이라는 건 되게 중요한 메달이라서, 그래서 좋아했던 거죠. (윤예림, 사회적 기업 〈라〉)

윤예림의 사례는, 오늘날 사회적 노동 생태계에서 중요한 자금원 중 하나가 '프로젝트 지원 사업'을 둘러싼 경쟁이 되었다는 점을 잘 드러내 준다. 조직의 자립을 위해서 '의존'해야 하는, 그러나 의존이 다시 의존을 불러오는 모순이 악순환 고리를 형성하는 것이다. 서울시의 청년 혁신 활동가 사업뿐만 아니라 각 구청이나 각종 연구원을 비롯한 정부 기관에서 발주하는 수많은 지원 사업은, 오늘날 사회적 노동 조직들이 경영 자금을 확보하고 사업을 확장하기 위한 매우 중요한 수단이 되었다. 물론 이에 대한 청년들의 이해는 다층적이다. 홍명준과 김지훈은 어떤 경우에 한해서 "확실히 지원은 필요한 것 같다"고 한다. 우리가 만난 청년 중에서도 몇몇은 정부나 기업에서 발주하는 프로젝트 지원 사업에 조금 더 적극적이었는데, 이들은 부분적으로는 지원 기관이 내세운 목적으로만 사업을 진행하지 않고 다소 편법적으로 전유하기도 한다. 여러 청년들이 지적하듯 복수의 경쟁에 뛰어들어 중복적으로 수혜하는 사회적 노동 조직들도 암암리에 존재한다. 홍명준과 김지훈은 그러한 편법적 전유에 대해 비판적이면서도, 기반이 취약한 사회적 노동 조직에게는 하나의 "계기"가 될 수 있는 만큼 지원은 반드시 필요하다고 본다. 그런데 어떤 사회적 노동 조직의 경우 경쟁적인 지원 사업이 조직의 사활을 결정하기도 한다는 점은 사회적 노동 조직의 의미 자체에 대한 의문을 야기한다.

제가 맡았던 것들 중에 70퍼센트 정도가 기금 사업이었어요. 그리고 기금 사업 하나를 따는 게 너무 중요했어요. 대외적으로는 수익을 내는 것이 아니지만 사실은 이게 수익을 내는 거의 유일한 재원이었거든요. 사회적 기업에서 그냥 수익 사업이라고 하는 프로그램은 사실 수익이 안 돼요. 오히려 마이너스가 되죠. 그래서 우리가 단체의 재생산을 위해서 기댈 수 있는 건 결국엔 기금 사업이거든요. (윤예림, 사회적 기업 〈라〉)

윤예림이 일한 사회적 기업 〈라〉 외 다른 사회적 노동 조직에서도 외부 기관에서 발주하는 경쟁적인 지원 사업에 재정을 거의 전적으로 '의존'할 수밖에 없는 경우가 적지 않았다. 후원자들의 정기 후원금이나 자체적인 사업을 통해 아래로부터 발생되는 운영 자금으로 조직의 경제적 자립 기반을 닦아 꾸려 간다는 것은 대부분의 조직들에게 불가능한 일이다. 하지만 지원 사업은 안정적이지도 않을뿐더러 사회적 노동 영역에서 노동의 리듬과 노동의 성격 규정에 지대한 영향을 미친다. 윤진희가 일하는 시민사회 단체 〈ㄱ〉에서도 정부가 발주한 지원 사업이 조직 구성원들의 인건비를 충당하는 핵심적인 수단이기 때문에 "가시적인 성과를 계속 내야 한다는" 압박을 받고 있다. 축제나 캠페인, 연구 사업 등 종류를 가리지 않고 정부 기관에 제출할 기록에 '객관적으로' 남길 수 있는 일에 집중한다. 가시적 성과를 남기지 않으면 향후 지원 사업에서 '탈락'할 위험도 있기 때문이다. 다른 팀과의 "경쟁"도 상시화된다.

이렇듯 지원 사업에 대한 재정적 의존 탓에 과열된 실무 노동은 단지 조직 내에서 일하는 이들을 소진시킬 뿐 아니라, 노동 자체가 연속성을 갖지 않고 프로젝트 단위로 '단절'된다는 문제점까지 초래하고 있다.[56] 또한 지원 기관과의 관계가 수평적인 협력 관계가 아닌 '갑을' 관계로 귀결되기도 하고, 사회적 노동 조직의 평판이나 제도적 인정, 때로는 행정 기관과의 협업 경험 같은 것까지도 모두 일종의 포트폴리오로 남아서 지원 사업 수혜의 성패를 가늠하는 중요한 잣대가 되기도 한다. 사회적 노동 영역에도 일종의 '스펙'들이 생겨나는 것이다. 그러나 이렇게 경쟁적인 의존을 통해 지원받은 예산에도 제한이 많기 때문에 일을 실행할 때는 실제로 차질이 생기기도 한다. 자립의 기획이 틀어진 사회적 노동 조직에서는 조직 문화, 독립적인 조직 체계와 독특한 정체성, 노동의 자율적인 리듬에 이르기까지 사회적 노동의 전반적인 지반이 흔들리기 시작한다.

저희가 시에서 지원을 받으며 하다 보니까 신경 쓸 것이 너무 많은 거예요. 지원을 받으면 하고 싶은 것을 맘대로 못 하고 행정이라든지 회계라든지 제한되는 부분들이 있으니까요. (홍명준, 사회적 기업 〈다〉)

사회적 기업이 이런 식으로 유지되는 게 의미 있나, 이런 생각은 사실 많이 했어요. 눈 가리고 아웅 하는 거잖아요. 예산을 줄이고 줄여야 월급을 줄 수 있는 건데, 예산을 줄이면 프로그램의 질이 떨어지거든요. 기금 사업을 할 때 제가 하고 싶은 만큼 프로그램의 질을 높였어요. 근데 결국 대표한테 깨졌어요. "너 이렇게 하면 우리 하나도 안 남는다, 네 월급 여기서 나가는 거야" 이러면서 혼났어요. 그래서 다 다시 했죠. (윤예림, 사회적 기업 〈라〉)

물론 이러한 어려움에 대한 사회적 노동 조직의 대응도 존재한다. 공적 지원을 받지 않고 사회적 가치를 지향하는 일을 한다는 것은 매우 어렵다는 것을 체감하면서도 경쟁적인 지원 사업 체제의 문제점을 체감한 홍명준은 일단은 "스스로 해 보자"는 목표를 구성원들과 합의하게 되었다고 한다. "갈 데까지는 가 보자"는 마음으로 일단은 경제적 자립을 우선 과제로 삼고 있지만, 언젠가 경제적 자립이 어려워질 경우에는 다시 경쟁적인 지원 사업 응모에 뛰어들 생각도 하고 있다. 앞서 언급했듯이, 지원 사업을 전략적으로 사용할 필요성에 대해서는 인정하는 것이다.

김지훈도 홍명준과 마찬가지로 자체적인 사업으로 조직의 자립을 먼저 책임질 수 있어야 한다고 생각하고 있었다. 비록 김지훈이 일하는 사회적 기업 〈가〉에 사업 발주가 비정기적으로 들어오기 때문에 재정적 안정성은 조금 떨어지지만, "좀 더 발로 뛰고 찾고 사람들을 만나다 보면" 정부나 기업에서 제공하는 지원 사업이라는 달콤한 유혹 하나하나가 그렇게까지 "절실하지는" 않을 수도 있다는 희망을 갖는다. 물론 김지훈도 후원이나 지원 사업에 대한 의존 없이 운영되지 못하는 단체들은 적극적으로 지원을 받을 수 있다고 생각한다. 그렇지만 홍명준과 김지훈은 생존율이 너무 낮은 사회적 노동 영역에 대한 지원 사업은 예산 낭비가 될 수 있을 뿐 아니라 지원 사업 자체에도 구멍이 많다는 비판 역시 잊지 않았다.

요컨대, 오늘날 사회적 노동 영역에서 자립에 대한 의지는 단순히 안정적으로 생존하고 자리를 잡기 위한 노력 정도에 멈추지 않는다. 기업형 경제 조직에 못지않은, '생존의 정치'에 가까운 필사적 노력과 조직의 개편, 정부나 기업에 대한 의존성의 심화 과정 속에서 이루어지기도 한다. 경우에 따라서는 사회적 노동에서 '사회적인 것'의 의미를 따져 볼 여유는커녕, '사회적'인 것을 일종의 자본 삼아 구성원들과 조직의 생존만을 시급하게 우선시하는 가치 전도의 상황이 오기도 한다. 당장 구성원들의 월급을 줘야 하는 사회적 노동 영역에서 이러한 지원 사업에 대한 의존은 곧 활동의 자유를 위한 자립의 기반이 아니라 곧 경제적 생존 투쟁을 가리키는 단어가 되기도 한다.

물론 정부나 기업에서 발주하는 경쟁적인 지원 사업이 사회적 노동 조직에게 자립과 생존의 기회가 될 수 있다는 점은 부정하기 어렵다. 하지만 지원 사업 수주를 둘러싼 경쟁, 지원 사업에 대한 재정 의존성 심화, 지원 사업이 정한 규범에 따라 요동치는 사회적 노동 조직의 변화, 지원 사업을 따내기 위한 성과 중심의 조

직 이력 관리와 '스펙' 관리 등, 오늘날 경쟁적인 지원 사업을 둘러
싼 많은 문제가 산적해 있다는 점 역시 간과해선 안 된다. 정부와
기업의 재정 지원 사업이 어떻게 사회적 노동 영역의 자립 의지와
맞물려 사회적 노동 영역을 통치하고 규율하고 있는지, 또한 공
적 영역의 축소라는 신자유주의 기획과 어떻게 맞물려 사회적 노
동에 대한 지원을 일종의 알리바이로 전유하고 있는지 등에 대한
비판적인 후속 연구가 필요하다.

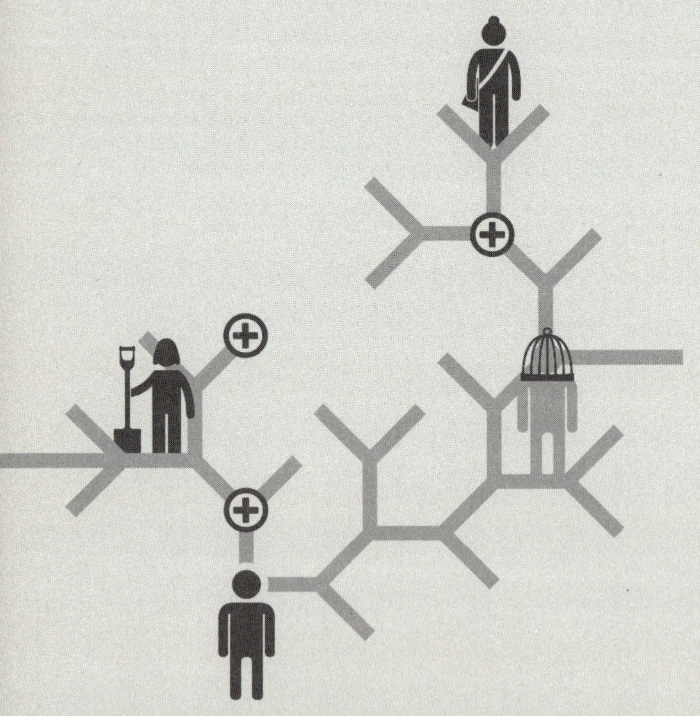

'혼 빠진 사람들'의
일과 삶

영혼 없이
일하기

…

5장 제목의 '혼 빠진 사람들'은 이명진, 한유진이 인터뷰 중 언급한 표현에서 따온 것이다. 1장에서 언급했듯 두 사람이 함께 일하고 있는 협동조합 〈C〉의 경우, 내부 구성원들은 크게 활동가의 정체성을 가진 이들과 '직원'에 가까운 정체성을 가진 실무자 그룹으로 나누어진다. 이때 실무자들의 수동적인 임노동자 정체성은 타의에 의해 결정되기도 하지만 스스로 그 일에 맞추어 가기도 한다. 후자에 속하는 청년들은 이렇게 '직원' 쪽에 훨씬 가까운 이들을 일컬어 — 때로는 약간의 자조도 섞어 — "혼 빠진 사람들"이라 부른다고 했다. 예컨대 협동조합이라는 가치 지향적인 특수 경제 조직에서 일을 하고 있음에도, 실상 협동조합이 아닌 어떠한 다른 일터에 옮겨 놓아도 주어진 바 "기능적인 일"을 수행할 수 있는, 다시 말해 때로 혼은 "집에 두고" 온 채로 영혼 없이 일하기도 한다는 것을 지적하는 것이다.

물론 이렇게 혼 빠진 사람들에 대한 이야기는 이들에 한정되어서만 말해질 수 있는 특수한 사례가 아니라 오히려 우리 사회의 일반적인 노동 특성이다. 이러한 현상이 사회적 노동의 영역에서도 일어나고 있다는 사실이, 오히려 그 바깥의 사람들에게는 자못 낯설게 느껴질지도 모르겠다. 현재 사회 곳곳에서 일하고 있는 젊은 노동자 상당수가 회사에 자신의 혼을 쏟아 넣는 대신 빼내는 방식을 자신의 삶과 일의 지속 전략으로 택하고 있다는 점에는 어색함을 느끼지 않을 테니 말이다. 개인적이고 합리적인 관점에서 생각해 본다면, 회사가 내게 해 줄 수 있는 만큼만 나도 회사에 기여할 수 있다는, 노동자들의 '영혼 사보타주sabotage'는 지극히 당연한 수순이 될 것이다. 오늘날 회사들은 노동자들의 만족감이나 심신의 건강, 삶의 안정감 모든 측면에서 약속하고 있는 것이 거의 없으니 말이다. 그렇다면 이러한 노동 현실에 응답할 수 있는 노동자들의 선택은 매우 제한될 수밖에 없다. 회사에서 단순한 시간 보내기를 넘어서는 양질의 시간, 노력과 열성, 정신과 성의를 몰입하여 쏟아붓는, 즉 영혼이 실린 노동을 제공하지 않기로 결정하는 것이다. 이제 회사에서는 최소한의 상처만 받는 방법을 구하고, 회사 바깥에서 지치고 다친 영혼을 '힐링'하는 방식을 고민하면 될 것이다.

이러한 현실을 고려하며, 동시에 이들이 "혼 빠진 사람들"이라고 언급한 것을 떠올리며 우리는 이 표현에 최소한 두 가지 함의가 들어 있다고 생각했다. 첫째로는, 앞서 말한 것처럼 현재 한국 사회의 열악한 노동 조건에 대한 개인적 대응책으로서 자신의 혼을 빼놓고 일터에 출근하기를 택한 청년들이 있으며 — 물론 높은 청년 실업률 역시 고려해야 한다 — 이들이 하나의 가능한 직장으로서 협동조합을 비롯한 사회적 노동 영역으로 들어서고 있다는 것coming을 꼽을 수 있다. 비록 많은 사회적 노동 조직들이 재정적으로 열악한 상태에 있지만, 몇몇 조직들은 나름대로 탄탄한 경제적 기반과 좋은 노동 조건을 가지고 있어 영리 영역에 있는 어지간한 회사보다도 임노동자로서 살아가기에 적절한 조건을 갖추고 있기 때문이다. 그 다음으로 특정한 가치에 대해 공명하면서 자신의 영혼을 기꺼이 투입하겠다는 생각을 가지고 사회적 노동 영역을 선택하여 유입된 이들조차, 조직 내에서 시간을 보내면서 점차 '혼 빠진 사람'이 되어 간다becoming는 두 번째 함의를 찾을 수 있을 것이다. 그리고 우리는 이 두 가지 현상이 서로 순환하는 관계에 있다는 점도 알게 되었다.

첫 번째 현상은 현재 사회적 노동 영역에 속하거나 인접한 집단과 조직들이 상당히 다양해지고 그 폭이 넓어졌다는 점에서 기인한다(1장 참조). 이제 이 영역의 일자리도 청년들에게 선택할 수 있는 평범한 직업군 중 하나가 된 것이다. 우리가 앞선 장에서 이미 살펴본 것처럼, 오늘날 청년들에게 활동과 운동이라는 행위의 영역은 과거처럼 순수하고 신성한 헌신과 열정의 장소로 연상되지도 않거니와, 이러한 신화를 뒷받침해 줄 수 있는 역사적·사회적 조건 역시 변화했다. 따라서 사회적 노동 조직들이 나름의 특정한 활동 가치나 운동의 미션을 지향한다는 점은 이들에게 주요한 고려 대상이 아니게 된다. 때문에 일반적인 영리 조직이나 회사에서 일을 하듯이 사회적 노동 영역 내부에서도 자신의 영혼을 일터에 모두 바치지 않는 것을 삶의 전략으로 택한 청년들이 분명히 존재한다는 것은 더 이상 놀랍거나 의외의 흐름은 아닐 것이다. 마치 '저녁이 있는 삶'이라는 몇 년 전의 구호가 호소했던 것처럼, 하루 중에서도 타율 노동을 하는 시간(낮)과 개인적인 시간(저녁)이 완벽히 구분되는 삶, 노동과 개인 생활을 분리하고 후자에서만 즐거움이나 재미를 추구하는 경향이 사회적 노동 영역에서도 나타나는 것이다.

오히려 개인적인 방식으로 삶의 의미를 찾으려는 경향성이 있는 거 같아요. 외부의 공동체에서 잘 놀고 잘 쉬고 싶다거나, 여행을 간다거나 그런 걸 생각할 수밖에 없는 상황들이 있는 거죠. 그런데 사실 좋은 구조는 아닌 거죠. 자기가 속해 있는 일터, 활동 공간에서 그런 게 충족이 되면 이상적이지만, 이게 다 차단돼 있으니까 자기만의 공동체를 꾸리고 그 안에서 그들의 유희를 찾을 수밖에 없는 거잖아요. (이명진, 협동조합 〈C〉)

즉, 오늘날 사회적 노동 영역에서 일하고 있는 많은 청년들에게도 삶의 의미를 찾을 수 있는 곳은 그들의 노동 영역 이외의 시공간이 되어 버리는 삶의 절단면이 나타나는 것이다. 앙드레 고르는 인간성과 동떨어진 노동에 투여되는 시간은 최소화하고, 나머지 시간에 의미 있는 사회 활동, 예컨대 자본주의가 파괴한 것을 되살리는 공동체나 협동조합 등 '다른 사회'를 만드는 활동을 하자고 주장했다. 다시 말해 그 두 영역 사이에 벽을 만들자는 '이중사회론'을 주장한 셈이다.[57] 이 주장에 비춰 보자면, 아이러니하게도 오늘날 자본주의가 파괴한 삶을 되살리며 공공적인 것을 만들기 위한 활동을 업으로 삼고 있는 청년들조차도 정작 자신의 일에서 삶의 의미나 사회적 가치를 찾지 못하고 그 바깥 영역에서 이를 추구하고 있다는 얘기다. 그들에게 삶의 의미와 만족을 주는 것은 그들의 사회적 기업, 혹은 협동조합, 시민사회단체라는 특정한 일터가 아니라 그 바깥에서의 취미 생활, 여가 등의 "개인적인" 시간이 되어 버린다.

이러한 경향에 대해서는 몇 가지 다른 해석을 해 볼 수 있다. 먼저, 청년들이 더 이상 삶의 핵심적인 의미를 그들이 일하는 조직과 연관시키지 않게 되었다는 것, 즉 그들이 '직장'과 피상적이고 비인격적으로 관계를 맺고 있다는 가정도 가능할 것이다. 이렇게 보면 문제는 오히려 간단하다. 조직과 개인이 서로에 대한 큰 기대와 부담 없는 '쿨한' 관계임을 상호 인정하고 들어가면 그 갈등도 크게 불거지지 않을 수 있기 때문이다. 그런데 한편으로 우리는 이러한 현상이 어떤 문제로부터 기인한 일종의 '이차적 결과'일 수 있다는 생각을 하게 되었다. 즉, 이 청년들이 만들어 내고자 했던 '사회'와 '미래'에 대한 상이 그들이 활동하는 조직 내부에서는 도저히 실현될 수 없다는 실망과 자각, 체념, 인정에서부터 유래한 결과일지도 모른다는 두 번째 해석이다. '다른 사회'라는 목적을 실현하기 위해 만들어진 조직이 실제로 운영되고 있는 방식이 청년들이 바라는 '사회'와 '미래'를 만들어 내는 방식이나 철학과 상당히 큰 간극을 노출하고 있다는 가정도 가능하다는 뜻이다. 다시 말해, 사회적 노동을 하는 청년들이 결과적으로 노동-여가를 분리하게 되는 경향은, 결국 일터에서 삶과 일의 가치를 실현하는 와중에 경험한 실망과 체념으로부터 기인한 결과라고도 볼 수 있는 것이다. 우리가 보기에 이는 한두 사람만이 경험하는 바가 아니었다.

앞에서 인용한 구절에서, 이명진은 사회적 노동을 하는 청년들이 노동 공간과 의미 공간을 점점 철저히 구분하고 있는 흐름에 대해 특히 우려하고 있었다. 물론 특정한 한 사람의 모든 욕구가 다양한 가치관과 지위, 역할을 가진 사람들이 한데 모여 어우러진 일터에서 전부 실현된다는 것은 불가능한 바람일 것이다. 더군다나 추상적으로 어떤 조직 형태나 구조가 옳고 그르다거나, 혹은 바람직하다거나 바람직하지 않다고 잘라 말할 수도 없다. 하지만 이러한 현상은 결국 오늘날 청년들의 중요한 삶과 일의 욕구를 자신의 조직 내부에서 이루길 이미 포기해 버리고 있다는, '체념'이나 '소진'을 포함하고 있다는 점에서 특히 시사하는 바가 크다.

앞에서 쭉 살펴보았듯이 청년들에게는 이미 기성 제도로 존재하는 기업 등의 시장형 영리 조직보다는, 비교적 구성원 개개인의 삶과 영혼이 존중될 것으로 기대되는 사회적 노동 영역, 즉 사회적 경제나 마을 현장 등이 만들어 내고 있는 풍경이 유력한 선택지가 되어 왔다. 그러나 이러한 영역에 와서 일하면서도, 청년들은 임시적으로 영혼을 잠시 '들어낸 채' 일을 해야만 하기도 한다. 하루 이틀이 지나 영혼 없는 상태가 흘러간 과거가 되어 버리는 것이 아니라, 오늘과 내일의 현실이다. 생활이, 삶의 조건이 더 나아질 것이라는 비전도 희망도 비현실적으로 느껴진다. 자신이 적극적으로 회피하고자 했던 상황을, 자신이 선택한 영역에서 대면하게 되는 모순적 상황이 발생하는 것이다. 이는 다시 말해, 사회적 노동 영역에서도 어떤 의미에서는 마치 보조 배터리처럼 영혼을 몸에 잠시 충전했다가 방전되면 또 다른 곳에 충전해서 끼워

넣을 수 있는 개인, 그러한 삶이 반복되면서 혼을 비교적 편리하게 분리할 수 있을 뿐 아니라 적극적으로 분리하고자 하는 개인, 또한 주체적으로 활동하고 운동하는 개인보다는 일종의 '직원'에 가까운 피고용인의 정체성이 구조적으로 더욱 선호된다는 뜻인지도 모른다.

　이 같은 체념과 소진을 결코 특정 청년 개개인에 국한되거나 특정 조직에만 내재해 있는 문제라고 보아서는 안 된다. 이는 이미 그 자체로 사회적인 현상이다. 우리는 더 나은 노동에 대한 희망과 기대를 일터에서 충족시킬 수 있길 바라던 청년들이 이에 대한 기대를 전면적으로 회수하게 되는, 그리하여 이들이 '혼 빠진 사람'으로 되어 가는 양상 — 어쩌면 전자의 청년들이 택한 '혼 빠짐' 상태에 시간적으로 우선하는 경험일 수도 있을 — 을 좀 더 주의 깊게 살펴보아야 한다.

'산 시간'과
'죽은 시간'

...

우리는 이 '영혼 분리'의 문제를 좀 더 깊이 이해하기 위해서, 그들의 시간을 '산 시간'과 '죽은 시간'이라는 두 개념을 통해 나누어 살펴보려고 한다. 덴마크의 청년 급진 활동가들의 사례를 통한 민족지적 연구에서 쾨이저는 그가 만난 청년들의 시간을 산 시간active time과 죽은 시간dead time으로 분류한다.[58] 쾨이저에 의하면, 한국의 분위기와 비슷하게 덴마크에서도 젊은 활동가들은 기성세대와 사회로부터 '충분히' 정치적 주체로 성숙되기 이전의 일종의 '기다림'과 '배움'의 상태에 있다고 여겨진다. 이는 그들의 삶에서 현재와 미래 사이에 시간적으로 불연속성이 있다는 점과 관련되어 있다. 청년들이 추구하는 '지금-여기'의 시간성과 기성세대가 바라보는 '아직-아님'의 시간성이 충돌하는 것이다. 그는 자신이 만났던 청년 활동가들의 삶-시간이 안정적이고 연속적이라기보다는, '죽은 시간'과 '산 시간'이라는 여러 시간 유형들 사이에서 진동하고 있다고 본다.

쾨이저에 따르면 '산 시간'은 연대와 평등, 힘, 자유를 동반한 공동의 활동joint activity, 집합적 몸collective body이 되어 가는 그야말로 활기찬 삶의 시간이다. 이는 예를 들어 한 활동가가 집회를 열정적으로 기획하고 참여하면서 많은 인파 사이에서 공통의 시간을 느끼고 사회적인 변화를 만들어 낼 수 있다는 희망을 체감하는 그러한 시간일 것이다. 이것은 '죽은 시간'과 대비되는데, 죽은 시간이란 외로움, 무신경함, 소진, 좌절 등 한마디로 사회와 연결된 삶보다는 이로부터 분리된 한 개인의 삶으로, 또한 특별한 사건이 없는 사소한 '일상'으로 수렴되는 시간이다. 그런데 이 두 시간은 명확한 분절과 대비를 통해 구분되기보다는, 서로 불가피하게 연결되어 있다. 그들의 정치적 활동은 기다림과 절망이라는 죽은 시간으로부터 단절되고 빠져나오기 위한 길로 여겨지기보다는, 죽은 시간은 불가피하게 살아 있는 시간과 연결되고 심지어 그 산 시간으로부터 나온다는 것이다. 미래가 불확실한 그 불연속적 시간성에서, 그 청년들의 시간은 자신의 활동에 몰두할 때 느낄 수 있는 연대, 열정적 정동, 그리고 한 개인으로 수렴될 때에 오는

기다림과 지루함 사이에 놓여 있다.[59]

쾨이저의 시간성 개념을 참고해, 우리는 연구 참여자들이 경험하는 일터에서의 활동 중 그들이 한 사람의 활동가라는 명확한 정체성과 활기를 느낄 수 있는 활동적 시간을 '산 시간'으로 간주하고, 이러한 활동적 시간의 도래를 기다리는, 혹은 자신이 특별하게 활동한다는 느낌을 갖지 못하게 되는 비활성적 시간을 '죽은 시간'으로 명명해 보려고 한다. 이 '죽은 시간'은 심지어 이들에게 그들의 살아 있는 시간을 막고 있다고 여겨지는, 그러한 매너리즘을 느끼게 할 정도로 지루하면서도 적대적으로 다가오는 시간이다. 우리가 만난 청년들에게 이러한 '죽은 시간'은 구체적으로 어떤 모습을 하고 있을까?

먼저 우리는, 현재 '활동가'의 지배적인 형태에 주목해 본다. 이제까지 한국 사회에서는 흔히 시민운동단체, 협동조합 등에서 일하는 이들을 '활동가'라고 불러 왔다. 우리가 만난 청년들의 경우에도 반 이상은 '활동가'라는 이름으로 스스로를 표현하거나 혹은 다른 이들에게 불리고 있었다. '활동가'라는 단어는 그 말 자체로만 보면 활동적active인 개인, 예컨대 발 벗고 거리를 뛰어다니며 사람들을 만나고 설득하고 적극적으로 아젠다를 관철시키는 인상을 주는데, 4장에서 살펴보았듯이 아이러니하게도 현재 많은 활동가들은 사무실에 '갇혀' 지내게 되었다. 직접 집회나 현장에 나가거나 거리에서 시민들과 대화하는 것보다 사무실에서 각자의 노트북과 대화하며 엑셀과 파워포인트로 업무를 보는 일이 많아졌다.

물론 이러한 변화에는 여러 이유가 있을 것이다. 회원 '관리'나 신규 회원 유치가 사회적 노동 조직의 지속 가능성을 결정하는 요인이 되고, 이와 관련하여 조직 내에서도 온라인으로 단체 간 혹은 단체 회원 간에 네트워킹을 조직해야 할 필요성이 커졌다. 이러한 일들은 책상 앞에서의 컴퓨터 작업을 요구하는 일들이다. 또한 과거에 비해 오프라인 활동 자체보다는 SNS나 온라인으로 하는 소통과 홍보가 일상적인 업무가 되기도 하고 — 이제는 사실 인터넷을 통해 '거의 모든 일'들이 가능하다 — '민관 거버넌스' 체계가 더 일반화되다 보니 시나 구 단위 지방자치단체에 재정 지원을 받거나 혹은 협력하는 일들이 잦아졌으며 그 과정에서 이를 처리하기 위한 실무, 즉 보고서를 쓰거나 회계 자료 제출 등 자료들을 만드는 일도 부가되었다. 우리가 만난 청년들 중에서도 목공, 건축과 관련된 일을 하는 경우나, 카페 매니저, 운동 강사 등으로 일하고 있는 청년들을 제외하면 반 정도는 사무실에서 PC를 통해 문서 및 서류 작업을 하는 것이 그들의 주된 업무였다. 사무실형에 가까운 활동가들 사이에서는 상대적으로 소외감과 문서 업무 외 활동에 대한 갈증이 두드러지게 나타난다.

이렇게 공간적으로 사무실에서만 이루어지는 사회적 노동은, 비록 그 일의 구체적인 내용이 다르긴 하더라도 화이트칼라 사무직 노동자와 별반 다를 바 없는 형식이다. 대체로 컴퓨터 작업은 동시간적인 협력을 요구하기보다 각기 진행하게 되는 개인 작업의 형태를 띤다. 앞서 4장에서 윤진희가 "지역 사업을 하면 지역을 돌아다녀야 하는데 정작 그걸 못 하고 있다"고 말할 때에, 그는 지역 돌봄 노동자를 지원하는 사회적 노동자로서 자신의 주요 업무가 직접 그들을 만나 이야기를 듣고 각기 다른 상황을 파악하는 일이라고 생각하고 있음을 엿볼 수 있다. 그렇지만 서류 업무가 가중되다 보니 그러한 활동의 열의와 비중은 달라질 수밖에 없으며, 이러한 추세 탓에 청년들은 사회적 노동자로서의 정체성에 대해 스스로 의심하며, 더 좋은 사회적 노동자가 될 수 있는 가능성에 대해 고민하게 된다. 비슷한 문제의식을 느껴 온 정지현은 활동하는 삶에 대한 인상적이고도 구체적인 아이디어를 갖고 있었다.

우리 활동 방식이 너무 사무실 중심이에요. 아직도 그런 하드웨어를 유지하니까 변하지 않는 게 너무 많은 거예요. 만약에 제가 돈이 있어서 단체를 차리고 신입 활동가를 뽑게 되면 노트북을 하나씩 줄 거예요. 그 다음에 좋은 신발과 노트북을 넣을 수 있는 좋은 백팩을 줄 거예요. 여기에 교통비 무제한, 통신비 무제한까지 다섯 가지 혜택을 주면, 활동가로서 얼마나 잘하고 싶겠어요. 이 기동성이 갖춰져야 '아, 내가 활동가다'라는 생각이 들고, 사무실 안에 처박히지 않게 돼요. 처박히게 되는 순간 이 안에 있는 사람들을 미워하고 욕하게 된단 말이에요. 이 안의 사람들이 얼마나 소중한데. 모든 업무가 사무실 중심이고 컴퓨터 운동이 되고 이러니까 옆에 있는 사람에게 짜증이 나는 거예요. (정지현, 시민사회단체 〈ㄴ〉)

2016년에 만난 정지현은, 2014년 인터뷰 당시 다니고 있던 시민사회단체 〈ㄴ〉을 그만둔 상태였다. 물론 그만둔 이유가 반드시 이러한 "컴퓨터 활동가"로서의 정체성 혼란 때문만은 아니었지만 (2장 참조), 조직을 나온 후 자신이 〈ㄴ〉에서 해 왔던 활동 방식에 대해 좀 더 객관적으로 들여다볼 수 있게 됐다. 마치 "독립하고 나서 우리 엄마 아빠가 다른 부모님에 비해 이렇구나라는 걸 알 수 있는" 것처럼, 〈ㄴ〉을 그만둔 후에 그는 자신의 활동을 반추해 보며 '사무실형 활동가'에서 탈피해야 한다고 생각했다. 어디든 편하게 갈 수 있는 운동화와 노트북, 튼튼한 백팩, 교통비, 통신비가 지원된다면 "내가 활동가"라는 생각을 가질 수 있을 거라는 그의 말에서, 그가 '진정한' 활동가라는 상에 대해 어떻게 생각하고 있는지를 알 수 있다. 다시 말해, 정지현이 꿈꾸는 활동가의 모습은, 그것이 불가능한 현실과 '사무실형' 노동자로서 경험해 온 문제의식을 동시에 드러낸다.

이는 사회적 노동자 개인들의 활동 내용과 방식만이 아니라 사회적 노동 조직과 영역 전반에 걸쳐 있는 해묵은 문제임을 암시

한다. 정지현은 또한 사회적 노동자들이 사무실에만 머물다 보면, 점차 동료에 대해 불만을 갖게 된다고도 지적하고 있다. 즉 공간적으로 속박되고 활동하는 삶을 제약하는 노동은, 사회적 노동자들을 사회적, 관계적, 운동적 측면 모두에서 갇혀 있게 만든다는 것이다. 즉, 지금의 사무실 중심, 컴퓨터 업무 중심의 활동이 전반적으로 활동가들의 활동 환경을 변화시키고 있다는 의미다.

이것은 앞서 언급한 것처럼, 지방자치단체로부터 이른바 용역 사업의 형태로 프로젝트 과제를 부탁받거나, 단체에 대한 별도의 재정 지원을 받게 되는 경우에는 관료주의의 고질적인 문제로 증폭되기도 하며, 이는 청년들에게 새로운 고민거리가 되기도 한다.

처음에 되게 쇼킹했어요. 의전이라고 하나요? 시장님 한번 오려면 공무원들이 센터에 열 번 넘게 찾아와요. 서류를 한 열 가지 정도 만들라 그래요. 그날 스케줄, 행사 프로그램, 사회 카드, 동선까지. 공무원들은 그런 거 하나하나 딱딱 짜여 있지 않으면 안 되는 거죠. 현수막 디자인 같은 것도 미리 다 보내서 검토를 받고, 디자인도 이거 빼고 이거 아니고, 그래서 가장 문제 안 될 거 같은, 제일 무난한 걸 선택하는 거죠. 그러니까 지원 사업은 결과물들이 다 비슷해지잖아요. 돈은 투명하게 쓰되 자기 기관의 원칙은 명확하게 정해야 하는 거 같아요. 안 그러면 외압도 너무 많고 간섭도 많고. (윤진희, 시민사회단체 〈ㄱ〉)

이렇게 윤진희는 지방정부와 자치구라는 두 행정 조직과 연결된 〈ㄱ〉 센터에서 일하면서 거의 "쇼킹"한 수준의 경험을 했다고 말한다. 센터에서 하는 행사에 시장의 참석이 결정되면 소위 "의전"이라는 것이 요구되는데 그 과정에서 그가 보기에는 불필요할 정도로 과도한 서류 업무를 해야만 한다. 그런데 이 업무도 센터 차원에서 자율적으로 할 수 있는 것이 아니라 모든 준비 과정이 의전을 담당하는 공무원의 관리와 요구로 이루어진다. 이 의전 과정에서 너무도 시달렸던 나머지, 심지어 그는 보여 주기를 중시하는 관료주의적 절차가 활동과 운동에 접근하기 위해서는 차라리 사회적 노동 영역에서 '제대로 된', '투명한' "성과주의"가 이루어지는 게 더 낫지 않을까라는 생각까지 했다. 관습적 의전과 관료적 절차가 아닌 각 조직과 개인의 성과 중심으로 접근했을 때 오히려 노동과 활동, 운동의 자율성이 더 보장될 수 있지 않겠냐는 반문이다.

위의 윤진희가 토로한 이야기는 관료제의 전형적인 문제에 대한 것이다. 시, 군, 구 단위의 행정 조직과 함께 일을 할 때면 흔히 겪을 수 있는 문제이다. 인류학자인 데이비드 그레이버는 《관료제 유토피아》에서, 정부 행정 기관뿐 아니라 대기업, 학교, 금융 등 사회의 모든 분야 곳곳에 관료제가 퍼져 있는, 즉 "관료주의적 관행, 습관, 감성이 우리를 집어삼키는" '전면적 관료화' 현상을 다시 꼬집는다.[60] 관료주의는 절차와 형식을 과도하게 강조하기에 인간의 창조성, 상상력을 제한할 위험이 크다는 것은 우리가 만난 청년들이 대체로 공유하고 있는 바이기도 했다. 최근 민관 협력 사업 모델이 서울을 비롯한 지방자치단체에 퍼지면서 청년들에게는 '기회'가 되기도 하는데, 청년들은 행정 기관과 연결되는 순간 '의전'을 비롯해 보고와 감사를 위한 까다롭고 과도한 서류 업무와 직면하게 된다. 사회적 노동 영역과 정부 기관의 관계가 밀착되어 있는 현재, 관료주의가 사회적 노동 영역 내의 창의성과 자율성을 제한할 수 있다는 문제는 특별한 관심을 요한다.

이렇듯 관료주의의 전형적인 문제를 비관료적인 사회적 노동 조직들도 쉽게 피할 수 없게 된 이유 중 하나는, 기본적으로 그중 많은 조직들이 재정 문제를 겪고 있기 때문이다. 그리고 사회적 노동 조직들에 만연한 만성적 재정 문제는 관료 조직과의 관계에서 발생하는 문제 외에 일하는 사람의 영혼을 빼앗아 가는 다른 문제로 연결되기도 한다. 예컨대 윤예림이 근무했던 사회적 기업의 경우, 다른 많은 사회적 노동 조직들처럼 재정 자립의 문제를 늘 겪기 때문에 지속적인 운영을 위해서는 늘 어디에 비용을 쓰고 어떤 비용을 줄일 것인지 첨예하게 고민할 수밖에 없었다. 하다 보면 결국 지출을 줄일 수 있는 영역은 정해져 있다. 바로 인건비다.

　　지출을 줄이는 것도 한계가 있어요. 그럼 결국 강사들 월급을 줄

이는 거예요. 다른 데에서는 줄일 수 있는 게 없거든요. (중략) 자괴감이 들죠. 나도 이런 일을 하면서 자존감이 떨어지는데, 또 그만큼 우리가 엄청난 일을 하고 있는 건지도 잘 모르겠고. 그런 데에서 약간 혼란이 있었어요. 사회적 기업을 운영한다면서 이렇게밖에 안 되는 걸까, 원래 취지가 이런 게 아닌데 하는 생각도 들어요. (윤예림, 사회적 기업 〈라〉)

많은 사회적 기업이 그렇듯, 〈라〉 역시도 항상 일정한 수입을 창출하는 것에 어려움을 겪었고 외부 기금 유입이나 유치를 통해서 재원의 상당한 부분을 충당할 수밖에 없었다. 그러다 보니 모든 활동과 노동의 일상에는 '돈 문제'가 걸려 있게 되고, 이를 위해서 최대한 돈을 줄이도록 예산을 궁리하고 예산안을 수정하는 '페이퍼 노동'이 끊임없이 반복된다. 이러한 과정은 결국 윤예림으로 하여금 사회적 기업에서 일한다는 것에 대한 전반적 회의를 심어 준 시간이 됐다. 사업 계획에서 예산을 줄여야 겨우 프로젝트를 유지할 수 있지만 그 과정에서 프로젝트에 초빙되는 사람들의 인건비부터 축소될 수밖에 없고, 이는 곧 그의 자존감을 축소시켰다. 그의 일에 대한 열성과 관심은 결국 회계 긴축이라는 기술로 수렴되어 갔다. 이는 제한된 자원 내에서는 불가피한 일이겠지만, 사람에게 주는 비용을 가장 쉽게 만져야 된다는 점은 사회적 노동 조직 내에서는 쉽게 용인될 수 있는 일은 아닐 것이다.

사회적 기업 〈라〉뿐만이 아니라 회원 구조가 탄탄하지 않은 많은 중소 규모의 사회적 노동 조직들은 늘 재정 문제에 시달리기 마련이다. 이것은 그 내부 개인들의 '살아 있는 시간'을 관료주의의 요구에 응답하거나 혹은 회계적인 잔기술을 통해 "일하는 사람들이 행복하지 않은 직장"을 만드는 데에 기여함으로써 결과적으로 '죽은 시간'을 채워 나가는, 다시 말해 그 개개인의 영혼을 빼앗고 구성원들의 사기를 꺾는 주요한 배경이 되고 있다. 윤진희의 예처럼 관료주의 탓에 소진되거나, 혹은 윤예림처럼 사회적 기업에서의 노동 자체에 전반적인 회의를 품게 되듯이.

앞서 소개한 쾨이저의 주장처럼, 우리가 만난 청년들의 '산 시간'과 '죽은 시간'이라는 두 시간성 역시도 서로 상보적 관계에 있을 것이다. 모든 산 시간과 죽은 시간이 분명하게 구분되는 것은 아니며, 둘 중 하나를 버리고 하나를 취할 수 있는 간단한 대안도 상상할 수 없다. 1장과 4장 등에서 살펴본 것처럼, 다른 노동 현장이 그러하듯이 지루하지만 꼭 필요한 노동들이 사회적 노동 전체를 유의미하게 구성하고 있다. 매순간 '재미'와 '흥미'를 느낄 수 있는 일이란 사실 어떠한 직업과 직장에서도 불가능할 것이다. 아무리 '취미를 업으로' 하고 있는 사람이라고 할지라도, 지루하고 썩 흥미가 가지 않는 업무 역시도 자신의 일의 내용과 과정 속에 중요하게 포함되어 있다. 특정한 일이 비록 어떤 부분에서는 비효율적이라고 여겨질 때가 있다고 하더라도 크게 보면 전체 조직을 유지시키는 필요 노동일 수 있으며, 책상 앞에서 하루 종일 앉아 연락을 하고 회원들에게 메일을 쓰고 전화를 하는 것도 '일을 굴러가게 하는' 매우 중요한 노동에 속하듯이 말이다.

그러나 우리는 삶을 총체적으로 이해하고 판단한다. 한 사람 안에 공존하는 복합적 시간성 가운데에, 죽은 시간이 살아 있는 시간을 양적으로 질적으로 모두 압도할 때에 그들은 자신의 영혼이 비워진 채 일한다고 생각하게 되는 것이다. 그렇다면 반대로 청년들은 어떠한 상태에서 그들의 '살아 있는 시간'을 느끼고 있을까?

카페가 꿈인 사람이 제 나잇대에 되게 많잖아요. 제가 자영업을 했으면 정말 못 했을 것 같아요. 가장 좋은 건 실험한다는 마음으로 하니까 이것저것 다 해 볼 수 있다는 거예요. 이 경험으로 다음에 뭐든 할 수 있겠다 이런 생각을 해요. (강인혜, 협동조합 〈A〉)

사람들이 건강해지면 좋겠다는 그 단순한 바람이 정말로 이루어지는 걸 보는 것 자체가 저에게 일의 동력이 돼요. 사람들 때문에 여기서 일을 하고 있고, 실제로 건강 상태가 좋아지는 게 눈에 보이니까. 커다란 비전 같은 것들을 꿈꾸던 때가 있는데, 실제로 여기서 막 몸을 부딪히면서 하다 보니까 지금 이 일에 집중하는 게 중요하다는 생각이 들더라고요. 그러다 보면 그냥 주머니 속의 송곳처럼 드러나게 될 것이라는 어떤 믿음이 생겼달까요? (중략) 꼭 돈이 아니더라도 저희가 받는 보상은 엄청나요. 조직 문화라든지 수강생들의 사랑이라든지, 그런 식의 보상이 분명히 존재하고 그것 때문에 일을 하고 있어요. (배유진, 협동조합 〈B〉)

위에 이야기를 인용한 강인혜와 배유진은 연구 참여자들 중에서 지금 하는 일에 대한 만족도와 애정이 상대적으로 높은 이들에 속한다. 이들이 계속해서 사회적 노동을 할 수 있게 해 주는 원동력은 간단히 말해 현실적인 불안을 낮출 수 있고 자신이 감당할 수 있는 범위로 노동을 조절할 수 있는 환경, 그리고 일의 결과에서 오는 구체적인 '보람'과 관계라고 할 수 있다.

특히 강인혜가 활동하는 협동조합 〈A〉의 경우, 조합원들 간에 대화를 나눌 수 있는 내부 모임이 활발하게 이루어지고 있고, 그 과정에서 일하고 같이 생활하고 삶을 나눈다는 것에 대한 논의와 합의의 수준이 높은 편이다. 즉 '적게 벌고 행복하게 일하는 게 더 좋은 삶'이라는 "확신"이 공유되어 있다. 또한 카페 공동 매니저가 여러 명의 조합원으로 구성되어 있기에, 한 사람에게 노동이 집중되지 않고 여럿이 일과 시간을 나누어 노동하는 것이 가능하고 동시에 카페 공간을 운영하면서 겪는 생계와 이윤 추구에 대한 압박이 상당히 분담될 수 있다. 기본적으로 〈A〉의 구성원들은 그들의 활동을 '자본 중심적 노동과는 다른 삶에 대한 실험'이라는 태도로 접근하기 때문에, 그 과정에서 오는 성공과 실패가 개인의 부담으로 전가되지 않는다. 그 과정에서 강인혜는 심리적 안정감을 느낀다. 밤늦게까지 일하는 것이 삶의 질을 낮춘다는 경험적 결과가 있을 때에는, 애써 늦게까지 일하기보다 몸과 마음이 좀 더 편한 방향으로 노동의 시간과 방식을 바꿀 수 있다. 비슷한 삶을 꿈꾸며 준비하는 또래의 '백수'들 가운데에서 심리적 불안감 대신 안정감을 가질 수 있고 더 나은 삶을 찾아가는 과정에서 느끼는 '재미'가 강인혜의 활동에 큰 원동력이었다.

한편 배유진은 사회적 노동을 지속하는 중요한 요소로 '보람'과 '보상'에 대해 이야기했다. 그는 〈B〉의 조합원들에게 운동을 가르치는 강사로 일하고 있는데, 이 과정에서 조합원들이 자신을 경유해 건강을 되찾는 과정을 가까이에서 지켜볼 수 있다. 이러한 과정을 지켜보는 것은, 그가 몇 년 전 꿈꾸었던 화려하면서도 성공적인 삶에서 올 수 있는 보람보다 훨씬 더 가깝게 체감되는 기쁨의 원천이었다. 그 작지만 확실한 경험은 그로 하여금 〈B〉에 대한 자기 확신을 심어 주었다. 조합원들로부터 오는 애정과 관계적 만족감, 건강이 좋지 않았을 때 〈B〉 조합 동료들이 보여 주던 따뜻한 위로와 동료애는 그에게 커다란 만족감과 〈B〉 활동을 유지할 수 있게 해 주는 충분한 보상이 되었다. 이러한 것들이, 청년들로 하여금 힘든 와중에도 사회적 노동을 지속할 수 있도록 '살아 있는 시간'을 채우고 있는 것이다.

영혼 있게
일하기 위하여

···

우리가 만난 청년들에게 '살아 있는 시간', 즉 영혼을 품은 일의 시간은 하늘에서 뚝 떨어지거나 어딘가로부터 일방적으로 주어지는 것이 아니었다. 이는 살아 있는 시간을 적극적으로 추구하고, 찾아가며, 만들어 가고자 하는 과정 속에서 생성되는 것이다. 이번에는, 이들이 처해 있는 모든 한계와 어려움에도 불구하고, 일상적 삶에서 매일매일 '죽은 시간'을 최소화하고 이에 압도되지 않는 '살아 있는 시간'을 더하기 위해, 즉 영혼을 지키며 일하기 위해 어떠한 노력을 하고 있는지 살펴볼 차례다. 우리가 발견한 청년들의 이야기가 오늘날 일하며 살아가는 모든 청년들에게 궁극적 대안이 될 수는 없지만, 각자 처해 있는 상황의 제한 속에서 나름의 답을 찾아가는 계기가 될 수는 있을 것이다. 그러고 나서야 비로소 우리는 이들이 기울이는 최선의 노력과 분투에도 불구하고, 어쩔 수 없이 마주하는 여러 한계와 제한점들에 대해서도 더불어 논의할 수 있을 것이다. 이 한계와 제한점은 물론 단순히 우리가 만난 청년들이나 사회적 노동의 한계가 아니라 우리가 살아가는 이 사회의 한계, 다시 말하자면 청년과 노동을 둘러싸고 있는 오늘날 한국 사회의 정치 경제적 지형과 풍경이 부과하는 한계일 것이다.

그러니까 마을 일은 수익이라기보다는 저희의 일종의 정체성, 생활 같은 거예요. 또 시간이 너무 오래 걸리는 일이고 공공적 측면이기 때문에 거기에서 저희가 엄청난 수익을 낼 수 있는 가능성도 없고요. 그건 긴 시간을 가지고서 참여하고 있어요. 실제 이 〈다〉라는 팀의 운영은 주로 이런 ○○프로젝트나 건축 의뢰를 받는 설계 작업과 관련해 고민하고 있는 거죠. (중략) 문제는 인건비 부분이에요. 사실 마을 일만 하면 좋겠어요. 그런데 그것만 하려면 생활에 대한 부분이 보장이 안 되니까, 최대한 그건 느리게 가면서 스스로 할 수 있는 부분들을 계속 고민하고 있는 거죠. (홍명준, 사회적 기업 〈다〉)

위의 홍명준의 이야기는 자신이 만들어 가는 사회적 기업의 정체성을 지키는 활동과, 실제로 공간을 운영하고 생계를 유지하는 노동이 어느 정도 분리되어 이루어진다는 점을 보여 준다. 하지만 이러한 분리는 동시에 홍명준의 삶과 일 경험의 총체 속에 포함되어 있는 것으로, '산 시간'과 '죽은 시간'이 그에게 완벽하게 분리되어 있다기보다는 서로 결합되고 상보적일 수밖에 없다는 점을 단적으로 보여 준다. 또한 이러한 균형과 안정을 위해 자기 스스로와, 혹은 시장의 요구와 협상하는 사회적 기업 〈다〉의 노력을 보여 준다. 좀 더 구체적으로 그는 타 지역 사회에 위치한 한 상업 공간에 대한 리모델링을 의뢰받았던 일을 들려주었다. 얼핏 공공적인 활동과 큰 관련이 없어 보이는 평범한 카페의 리모델링 작업이었는데, 그는 이 일에 자신들의 아이디어와 설계를 통해 "얼마든지 공공적인 것을 담을 수 있다"고 보았다. 홍명준의 관점에서는 공공성이라는 것도 다양한 형태를 띨 수 있기에, 단순한 소비 공간이 아니라 다양한 모임을 촉진하고 방문하는 이들의 참여로 만들 수 있는 공공성의 가능성을 녹여 내고자 했다. 홍명준은 사회적 기업 〈다〉의 철학을 반영하는 공간을 만들고자 노력하면서 이러한 작업을 사회적인 노동으로 맥락화했던 것이다. 홍명준이 말한 것처럼, 인건비뿐 아니라 매달 유지비가 필요한 공간을 실질적으로 운영하기 위해서는 금전적인 수입에 대해서도 생각하지 않을 수가 없는데, 이를 위해 불가피하게 선택하게 될 — 영리성이라고 보일 수도 있는 — 프로젝트 작업이나 건축 설계 의뢰라

할지라도 그 속에 '사회'나 '공공성'에 대한 홍명준과 사회적 기업 〈다〉의 고민을 포함시키고자 한 것이다. 영혼 없이 하는 것으로 여겨지는 일에 영혼을 불어넣기 위한 이러한 시도는, 동시에 청년들이 자신의 활동을 '돈'이라는 이유로, 혹은 다른 이유로 무의미하게 만들지 않기 위한 노력이기도 하다.

홍명준의 이야기에 이어 이제부터 소개할 네 사람의 이야기도, 이들이 자신의 삶에서 일을 분리시키기보다 그 두 영역 사이의 일관성과 연속성을 만들기 위해서 고안해 낸 나름의 전략들, 죽은 시간이 될 수도 있을 시간을 살리기 위해 구상해 낸 구체적인 삶과 일의 기예, 혹은 일종의 '장치'들을 보여 준다. 이는 청년 개인들의 노력뿐 아니라 이들의 조직 차원에서 이루어지는 전략들을 포함하고 있다.

우린 내부적으로 공부 모임이 있었어요. 적게 벌고 행복하게, 자기 전공 시간을 갖는 그런 시간이 있었고, 서로 얘기하는 시간을 갖는데 아무리 회의가 길어져도 서운한 게 있으면 울면서 얘기해요. 서로 그런 얘기를 하면서 해결하는 분위기가 있어요. (강인혜, 협동조합 〈A〉)

강인혜가 일하는 협동조합에서는 내부 모임과 회의가 매우 활발하게 이루어진다. 회의 시간에는 〈A〉 협동조합을 둘러싼 근본적인 운영 철학과 방식에서부터 서로의 근황과 일상 이야기들까지 폭 넓게 대화를 나누고, 조합원들이 함께 공부하고 싶은 책, 알고 싶은 주제 등에 대한 모임들도 함께 이루어진다. 이 과정에서 구성원 간의 상호 이해를 넓히고 심화시켜 갈 수 있다. 또한 이러한 회의와 모임에서 일하는 이들의 휴가, 퇴직금 등의 근로 복지를 높이기 위한 노력을 중요하게 고려하는 것은 물론이며, 그 과정에서 '내가 하는 일을 통해 나를 해칠 필요가 없다'는, 다시 말해 내가 행복해야 일이 즐거울 수 있다는 공통 감각도 생겼다. 시간적 효율이라는 관점에서 보면 기나긴 회의 시간이 낭비로 느껴질 수도 있지만, 이러한 낭비를 통해서 늘 바뀌어 나가는 조직 구조 자체가, 이들에게는 일을 지속할 수 있으며 조직에 소속감을 느끼게 되는 과정이기도 하다.

비슷하게, 이유리가 일하는 사회적 기업 〈나〉에도 정기적인 회의가 있다. 그 회의에서는 의뢰받은 목공 작업들에 대한 구체적이고 기계적인 정보만을 나누는 것이 아니다. 구체적인 목공 작업의 정보에서부터, 〈나〉라는 조직 전체 차원에서 내부 구성원들이 갖는 문제의식, 운영 규칙에 대한 수정 사항과 동료에게 서운한 점 등을 나누며 서로의 '마음'을 다독이는 과정이 포함된다.

또한 4장에서도 소개했듯이 이유리가 일하는 〈나〉에는 다소 독특한 과정, 즉 일종의 '의례'가 있다. 이 의례는 구성원 간 신뢰 회복을 위해서 고안된 것이었다. 출근 시간이 잘 지켜지지 않

222

아 동료 간의 신뢰 문제를 야기시키자 〈나〉에서는 규칙이나 규율을 만들어 구성원들에게 강제하는 방식을 택하는 대신 구성원들이 돌아가면서 출근 시간에 맞춰 작은 영화 상영회를 여는 일상의 작은 의례를 고안해 냈던 것이다. 이 상영회를 위해서는 누군가는 반드시 다른 멤버들보다 아침 일찍 도착해 기기를 세팅하는 등 준비를 해야 한다. 일찍부터 서두르며 준비한 동료의 시간을 무의미한 것으로 만들지 않게 하기 위해, 즉 그의 준비에 '마음을 쓰고' 이 의례를 함께 치르기 위해 다른 구성원들 역시도 시간을 맞추려고 노력하게 된다. 때문에 이유리는 〈나〉와 같은 조직에서는 내부의 '약속'과 '선언'을 만드는 게 매우 중요하다고 생각하고 있다. 4대 보험 등과 같이 "이미 법적, 사회적으로 만들어져 있는 규칙들"이나 제도에 기대기보다 구성원들이 스스로 공동체적 약속을 구상하는 것에 더 관심을 기울여 온 것도 그 이유 때문이다. 우리가 나눈 대화 속에서 청년들이 동료 관계에서의 결속력을 다지고 일의 철학을 공유하기 위한 방법을 고안하고, 구성원 간의 지속적인 소통을 둘러싼 내용이 중요하게 부각된 건 자연스러운 흐름인 것이다.

이렇게 강인혜와 이유리의 조직들이 구성원 간의 대화와 배려, 이해를 촉진하는 방식으로, 조직 차원에서 삶과 일 경험을 공유하고 문제를 해결해 나갈 수 있는 방법들을 찾았다면, 윤진희와 배유진의 조직은 정반대의 길을 택하고 있다. 다시 말해, 이들의 조직은 '체계'와 '매뉴얼'을 통해 이를 구현하려고 한다.

저는 〈B〉라는 공간을 7년 전부터 생각했고 그래서 초반에 아이디어가 굉장히 많았어요. 그리고 또 엄청 '으쌰으쌰' 하는 사람들이 모여 있으니까, 뭔가 좋으면 "하자! 어, 하자!" 이러면서 본인이 몸 상하는 것도 막 했거든요. 그런데 이게 마치 구식 휴대전화에 최신 앱을 깔아 놓은 것 같은 버퍼링 현상이 생겨나더라고요. 그래서 아, 하드웨어를 구축해야겠다 해서 표준 약관부터 시작해서 정확한 환불 체계, 그리고 조직 운영 관련해서도 직원 원칙이나 임금 체계 같은 이런 하드웨어적인 부분을 만들었어요. 시설적인 부분을 포함해서 일단 기본이 되어야 진짜 혁신적인 것을 할 수 있겠구나 생각한 거죠. (배유진, 협동조합 〈B〉)

전 그건 매뉴얼화되어야 한다고 생각해요. 기계적이더라도 우린 지금 매뉴얼이 필요한 거거든요. 돌봄 노동자분이 상담 때에 같은 이야기를 반복한다, 그럼 어떻게 해야 하지? '매뉴얼 몇 번을 보시오', 'ㅇ번은 대꾸한다, 그 다음엔 시정 조치를 얘기한다' 이런 게 필요해요. (웃음) 사랑과 감정? 개인이 다 그걸 감정과 관계로? 어떻게 해요, 나도 못 하는데. 저한테 월급 300만 원을 줘도 못 해요. (윤진희, 시민사회단체 〈ㄱ〉)

배유진은 협동조합 〈B〉가 만들어지던 초반에 열정에 찬 나머지 자신의 몸이 상하는 줄도 모를 정도로 설립 준비에 박차를 가했다고 회고했다. 그런데 그러다 보니 열정과 실행 사이의 어긋남이 느껴졌고 몸과 마음이 소진되어 감을 느꼈다. 배유진은 점차 "하드웨어"와 "소프트웨어"의 호환을 위해서는 다른 요소가 필요하다는 것을 깨달았다. 즉, 아이디어, 열정, 몰입, 헌신 등 소프트웨어적인 요소뿐 아니라 조직 약관, 재정 운영의 원칙, 조합에서 일하는 직원과 조합원들이 지켜야 할 규칙, 임금 체계 등의 다소 딱딱해 보이고 누군가에겐 기계적이라고 지적될 수도 있는 그러한 하드웨어적인 요소가 보완되어야 했던 것이다. 배유진은 이러한 하드웨어적인 체계가 바탕이 된다면 그 위에서 구성원들의 열정과 아이디어가 더 안정적이고 덜 소진되는 방식으로 구현될 수 있다고 생각했다.

이는 윤진희가 〈ㄱ〉 단체에서 매뉴얼화의 필요성을 역설했던 것과도 맞닿는 부분이다. 예를 들어, 돌봄 노동 종사자들을 지원하는 〈ㄱ〉에서는 상담도 업무의 중요한 부분인데, 이때 단체 활동가들이 따를 수 있는 '매뉴얼'이 전혀 없다면, 이 업무는 개인 활동가에게 훨씬 어려운 중노동이 될 수 있다. 예를 들어, 돌봄 노동의 특성상 그가 〈ㄱ〉에서 만나는 노동자들 중에는 노년층에 해당하는 종사자들이 상당 부분을 차지한다. 노년 노동자들은 상담 중에 같은 이야기를 반복하는 경우가 많은데, 이러한 상황이 〈ㄱ〉

의 활동가들을 지치게 할 때가 많았다. 때문에 윤진희는 이러한 상담 과정에서 '활동'이나 '운동'의 관점만 강조하며 돌봄의 가치 차원에서 모든 대화에 헌신적으로 응답하기보다는, 비록 기계적으로 보일지라도 정형화된 기본적 가이드라인이나 매뉴얼을 따른다면 활동가들을 소진 문제로부터 조금은 보호할 수 있지 않을까 생각하게 됐다. 이 방책으로 실제로 상담 시간이 줄어들기도 하겠지만, 심리적으로 불필요한 마찰과 부담을 경감할 수 있기 때문이다. 이는 의사, 간호사, 사회복지사, 보육 교사, 심리 상담사 등 이타적 성격을 띠는 직업을 가진 이들이 우울증과 무력감, 혹은 폭력 등의 환경에 노출되기 쉬운 현실에 대한 숙고를 요청한다는 측면에서도 중요하다.

우리는 청년들을 만나면서 사익과 이윤보다는 공공성과 연대를 지향하면서 사람들을 대면하는 사회적 노동자들에게 이 문제가 매우 중요하리라는 느낌을 받았다. 물론 매뉴얼과 정형화된 가이드라인이 모든 문제를 예방하고 해결해 줄 수 있는 것은 아니다. 그러나 개인적 차원의 헌신과 감정 노동을 통해서는 노동자들의 소진 문제를 해결하는 것이 사실상 불가능하다는 청년들의 현실적이고 경험적 판단이 위와 같은 노력을 낳았다는 점은 주목할 필요가 있다. 단지 개인이 인내하는 방식으로는 언제까지나 지치지 않고서 삶과 일을 유지하기가 결코 쉽지 않음을 깨달은 사람들의 이야기이다. 매뉴얼이 만능 해결책이 될 수 없지만, 그마

저도 없을 때에는 사회적 노동자 개개인을 보호해 줄 수 있는 장치 역시 부재하게 된다. 어떠한 업무에 대해서 가장 기본적인 매뉴얼과 원칙이 있다면 노동자들의 에너지를 적절히 분산시키고 조절하는 최소한의 보호 시스템을 만들어 갈 수 있을 것이다.

배유진이 외부로부터 "〈B〉는 원칙주의적"이라는 평가를 종종 받으면서도 협동조합 〈B〉에 앞으로 "누가 오더라도 짜여진 틀 안에서 최소한의 조직 유지는 가능하게끔" 되어야 한다는 생각을 고수하고 있던 이유는, 최소한의 틀, 즉 '원칙' 없이는 오랫동안 조직이 유지될 수 없을뿐더러 그 내부의 개인들이 소진될 수 있다는 것을 깨달았기 때문이다. 이 말은 조직 유지의 차원뿐 아니라 사회적 노동자 개인에게 업무가 집중되어 결국 나가떨어질 여지를 줄이고, 노동자 개인이 먼저 그 자신을 유지할 수 있도록 지원하는 체계를 고민한다는 점을 포함한다. 다시 말해, 윤진희와 배유진이 조직에서의 하드웨어적 요소에 대해 강조한 것은 곧 조직에서 일하는 그들 자신을 보호하기 위한 방법이자, 그럼으로써 그들의 복리와 만족감 등을 충족하여 사회적 노동의 지속 가능성을 최대한 높이기 위한 방법이다. 실제로 많은 청년 사회적 노동자들도 조직의 '체계가 없다'는 점, 그것으로 인해 일어나고 있는 주체성이란 이름의 주먹구구식 업무 방식, 활동가 개인들의 소진과 탈진, 심리적 문제에 대해 비판적 목소리를 드높이고 있음을 4장에서 자세히 살펴보았다.

이제껏 우리가 살펴본 조직 구성원 간의 대화와 이해 수준 높이기, 그리고 구성원들을 소진으로부터 보호하기 위한 제도적 형식과 조직의 체계를 고민하는 노력 등의 예는 '영혼을 유지하는 노동'이 단순히 개인의 노력이나 의지, 능력을 통해서 가능한 것이 아님을 깨닫게 한다. 우리가 만난 이들이 들려준 이야기는 사회적 노동자 개개인이 가진 열정, 헌신, 인내를 비롯한 소프트웨어적 요소와 영혼이 그 자체로 독립적으로 존재·유지될 수 없으며, 체계, 원칙, 규칙, 약속과 같은 일종의 조직 차원의 하드웨어적 요소를 통해 상호 지지될 수 있다는 그들의 경험적 배움을 또한 보여 준다. 다시 말해, 사회적 노동은 노동자 개개인의 열정과 노력에만 기대는 게 아니라, 그 개인을 떠받치고 지지해 줄 수 있는 조직 차원의 공동의 노력과 장치의 발명이 함께 필요하다는 것이다. 이러한 노력들은 비단 조직 내에서만이 아니라 조직 외부의 사람이나 다른 조직과의 관계에서도 중요하다.

우리는 마지막으로 앞서 소개한 노동의 방식과는 좀 다른, 디자인과 목공 분야에서 완성품을 만들어 내는 일, 몸과 도구를 매개로 한 '물질적material' 작업을 사회적 노동의 중심에 두고 있는 두 청년들의 이야기를 소개하려고 한다. 김지훈와 이유리의 노동 현장은 보고서 작업이나 사람을 대면하는 활동이 주요 업무가 되기보다는, 노동자 한 명 한 명의 '손'으로 혹은 동료들의 손과 협업해서 구체적으로 직접 만질 수 있는 결과물(책자, 포스터 혹은 선반, 의자, 책상 등)을 만들어 내는 곳이다. 김지훈과 이유리는 때로는 '활동가' 같은 명칭으로 불리기도 하지만, 디자이너(김지훈)나 목수(이유리)라고 불리면서 물질을 생산하고 작품을 제작하는 작업을 일상적인 노동의 중심에 두고 있다. 우리는 이들과의 대화로부터, 제작이라는 특정한 노동 방식이 노동자들로 하여금 노동으로부터의 소외와 소진으로부터 벗어나게끔 돕는 역할을 하고 있음을 알 수 있었다.

디자이너로서의 자의식이라든지 자아실현 같은 것들은 진보적 디자인 작업을 요구하는 문화예술계 클라이언트와의 작업에서 할 수밖에 없는 거예요. 오히려 이런 데에서는, '더 급진적으로 해 달라, 더 실험적으로' 이런 피드백을 줄 때도 있어요. 또 문화예술 쪽에서 도록 같은 것을 아예 개인이 와서 의뢰할 때가 있거든요. 이런 분들하고도 일종의 '딜'을 하는 거죠. '돈을 조금 줘도 괜찮으니까 우리의 작업을 하나의 작품으로 인정해 줬으면 좋겠다' 하면 좋아하는 사람도 있어요. 여기서는, 사회성이라든지 이런 건 모르겠고, 디자인적으로 실험적이고 재밌고, 시각적으로 만족할 수 있는 걸 해 보는 거예요. 여기가 나름의 테스트를 하는 곳이라면 비영리, NGO 단체와의 작업에서 저희의 미션은 이분들을 데리고 우리가 최소한 여기까진 가 보자 하는 거죠. (김지훈, 사회적 기업 〈가〉)

사회적 섹터로 범위를 넓혀서, 이런 종류의 사회적 가치를 지향하는 일을 한다고 했을 때, 이런 '만들기'가 주는 자극이 있는 것 같아요. 세상을 대하는 태도와도 관계가 있어요. 저는 윤리가 곧 태도라고 생각하는데, 그런 윤리에 되게 자극을 줘요. (중략) 뭐, 내가 고객, 소비자로만 존재하면서 현명한 소비만 할 수 있는 것이 아니라, 생산자로서 직접 주체가 될 수 있어, 이런 생각도 할 수 있고. 그리고 이런 구조물을 만들면 공감각 같은 것도 생기거든요. 내 주변의 것들을 직접 만드는 데 더 주체적으로 참여하고 더 변화시킬 수 있다는, 그런 것들에 대한 눈도 좀 생기는 것 같아요. 그리고 생산과정을 좀 더 상상할 수 있게 되고요. (이유리, 사회적 기업 〈나〉)

이처럼 김지훈과 이유리는 각기 디자인과 목공 분야에서 전문적인 기술을 갖고 제작 과정에 참여하며, 그 구체적 작업(물)을 통해 그들이 '사회적'이라고 부르는 가치를 지향하는 노동을 하고 있다. 이들과의 대화 속에서 우리는 '작업'이나 '제작'이라는 노동의 특수한 형식들이, '사회적'이나 '사회성'이라고 이해되는 추상적이면서도 매우 큰 가치와 구체적인 사회적 노동자 개인 사이를 매개하고 있음을 알게 되었다. 또한 우리는 작업과 제작이 가치와 개인의 실천 사이 긴장과 갈등을 조절하는 일종의 완충 역할, 혹은 사회와 직접적으로 그들을 이어 주는 연결 고리의 역할을 한다는 생각을 해 보았다. 연구 초반, 우리는 노동을 통해 구체적이고 사회적 가치를 담은 물질적 결과물을 생산해야 함과 동시에, 순수 예술가와는 달리 제작을 의뢰하는 클라이언트의 요구를 감안해야 하기 때문에 작품을 생산하고 완성도를 드높이는 노동 과정 자체가 이들에게 업무 스트레스를 발생시키는 게 아닐까 생각하기도 했다. 하지만 인터뷰 속에서 우리는 보다 복잡 미묘한 현실을 엿볼 수 있었다. 그들에게 작업과 제작 자체, 그리고 작품의 완성도를 높이는 일은 오히려 이들로 하여금 자신이 일상적으로 하는 노동으로부터 소외되지 않을 수 있는 삶의 중심축이 되어 준다는 점을 깨달은 것이다.

김지훈은 그가 만나는 클라이언트, 즉 사회적 기업 〈가〉에 작업을 의뢰하는 이들을 문화예술계에 종사하는 클라이언트와 비영리 단체 등 비문화예술계의 클라이언트 두 집단으로 거칠게 나눌 수 있다고 했다. 이들이 가진 '디자인', '문화'에 대한 이해는 각기 매우 다를 수밖에 없는데, 김지훈은 이를 간단한 그래프로 설명해 주었다. 그래프의 가로축에서 두 집단은 서로 반대편에 위치하고 있다. 한국의 대형 미술관 관장을 비롯해 문화예술계에 있는 의뢰인들은, 한국의 시각 언어가 진화하는 과정에서 '현재'와 '미래' 사이에 있다. 게다가 그중에는 디자이너들이 제공하는 미래 지향적이며 급진적인 작업을 수용할 수도 있고 심지어는 적극적으로 요청하는 의뢰인들도 있다. 반면, NGO나 시민사회단체의 의뢰인들의 경우 디자인을 비롯해 시각 매체에 대한 지식과 감각,

전문성, 그 중요성에 대한 이해와 존중이 전자보다 훨씬 낮을 수밖에 없을 것이다. 때문에 그들은 그래프 상에서 현재와 과거, 그 사이 어딘가에 위치한다. 그중 많은 이들은, 〈가〉가 이제껏 진행해 온 디자인 작업의 지향보다 훨씬 더 이전 단계에 머물러 있는데, 이 과정에서 이들을 설득하며 그들의 요구와 자신의 욕구를 협상하는 것이 김지훈에게는 힘든 일이다.

이렇게 양분된 클라이언트 그룹 사이에 놓여 있는 작업 환경에서 김지훈이 택하는 전략은 건축 일을 하는 홍명준의 일 방식과 연결되면서 특별히 흥미롭게 다가왔다. 김지훈은 작업의 사회적 의미나 공익적 가치에 대해 공감하는 것과 별개로, 비문화예술계 의뢰인들과의 작업에서 충분히 충족하거나 설득하기 힘든 디자이너로서의 미적 추구를 그 반대편에 있는 — 즉 문화예술계에 종사하는 — 의뢰인들과의 작업 속에서 충족시키고자 한다. 그는 이 방식을 통해서 그 두 욕구, 즉 사회적 가치를 추구하는 욕구와 디자이너로서의 시각적 만족을 추구하는 욕구 사이에서 발생하는 불일치와 갈등을 해결하고 있다. 이것은 일종의 "딜"이다. 즉, 자신의 노동 결과를 하나의 디자인 "작품"으로서 여겨 줄 수 있는 의뢰인과의 작업이라면, 돈을 적게 받더라도 얼마든지 디자이너로서의 자의식과 정체성을 밀어붙여 진보적이거나 실험적인 작업을 시도해 볼 수 있는 것이다. 반대로, 사회적인 가치를 표방하고 공익적 의미에 중점을 둔 작업을 진행할 때에는 이 의뢰인

(시민사회단체, NGO, NPO 조직 등)을 좀 더 디자인적으로 진일보한 장소로 이끄는 것이 새로운 '미션'이 된다. 이 미션은 김지훈에게, 디자이너로서 가지는 직업적인 '소명의식'처럼 보이기도 했다. 물론 그 과정은 설득과 조율, 타협과 협상의 과정이다. 사회 참여적인 디자인 작업은 그의 작업과 활동에 중요한 주제이기도 하며 실제로 커다란 보람을 준다. 동시에 그 과정에서 일어나는 여러 긴장을 조율하는 일은 쉽지 않은 부분이기도 하다. 하지만 〈가〉는 지속 기간이 3년이 넘어가면서 두 클라이언트 그룹 사이에서 발생할 수밖에 없는 욕구 불일치에 대한 고민과 내적 긴장을 어떻게 다룰 것인가와 관련해 나름의 노하우와 지혜를 쌓아 온 것처럼 보인다.

이러한 노동-작업의 균형 맞추기와 일종의 '역할 분담'을 통해 김지훈은 자신에게 중요한 또 다른 정체성과 자아가 소외되는 길을 피할 수 있었다. 즉, 그는 사회 참여적 가치를 소중히 하는 디자이너일 뿐만 아니라 미적/시각적으로 더 향상된 작품을 추구하고자 하는 디자이너이기도 하기 때문이다.[61] 이런 여러 욕구와 정체성들을 아우르면서, 그가 일을 통해 갖게 된 핵심 고민은 "좋은 디자인을 그저 제공하는 것으로 끝나는 게 아니라, 이를 매개해 만나는 이들과 어떤 관계를 맺고 어떻게 설득시킬 것인가?"라는 질문이다. 이러한 관점에서 보면 김지훈이 가지고 있는 두 개의 정체성은 서로 상반되거나 분리된 것이 아닌 셈이다.

한편 이유리의 이야기는 김지훈과는 또 다른 의미에서 흥미롭다. 이유리는 현재 자신이, 목공으로 가구를 만드는, 얼핏 보기에는 특수해 보이는 활동을 주제로 하는 사회적 기업 〈나〉에서 일하고 있지만, 다른 기업에서의 육체노동이나 제작 노동, 물질 노동을 하는 이들의 노동과 자신의 노동 사이에 벽이 없다고, 다시 말해 자신의 노동과 타인의 노동이 동일한 노동이라는 생각이 든다고 했다. 직접 가구와 물건을 제작하는 작업 과정에 몰입하면서, 사회 어느 곳에나 있는 다른 수많은 물질적 노동의 존재를 깨달았다고 말이다. 이는 우연히 그가 한 대형 서점에서 경험했던 것으로부터 나온 자각이었다. 새로 리모델링된 대형 서점에 갔던 어느 날, 그곳에 있는 책장과 책을 옮기고 배치한 그 모든 일이 '사람'에 의해 이루어졌다는 사실을 문득 깨달았는데, 이유리는 그것이 자신에게 일종의 "충격"으로 다가왔다고 했다. 처음으로 노동의 과정을 매우 구체적으로 자각한 순간이었다는 것이다. 이전에는 서점에서 책장에 책이 잘 진열되어 있는 그 '완성태'만 보였다면, 이제는 그 책이 만들어져 이 공간까지 운반되고 배치된 '과정'이 보인다. 이 모든 삶의 과정에 사람의 노동이 직결되어 있다는, "노동에 대한 감수성"이 열렸다. 그는 이를 "실질"적인 것이라고 불렀다. 그리고 "만들기"라는 작업과 노동 방식이 자신이 "세상을 대하는 태도"를 변화시켰다고도 말했다. 단순히 소비자나 수용자로서만 만나던 세상이, 물건을 생산해 내는 과정에 직접 참여하게 됨으로

써 더 주체적으로 세상에 개입하고 또한 변화시킬 수 있는 것으로 상상되기 시작한 것이다. 이것은 재료를 굴복시키기보다는 자신의 뜻대로 쉽게 다루어지지 않는 목재에 "굴복되는" 작업의 과정, 자신이 오히려 소재에 길들여지는 체험에서 얻은 것이기도 했다. 그는 물건을 만드는 행위 자체에 몰입하는 과정을 통해서 세상을 보는 눈과 사회와 노동을 대하는 태도를 배웠다.

요컨대 김지훈과 이유리와의 대화에서 우리는 직접 물건을 만지고 만드는 '작업'과 '제작'이라는 행위가 노동의 구체적인 내용이자 동시에 도구가 되고 있음을 알았다. 그리고 이를 통해 두 사람이 어떻게 노동 소외를 극복하고자 하는지 들여다보았다. 영혼을 유지하며 일하기 위한 각자의 방법과 관련해 앞에서 살펴본 청년들의 이야기와는 또 다른 버전이다. 이들은 작업자 혹은 제작자로서의 정체성을 갖고 있었기에 일터에서의 자기만족을 위해서 스스로 노동을 조율하는 것이 가능했고, 또한 노동을 자신의 외부와 연결해 가며 '살아 있는 시간'을 늘리고자 했다. 이는 다행스럽게도 그들이 지나치게 관료적 통제를 하는 조직의 구성원이 아니었기 때문에 가능했던 일이다. 동시에 이는, 손과 눈으로 확인할 수 있는 구체적이고도 물질적인 작업 '결과물'을 대하고 이를 만들어 내는 노동의 과정에서 스스로 주인이 될 수 있다는, 제작 노동이 갖는 특수한 성격과 관련되어 있다. 동시에 이들에게 영혼을 잃지 않는 노동은 그 자신의 노동이 타인의 노동과 연결되어 있음을 깨닫는 데서 오기도 했다. 이는 사회학자 리처드 세넷이 《장인》을 통해 열정적으로 옹호하고 싶어 했던 "사람들은 자신이 만드는 물건을 통해서 자기 자신에 대해 배울 수 있다는" 주장, 구체적인 물건을 만드는 과정과 "물질문화가 중요하다는 주장"을 상기시킨다.[62] 흔히 '장인의식craftsmanship'이 산업사회의 도래와 함께 사라져 버린 구시대적인 가치이자 방식으로 잘못 이해되지만, 세넷은 장인의식이야말로 면면히 이어지는 인간의 기본적 충동, 즉 일 자체를 위해 일을 잘해 내려는 욕구, 일 자체에 주목하는 것임을 강조한다.

일을 잘하려는 욕구는 전혀 단순한 욕구가 아니다. 더욱이 이런 개인적인 동기는 사회 조직과 따로 떨어져 있지 않다. 누구라도 자기 안에는 일을 계속해서 잘하고 싶고 그렇게 두각을 보이고 싶어 하는 일본 엔지니어의 모습이 있을 것이다. 하지만 그렇게 의욕에 찬 개인적 동기가 전부는 아니다. 조직과 제도가 그러한 근로자의 사회적 모습을 갖춰 줘야 하고, 경쟁을 피할 수는 없어도 경쟁을 위한 경쟁을 다스릴 수 있어야 한다. 또한 근로자는 일하는 과정 자체에서 생기는 강박관념을 스스로 반문도 하고 다독이면서 관리하는 방법을 배워야 한다. 일을 잘하려는 욕구는 어느 일을 내 일이라고 느끼는 직업 관념의 출발점이기도 하다. 잘못 짜인 조직은 삶을 일 궈 가려는 사람들의 욕구를 무시한다. 반면 잘 짜인 조직은 그러한

욕구를 잘 활용한다.[63]

즉, 일을 잘하고 싶은 개인들의 욕구 — 이 장의 용어로 하자면 '영혼을 유지하며 일하고 싶은 욕구' — 는 한 사람의 개인적 동기와 욕구 차원이나 추상적 관념의 차원을 넘어, 이를 둘러싼 조직, 제도, 사회적 모습 등의 구체적이며 실질적인 과정을 통해서 실현될 수 있다. 그리고 자신의 일을 잘해 내고, 즐겁게 하고자 하며, 일에 영혼을 불어넣고자 하는 노력을 하는 이들은 세넷의 정의대로 모두 '장인'일 수 있다. 때문에 김지훈, 이유리와 같이 제작 노동에 참여하는 경우가 아니더라도 그 이전에 살펴보았던, 규칙과 약속을 정하고 억압하는 것이 아니라 오히려 자유롭게 하는 '체계'를 만드는, 스스로 삶과 노동의 주인이고자 여러 시도를 하는 다른 청년 노동자들 역시 그렇다.

인류학자 마이클 잭슨은 많은 비-자본주의 사회들에서 노동은 신체와 영혼을 함께 지키는 행위였음을 주장한다.[64] 노동은 단지 개인들의 생계만을 유지하는 것이 아니라 사회성의 양식들을 만들어 내고, 타인들과 공존하고 협력하는 것이 무엇인지에 대한 생생한 감각들을 유지하는 행위라는 것이다. 우리가 지금까지 살펴본 청년들의 사회적 노동은 바로 이러한 통합적인 감각들, 즉 사회적 존재로서 우리의 마음과 신체를 보살피고 공통의 지평들을 열어 가는 하나의 중요한 노동 양태일 것이다.

청년들은 왜 아직도 여기에 있는가

이 책을 집필하는 동안 사회적 노동과 직간접적으로 관련돼 있는 주변 동료들로부터 그 책은 언제 나오냐는 질문을 여러 차례 받았다. 한국에서 사회적 섹터라고 불리는 현장에서 일하는 그들은, 자신을 비롯해 자기 주변 사람들과 곁에서 일어나는 일들을 이해할 작은 텍스트나마 얻고 싶어 하는 것 같았다. 이 책은 부분적으로는 우리가 가졌던 질문의 타래에서 시작하였지만, 점차 우리가 만났던 동료들과 친구들이 갖고 있던 경험의 타래와 만나면서 하나의 매듭을 짓게 되었다. 그러나 우리는 이 작은 책이 사회적 노동에 대한 최종적인 매듭이 될 것이라고 믿지 않는다. 실제로 어느 순간부터 '청년 활동가'는 한국 사회의 사회운동 판이나 비영리 영역에서 대표적인 캐릭터 중 하나로 떠올랐지만, 이들의 이야기에 주목하는 텍스트는 그리 많지 않다는 것을 우리 역시도 이 연구를 시작하고 진행하며 발견하게 됐다. 우리에게는 더 많은 질문의 타래들과 더 정교하게 짜인 서사의 매듭들이 필요하다.

과거부터 사회적 노동 현장을 지탱해 오던 '열정', '의미', '좋은 노동'이라는 말은 여전히 착취와 소진을 가리는 알리바이가 되고 있고, 소진된 청년들은 하나씩 조직들로부터 떨어져 나오고 있다. 이들은 모이기만 하면, 대화가 되지 않는 선배와 과잉 노동, 지속 불가능한 조직 운영 등에 대해 자주 토로했다. 제3자 입장에서는 하나도 새로울 것 없는 현상일 수도 있겠지만, 당사자들에게는 저마다 고유한 색채를 가진 이야기로 표현되고 대화로 이어지는 구체적인 경험이었다. 이러한 경험들은 우리가 이 연구를 시작하게 된 지점이기도 했다. 주변의 가까운 친구 대부분이 사회운동 단체와 중간 지원 조직, 협동조합 등 이 연구가 그 배경 현장으로 하는 사회적 노동 현장에서 일하고 있고 대학생 때는 막연히 '졸업을 하면 활동가가 되지 않을까?'라고 생각해 왔던 나(이영롱)의 경우, 이 이야기들은 내 가까운 곳에서 늘 벌어지고 있는 일들이면서 잠재적 현장이었다. 한편 사회적으로 애매모호한in-between 영역에서 삶의 잠재성에 관심을 갖고 있던 나(명수민)에게도, 이는 단지 개인적인 호기심의 문제가 아니라 동시대를 살아가는 동료들의 경험에 연결되며 나의 삶을 점검하고 다시 묻는 또 다른 현장이기도 했다.

오늘날 사회적 노동 현장에 있는 많은 청년들은, 기업과 공공 기관을 포함한 소위 '메인 스트림'에 속한다고 여겨지는 일자리에서는 노동자들이 각자 삶의 의미를 추구하거나 혹은 사회적인 기여, 정치적 변화를 꿈꿀 수 있으리라 전혀 기대하지 않았다. 직접 경험을 통해서든 각자 주변에서 일어나는 일을 관찰해서든, 한국에서 일과 노동이 가진 위상에 대해 너무나 잘 알고 있었기 때문이다. 이들은 오늘날 노동의 약속들로부터 이미 예정된 배신을 당하기보다는, 더 나은 자신의 삶과 사회를 향한 기대와 정치적 비전을 사회적 노동 현장에서 실현하려고 노력해 왔다. 이 기대의 핵심은 어떤 것이었고 그 바람들이 어떻게 표류되거나 유예돼 왔는지, 사회적 노동 현장 바깥과 내부의 거리는 얼마만큼이고 그 거리는 무엇으로 채워지고 있는지, 우리는 이 책에서 살펴보고자 했다.

무엇이 이들로 하여금 그토록 열심히 오랜 시간 일하도록 만들었을까? 그러나 도대체 무엇이 이들을 그토록 괴롭게 만들고 소진시키고 있을까? '그럼에도' 이 사람들은 어떤 생각을 하면서 그곳을 떠나지 않고 있는 걸까? 더 좋은 노동과 사회를 향한 어떤 형태의 바람과 기대, 혹은 어떤 열망이 그들을 붙잡아 두고 있는 것일까? 그리고 그 현장은 대체 어떤 방식으로, 그렇게도 다층적이며 복잡하게 경험되고 있을까? 이 책에 등장한 청년들 중에는 다른 조직이나 다른 노동 영역으로 옮겨 간 경우도 있지만, 공통적으로 이들은 모두 '여전히' 이곳에 뿌리내리고 있다. 2010년대를 관통하고 있는 정치적 좌절과 경제적 곤경, 사회의 소멸, 개인적인 희망의 좌절과 열정의 소진에도 불구하고 이들은 어떤 삶과 노동의 형식들을 지속시키고 있다. 자신의 삶과 조직의 한계를 넘어 다른 이들과 공명하고 감응하면서, 한편으로는 계속하여 '사회'라는 어떤 공통적인 것을 참조하고 소환하고 심문하면서, 설령 그 '사회'라는 것이 영영 불가능하게 느껴지더라도.

여전히 소위 "내리 꽂히는" 방식의 '사업'과 '프로젝트'가 사회적 노동 현장 곳곳에 침투하고 있고, 개별적인 성과와 포트폴리오 관리를 추동하는 문법을 따라 제도들이 변화하기도 하며, 전혀 사회적이지 않은 방식으로 작동하는 '사회적인 것the social'의 유령 같은 이미지들이 범람하고 있다. 또한 이제 한국 사회는 도저히 손을 쓸 수 없을 정도로 으깨져 가는 중이라는 상상이 공유되고 있고, 그 어디에도 산뜻한 해법이나 탈출구는 없어 보인다. 한국에서든, 세계적으로든 말이다. 이러한 현상을 모르거나 경험하지 않는 이들은 사회적 노동 현장에 없을 것이다. 그럼에도 불구하고 지금-여기의 현장을 떠나기보다는 살아남아 분투하는 사람들이 있다. 사회적 경제를 비롯해 '대안적'이라 불리는 영역에서의 실천이 충분히 급진적이지 않고 또 다른 통치의 틀에 의해 전유된다는, 때로는 정당한 비판과 때로는 익숙한 우려의 흐름 한가운

데에서, 여전히 자신의 노동과 공통적인 것the common과 공적인 것the public의 문제를 홀로 때로는 함께 헤매면서 묻고 있는 사람들이 있다. 사회의 (비)정상성을 규정하는 규범들과 때론 타협하고 때론 맞서며, 사회에 등록된 하나의 이름으로서 혹은 다른 이들과 공유하는 이름으로서 살고 노동하며 활동하고 운동한다는 것. 그러면서 어떤 '대항품행'을 형성하고 또 다른 구체적인 이름(들)이 되어 가는 것. 끝나지 않는 수많은 이름들의 이야기는 이 책을 통해 하나의 작은 매듭을 지으며 품게 된 우리의 소소한 '희망'이기도 했다.

이 책에서 우리는 청년들의 이야기로부터 '사회' 혹은 '사회적인 것'을 빚어내려는 특정한 노동의 한계, 그럼에도 그 한계를 극복해 나가려는 어떤 가능성과 경향성에 대해 질문하고 기록하였다. 물론 우리가 만난 이들은 수많은 청년들 중 소수일 뿐이며, 이 책은 이들의 경험 전체를 다루고 있지도 않다. 우리가 미처 포착하지 못한 부분들이 있고, 그렇기 때문에 더 깊이 이야기할 수 없었던 주제들이 많을 것이다. 우리가 사회적 노동이라고 이해하고 있는 노동의 양식은 날이 갈수록 진화하고 있으며, 이 노동에 관심을 가진 이들의 다양성도 점차 커지고 있다. 더군다나 사회적 노동 자체가 혼종적인 성격을 가진 만큼 다른 노동, 활동, 운동 양식과 맺는 경계는 그렇게 선명하지 않다. 때문에 누군가에게는 '겉으로는 그럴싸해 보이는 곳의 실상도 다른 곳과 다를 바 없군'이라고 읽힐지도 모른다. 하지만 그보다 이렇게 바꾸어 질문하고 싶다. 매끈한 표면을 완벽하지 않게 만드는 얼룩과 주름에 대한 고민과 토의 없이, 도리어 우리는 너무 일찍 이 장을 무대 위에 올리려고 해 왔던 건 아닐까? 이 책은 부분적으로 사회적 노동 영역에서 자주 쓰이는 개념과 가치, 즉 '사회적인 것'이라거나 '공공성', '시민', '협동', '대안' 등과 같은 주요 키워드들에 대해서 단지 개념이 아닌 경험 속에서 다시 묻기 위한 시도의 일환이기도 했다. 이 텍스트가 그 외의 더 많은 질문들을 꺼낼 수 있는 하나의 재료로 쓰일 수 있기를 바란다.

우리에게는 완벽한 출구도 섣부른 희망도 남아 있지 않다. 다른 세상으로 탈출하기에는 이미 촘촘한 그물망이 사방을 둘러싸고 있고, 희망이라는 단어는 입에 올리기조차 퍽 무색한, 태평하고 순진한 단어가 되어 버렸다. 너무 많은 소망과 가능성의 약속들은 도리어 "잔인한 낙관주의"가 되고, 지금-여기를 벗어나 탈출을 시도하는 이들의 이야기는 판타지와 현실이 뒤섞여 지금-여기와 미래-저기의 구분과 차이를 지워 버리며 도리어 무력감의 원천이 되기도 한다. 이 현실을 벗어나기 위한 방편들은 모두 하나의 정답이 아닌 여러 차례의 '시도들'로 그치게 되겠지만, 그 시도'들'이야말로 핵심어가 될 것이다. 그 표면은 의문을 깔끔하게 도려낸 매끈한 평면이 아니라, 곳곳이 수많은 목소리들과 의견들로 홈 패이고 얼룩진 평면일 것이다. 그리고 이 평면 밑에는 들려

지지도 않고 말해지지도 않은 경험과 의지들이 우글거리고 있다. 우리가 이 책에서 사회적 노동이라 이해한 이들의 삶과 노동, 활동, 운동은 우리 시대가 빚어내고 있고 또 반대로 그 노동에 의해 빚어지고 있는 시대적인 얼룩들의 한 예시가 될 것이다. 이 책이 그 얼룩의 일부만이라도 충실히 기록하고 있길 바라며, 절망적인 폐허 속에서도 희망할 수 있는 삶의 지속 능력을 지켜 내고자 하는 동료들에게 이 책을 바친다.

프롤로그 '사회' 없는 시대의 노동과 청년

1. 이러한 청년들의 탈출은 이미 여러 매체에서 많이 다루어진 바, 소위 '선진국'으로 향하는 노동 엑소더스exodus에만 제한되지 않는다. 노동과 삶의 관계는 이미 일원적이지 않다. 예컨대 이민영의 인류학 연구는 노동하며 돈을 모아 여행하는 장기 여행자들, 특히 청년들의 삶에 대해 주목하고 기록하고 있다(이민영, 〈'헬hell조선' 탈출로서의 장기 여행: 인도의 한국인 장기 여행자들을 중심으로〉, 《비교문화연구》, 22집 2호, 291~328쪽, 2016).

2. 정수복 외, 《사회를 말하는 사회: 한국 사회를 읽는 30개 키워드》, 북바이북, 2014; 김종엽, 〈'사회를 말하는 사회'와 분단체제론〉, 《창작과 비평》, 42권 3호, 14~37쪽, 2014.

3. 류연미의 연구도 서울시 청년허브를 중심으로 모인 청년들의 네트워크와 활동을 '정치-운동', '경제-노동', '사회-활동'이라는 세 영역의 의미론을 통해 조망하고 있다(〈지속 가능한 삶으로서의 활동: '서울시청년일자리허브'와 청년 활동가의 실천 연구〉, 서울대학교 석사학위논문, 2014).

4. 우리가 만난 청년들은 소위 '비영리 영역'에서 일하는 경우가 많았다. 그렇다고 우리가 영리 영역에서 좋은 노동이 불가능하다거나, 영리 영역의 노동은 전혀 '사회적이지 않다'고 주장하는 것은 아니다. 또한 사회적 노동에서 영리와 비영리의 구분은 그렇게 분명하지도 않다. 우리가 비영리 영역에 초점을 맞추고 있

는 것은, 우선 우리의 연구 프로젝트 초기 세팅 자체가 기업을 비롯한 주요 영리 영역에서 일하고 있는 청년들을 만나는 것이 아니었고 우리가 만난 청년들의 다수가 영리 영역에서의 노동이 대개 '좋은 노동'이 되기 어렵다는 관점을 견지하고 있었기 때문이다. 영리 영역에서의 '좋은 노동'에 대한 탐구는 이 책이 아닌 다른 기회를 통해 가능할 것이다.

5. 20여 년 전에 출간된 저서 《노동의 종말》에서 제레미 리프킨은 이미 시장의 시대가 저물고 노동 사회의 황혼이 다가오고 있다고 진단했다. 이 책에서 리프킨은 노동 사회 이후 현대 국가들이 선택할 수 있는 길이 크게 두 갈래라고 보았다. 하나는 노동 사회에서 이탈한 잉여 인구들을 관리하고 치안을 전담하는 경찰국가로 나아가는 '통치의 길'이며, 다른 하나는 제3섹터 혹은 사회적 활동의 영역을 '사회적 경제 모델'로 지원하고 활성화하는 길이다. 리프킨은 당연히 후자를 지지하며, 노동 사회 이후에는 "새로운 사회계약"이 필요하다고 주장한다. 이를 위해 각 정부들이 공공자금 투입과 사회적 임금 및 연간 소득 보장 등의 방법으로 사회적 경제의 길, 혹은 오늘날 활발히 논의되고 있는 기본소득과 관련된 정책을 활성화할 필요가 있다고 본다. 후기 노동 사회로 이행하며 노동 사회적 규범과 이념이 퇴조하는 세계적 흐름 속에서, 사회적 경제는 한국에서도 20세기 말 외환위기를 전후로 서서히 논의되기 시작했다. 2000년대에 들어서면서는 반복되는 경제적 위기의 원인을 국가의 개입과 신자유주의적 정책 모두의 실패로 규정하면서, 국가와 시장 중심적 접근이 아닌 사회적 접근, 즉 '민주적 시장 경제' 혹은 '사회적 경제'로 정치 경제 체제를 개편할 필요가 있다는 논의가 이어지기 시작했다([제레미 리프킨, 《노동의 종말》, 민음사, 1996; 지주형, 《한국 신자유주의의 기원과 형성》, 책세상, 2011] 등 참조).

6. 오늘날 청년들의 사회적 노동은 사회적 경제의 장 속으로 온전히 귀속되지는 않지만, 사회적 경제가 조형하고 있는 제도적 현실과 완전히 떨어질 수는 없는 관계를 맺고 있다. 뒤에서 자세히 살피겠지만, 특히 지속 가능한 경제적 기반을 갖기 어려운 현실적 조건을 고려할 때 생계형 노동과 사회적 활동, 정치적 운동이 한데 뒤얽혀 있는 장에서 살아남는 것이 녹록하지 않기 때문이다. 사회적 노동의 장에서 청년들은 2010년대 들어 빠른 속도로 제도화 과정을 밟은 사회적 경제 체제가 '경쟁'을 통해 제공하는 각종 '보상'들, 예컨대 사업 프

로젝트 및 선택적인 활동 지원 사업에 어느 정도는 의존을 하지 않을 수 없는 현실에 처해 있다. 안타깝게도 이러한 현실은 사회적 노동을 하는 청년들의 삶은 물론 사회적 노동의 장 자체에도 여러 난점을 야기하기 마련이다. "이럴 거면 차라리 기업에 가지" 혹은 "대체 기업이랑 다른 게 뭐냐?"라는 청년들의 비판 섞인 불만은 결코 개인적인 푸념으로 치부할 수 없는 현실이 되었다. 또한 사회적 노동에서 임금 수준이나 노동 강도에 합의가 있는 것도 아니다. 동일한 노동을 하더라도 최저임금 이상을 받으며 노동을 하는 경우도 있지만, 여전히 사정에 따라서는 겨우 생계를 지속할 정도, 심지어는 생계도 어려울 정도의 소득만 챙기는 경우도 있다. 또한 사회적 노동의 장이 나름의 자율성을 추구하더라도, 여전히 정부의 신자유주의적 사회 계획이나 경제 정책 등 통치의 문제와 깊이 연관되어 있다는 점도 간과할 수 없다. 한국의 사례를 통해 사회적인 것을 통한 '통치성'의 문제를 다룬 비판적인 연구들은 이미 출판되어 있다(김성윤, 〈사회적인 것의 재-구성: 사회자본론, CSR, 자원봉사활동 담론들의 접합〉,《진보평론》, 48호, 188~206쪽, 2011; 김성윤, 〈사회적 경제에서 사회적인 것의 문제〉,《문화과학》, 73호, 110~128쪽, 2013; 박주형, 〈도구화되는 '공동체': 서울시 '마을공동체 만들기 사업'에 대한 비판적 고찰〉,《공간과 사회》, 23권 1호, 5~43쪽, 2013).

7. 다시 말해, 사회적 노동은 단지 사회적인 활동으로도, 생계를 유지하기 위한 임금-고용 중심의 경제적 노동으로도, 새로운 사회를 건설하기 위한 정치적 운동으로도 온전히 환원될 수 없는 혼종적인 활동으로 이해될 수밖에 없다. 정치철학자 한나 아렌트는 근대적인 노동 사회의 등장으로 인해 그가 작업work과 행위action라고 부르는 인간의 총체적인 활동 양식이 왜곡되어 왔으며 따라서 정치와 공공적인 것the public의 자리가 폐제되어 왔다고 비판하고 있지만(한나 아렌트,《인간의 조건》, 한길사, 1996), 청년들의 사회적 노동은 아렌트가 언급한 작업과 행위, 노동이 공존하며 상호 긴장하는 양상을 보여 주고 있다. 요컨대 여전히 사회적 노동은 구조적으로 완전히 결정되지 않은 영역이며 적어도 당분간은 그러할 것이다.

8. 남화숙의《배 만들기, 나라 만들기: 박정희 시대의 민주노조운동과 대한조선공사》(후마니타스, 2013)는 1960년대 한 노동조합의 형성 과정을 되짚으며 이들에게 노동이란 국가-정부와의 협업을 통해 민족 국가를 형성하는 공통의

과업으로 인식되기도 했음을 보여 준다.

9. 이를테면 인류학자 안나 칭의 문화기술지는 부분적으로 세계 곳곳의 송이버섯 채취자들의 노동 양식이 얼마나 다양한 삶/생명의 가능성을 창출하는지에 주목하면서도, 자본주의적인 상품 경제의 회로 속에서 얼마나 주변적이고 취약한 위치에 놓여 있는지를 같이 조명하고 있다(Anna Tsing, *The Mushroom at the End of the World: On the Possibility of Life in Capitalist Ruins*, Princeton: Princeton University Press, 2015). 세계의 다른 지역에서 청년과 노동, 실업, 시간성에 대한 연구들도 많이 출판되어 있다. 예컨대 [Craig Jeffrey, "Timepass: Youth, class, and time among unemployed young men in India", *American Ethnologist*, 37(3), pp.465~481, 2010; Michael Ralph, "Killing time", *Social Text*, 26(4), pp.1~30, 2008] 등 참조.

10. 이에 대해서는 많은 사례들이 있지만, 러시아에서의 흥미로운 사례 연구로 [남영호, 〈러시아 공장 작업장에서의 시간과 공간, 신체〉, 《비교문화연구》, 12집 1호, 43~79쪽, 2006] 등을 참조할 수 있다.

11. 여기서 사회적 노동은 정치이론가 마이클 하트가 '정동적 노동affective labor'이라고 말한 현대적인 노동의 한 유형과 외연이 상당히 겹친다는 점을 지적해 두고자 한다. 하트는 '비물질 노동immaterial labor', 즉 탈-포드주의적 맥락에서 커뮤니케이션, 정보, 지식 등의 비물질적 과정을 통해 생산 회로와 관계하는 새로운 노동 양식의 한 가지 유형으로 '정동적 노동'이 있음을 제안한다. 하트는 정동적 노동을 특히 인간의 접촉과 상호작용에 관련한 것으로, 사회적 커뮤니티의 형성과 집합적 주체성의 생산을 목적으로 하는 노동이라고 정의한다. 다시 말해, 하트에게 정동적 노동은 주체와 사회적 네트워크의 형성을 통해 사회성, 더 나아가 궁극적으로는 사회를 수행적으로 생산하는 노동이다. 하트는 정동적 노동이 오늘날 자본주의 경제에서 이용되거나 그 경제 자체를 지탱하고 있는 힘이 되고 있다는 현실에 주목하면서도, 정동적 노동에는 여전히 새로운 관계와 주체성, 사회성을 형성하고 창조하고 유지하는 힘이 내재해 있다고 본다. 다시 말해, 정동적 노동 안에 해방적인 기획의 잠재성이 있음을 강조한다. 이에 대해서는 [Michael Hardt, "Affective Labor", *boundary 2*, 26(2), 1999] 참조. 정동적 노동에 대한 하트의 제안을 비판적으로 확장하면서 인

류학자 안드레아 무엘바흐는 이탈리아를 배경으로, 국가가 사회 서비스를 시장화 및 사영화privatization하는 과정에서 신뢰와 공감, 호혜성, 관대한 자선 활동 등 '좋은 감정'(정동적 노동)을 조직함으로써 국가의 책무를 고도로 도덕화된 사회적 관계망으로 대체하는 과정에 대해 분석하기도 했다. 무엘바흐는 '도덕적 신자유주의'가 보살핌과 복지 등 관계성이 중요한 분야들을 사영화·사유화함과 동시에 대중의 도덕 감정을 동원함으로써 저임금·무임금 노동력을 신자유주의적 체제를 유지하는 데 배치한다고 본다. 하트와 마찬가지로 무엘바흐도 정동적 노동은 착취와 구원 사이, 지옥과 유토피아 사이, 소외와 새로운 사회성 사이에 놓여 있다고 본다(Andrea Muehlebach, "On Affective Labor in Post-Fordist Italy", *Cultural Anthropology*, 26(1), pp.59~82, 2011; Andrea Muehlebach, *The Moral Neoliberal: Welfare and Citizenship in Italy*, Chicago: The University of Chicago Press, 2012).

12. 이 책을 만드는 과정은, 기본적으로 저자인 우리들의 생각으로만 이루어진 것이 아니라 직접 현장에 있는 이들과의 인터뷰 내용을 분석해 이루어진 '연구'의 과정이기도 했다. 그렇게 수집한 청년들의 목소리가 단지 일방적으로 수집 '되는' 수동적인 타자의 먼 이야기가 아니라, 자신의 생각과 의도를 갖고서 행동하는 사람들의 생생한 삶의 서사라는 점, 그렇기에 동시에 그들은 이 책의 부분적 참여자이기도 하다는 점에서 우리는 이 청년들을 '연구 참여자'라는 용어를 사용해 부르기로 했다. 이는 심층 인터뷰, 참여 관찰 등의 질적 연구에서 많이 사용되는 방식이다.

13. 보조 참여자 3명 중 윤예림과의 인터뷰는 2014년, 김여진, 한유진과의 인터뷰는 2016년에 각 한 차례씩 이루어졌다.

1장 사회적 노동: 활동, 노동, 운동 사이

14. 류연미도 서울시 청년허브와 관계하고 있는 '청년 활동가'들의 "활동"에 주목하며, 우리의 논의와 유사하게 다음과 같이 지적한다. "활동은 경제적 노동과 정치적 운동도 아니지만 노동의 영역에서 상실된 의미와 운동의 영역에서 상실된 지속 가능성을 함께 복권하려는 시도이다(류연미, 〈지속 가능한 삶으로서

의 활동: '서울시청년일자리허브'와 청년 활동가의 실천 연구〉, 서울대학교 석사학위논문, 2014)." 류연미와 비슷한 시기에 진행된 우리의 연구에서도 노동과 활동, 운동은 연구 참여자들의 이야기에서 의미 있는 범주로 사용되고 있었고, 우리도 이에 주목하지 않을 수 없었다. 한편 우리가 만난 청년들은 류연미가 만난 청년허브 중심의 청년 활동가들의 사례 — 학생운동을 비롯한 운동의 경험이 거의 없으며 전통적인 운동 방식에 대해 회의감을 가진 — 와는 조금 다르게 운동의 경험을 가진 청년들을 포함하고 있다. 또한 우리가 만난 청년들 중 다수는 활동이나 운동의 문제에 대해 성찰하면서, 이를 노동과의 긴장 또는 협력 관계 속에서 의미화하곤 했다. 왜냐하면 우리가 만난 청년들은 기본적으로 사회적 노동을 통해 생계를 꾸리고 있으며 꾸리려 한다는 공통점이 있었기 때문이다.

15. 황지애의 인류학적 연구는 아이쿱 iCOOP 생협을 사례로 하여, 최근 변화하는 경제적 생태계 속에서 사업과 운동이라는 소비자·생활 협동조합의 두 지향이 어떤 어려움을 겪는지를 드러내면서 활동하는 삶의 주체성이 어떻게 도전받고 또 반대로 이에 대응하며 지속 가능성을 모색하는지를 분석하고 있다(황지애, 〈협동의 풍경: iCOOP(아이쿱) 생협 조합원들의 윤리적 소비 경험과 '협연協緣'의 형성 과정〉, 서울대학교 석사학위논문, 2015).

16. 조문영, 〈"사람"의 현장, "빈민"의 현장: 한 지역주민운동 단체의 성찰적 평가에 관한 협업의 문화기술지〉, 《한국문화인류학》, 49권 1호, 51~107쪽, 2016.

2장 '청년' 활동가로 일하기

17. 성공회대학교 민주주의연구소에서 대변형 단체, 자활 단체, 풀뿌리 단체, 사회적 기업 등을 포괄하는 다양한 단체들을 대상으로 총 단체 127개, 개인 300개의 설문 응답을 기초로 진행한 2013년 연구에 따르면, 평활동가들의 경우 평균 월급은 115만 2,200원이며 중간 책임자급의 경우 151만 4,900원으로 최저 생계비 수준의 월급을 받고 있으며 소득에 대한 만족도도 대단히 낮다는 것을 알 수 있다. 서울 거주 활동가들은 비서울 지역의 활동가들에 비해 평균 5만 원 정도 더 높은 임금을 받는 것으로 조사된다. 다만 월급 차이는 성별과 혼인

유무에서 크게 드러났다. 남성의 경우 평균 월급이 146만 1,200원인 반면, 여성 활동가는 126만 4,000원으로 약 20만 원 정도 차이가 난다. 이에 대해 연구자들은 젠더라는 단일 변수에 의해 차이가 나는 것이라기보다, 나이 혹은 경력의 차이에 기반한 결과인 것으로 분석하는데, 이에 대해서는 심층적인 후속 연구가 필요해 보인다. 또한 시민단체들은 주로 호봉제와 각종 수당을 통해 낮은 임금을 보완하는데, 가족 수당이 중요한 수당 중 하나이기에 혼인 여부에 따라서도 양자의 차이가 많이 난다. 이 연구에서 '현재 소득으로 생활이 가능하다'고 대답한 응답자는 '보통'이라는 응답을 포함해 36.7퍼센트에 불과했다(성공회대학교 민주주의연구소(김동춘·조현연·김정·김형철), 〈시민사회 활동가 실태 조사 및 지원 방안〉, 서울연구원, 2013년 1월 24일. me2.do/GsSQwZ0U).

18. 최종숙, 〈시민운동단체 활동가 형성 과정의 변화와 오늘날의 재생산 위기〉, 《민주주의와 인권》, 15권 2호, 39~73쪽, 2015.

19. 이영롱, 《사표의 이유: '나'는 없고 노동만 있던 나날, 나는 회사를 떠났다》, 서해문집, 2015.

20. 최종숙, 〈시민운동단체 활동가 형성 과정의 변화와 오늘날의 재생산 위기〉, 《민주주의와 인권》, 15권 2호, 39~73쪽, 2015.

21. "헬조선이 뭐예요? 우린 그런 거 신경 쓸 여유도 없어요", 〈경향신문〉, 2016년 1월 11일.

22. "신입 사원 10명 중 3명 "1년 안에 퇴사"", 〈머니투데이〉, 2016년 1월 22일.

23. 김복순·정현상, 〈최근 비정규직 노동 시장의 변화: 2015년 8월 근로 형태별 부가 조사를 이용하여〉, 《노동리뷰》, 130호, 91~108쪽, 2016.

24. 취업과 이직에 대한 20대 청년의 구체적인 서사와 관련하여 [이영롱, 〈직접 듣다: 민호 씨의 3년 후〉, 《노오력의 배신》, 창비, 2016] 참조.

25. 프랜시스 쿤로이더·헬렌 선희 김·로비 로드리게스, 《세대를 뛰어넘어 함께 일하기》, 슬로비, 2015.

26. 최종숙, 〈시민운동단체 활동가의 세대별 가치관 비교: 청주 지역을 중심으로〉, 《구술사연구》, 6권 2호, 105~146쪽, 2015.

27. 이영롱, 《사표의 이유》, 서해문집, 2015.

28. 이영롱, 〈직접 듣다: 민호 씨의 3년 후〉, 《노오력의 배신》, 창비, 2016.

29. 주은우, 〈90년대 한국의 신세대와 소비문화〉, 《경제와사회》, 21권, 70~91쪽, 1994.

30. 김선기, 〈세대 연구를 다시 생각한다: 세대주의적 경향에 대한 비판적 검토〉, 《문화와사회》, 17권, 207~248쪽, 2014.

31. "헬조선이 뭐예요? 우린 그런 거 신경 쓸 여유도 없어요", 〈경향신문〉, 2016년 1월 11일.

32. 이영롱, 〈직접 듣다: 민호 씨의 3년 후〉, 《노오력의 배신》, 창비, 2016.

33. 우석훈·박권일, 《88만원세대》, 레디앙, 2007

34. 장하성, 《왜 분노해야 하는가》, 헤이북스, 2015

35. 위키백과에서 '열정페이'는 "하고 싶은 일을 하게 해 줬다는 구실로 청년 구직자에게 보수를 제대로 지급하지 않는다"는 것을 의미하는 신조어로 소개되어 있고, 이 말에는 기성세대가 젊은이들의 노동력을 착취하는 구조로 치달은 사회 분위기에 대한 냉소가 담겨 있다. ko.wikipedia.org/wiki/열정페이.

36. 이영롱, 《사표의 이유》, 서해문집, 2015.

37. 다행스럽게 최근에는 시민/공익 활동 미디어인 〈더 플랜B〉 등의 웹사이트 공간에서 소통의 물꼬가 조금씩 트이는 흐름이 있다. 〈더 플랜B〉에서 비영리 섹터에서 일하는 젊은 청년들이 자신의 이야기, 주로 조직 내에서 겪은 불합리함과 조직 문화에 대한 불만과 비판 지점들을 익명으로 발언하기도 하고, 다양한 분야·세대 활동가들이 모여 허심탄회하게 나눈 대화록이 게시되기도 한다. "젊은 활동가 B, 비영리의 '건강한 조직 문화'에 대해", "좋은 의도가 꼭 좋은 결과를 가져오는 건 아니죠", "예쁨받고 싶은 게 아니라 같이 운동을 하고 싶어요", "양쪽의 언어를 다 알겠는데 이걸 번역하는 방법을 모르겠어요" 등 게시물들 제목을 살펴보면 내부에서 어떤 고민들이 펼쳐지고 있는지 짐작할 수 있다.

38. 하승우, "활동가는 보이지 않고 실무자로 버티는 운동?", 〈더 플랜B〉, 2013년 7월 8일. nowplanb.kr/181.

39. 정민우, 《자기만의 방: 고시원으로 보는 청년 세대와 주거의 사회학》, 이매진, 2011.

40. Judith Halberstam, *In a Queer Time and Place: Transgender Bodies, Subcultural Lives*, New York: New York University Press, 2005.

3장 '2010년대' 활동가로 일하기

41. 이 행사의 결과 리포트는 청년허브 홈페이지 참조. youthhub.kr/hub/3738.

42. 최혜영, "진보 정당, 활동가, 우울증 – 가난한 진보 정당의 활동가들에게 보내는 위로의 편지", 〈레디앙〉, 2014년 3월 16일. www.redian.org/archive/68092.

43. 최혜영, 앞의 글.

44. 홍명교, "'생존'이라는 골칫거리를 어떻게 마주해야 할까", 〈미디어스〉, 2014년 10월 4일.

45. 정지현은 "집에서도 컴퓨터를 붙잡고 일 생각을 하는" 성향이 활동가들에게 있을 수밖에 없다고도 말하는데, 이것은 최근 한국 사회에서 '피로사회', 번아웃burn-out 증후군 등을 통해 제기되어 온 자기 착취(한병철, 《피로사회》, 문학과지성사, 2012)의 문제 혹은 화이트칼라 노동자들의 '일중독'(강수돌, 〈노동사회를 넘기 위한 노동의 실천〉, 《문화과학》, 52권, 247~275쪽, 2007; 홀거 하이데, 〈노동 중독에서 탈출하기: 노동조합은 노동 중독 사회에 어떻게 대응할 것인가?〉, 《당대비평》, 22권, 8~28쪽, 2003) 등의 모습과는 조금 다른 맥락으로 구분할 필요가 있을 것 같다. 정지현의 이야기는 월급, 명성 등의 가치로 이차적으로 환산되기 이전에, 활동가들이 갖고 있는 '활동 그 자체'에 대한 열정과 '헌신'에 대한 언급이며, 때문에 이 이야기는 아래와 같이 이어진다. "사실 이 활동가들의 모든 노동을 돈 또는 다른 가치로 환산하는 건 불가능해요. 활동이나 운동을 하는 사람들은 어쨌든 간에 어느 정도의 희생을 기반으로 해야 해요. 그러면서도 충족감을 줄 수 있는 형태를 조직이 주느냐, 저희는 이 문제를 고민하는 거죠."

46. 김지훈은 예산이 충분치 않은 비영리 단체들과 일할 때 그 단체 활동가들의 '뻔한' 월급을 알기에, 그보다 자신들이 훨씬 더 큰 금액을 받는다는 점을 떠올리면 — 다른 클라이언트들과 비교하면 훨씬 적은 금액이라 하더라도 — 그만큼 자신의 작업이 그들의 사회적 활동에 기여하고 있는지 고민하게 된다고 말한다.

47. 한병철, 《피로사회》, 문학과지성사, 2012.

48. 〈더 플랜B〉에 소개된, 다양한 세대, 분야, 연령의 비영리 영역 활동가들이 모

여서 대화한 것을 정리한 "[세대간대나무숲] (10) 활동가의 삶 – 성장하고 싶지, 소진되고 싶지 않아요"란 제목의 글(nowplanb.kr/2438)에 역시 아래와 같은 말이 등장한다. "저는 비영리 조직 안에 있는 활동가분들이나 관련된 분들을 보면서, 아니 왜 저렇게 사명감을 갖고 일할까라는 생각을 가끔 했어요. 사명감을 갖고 즐겁고 행복하면 좋은데, 정작 그분들은 되게 힘들어하고, 인상도 항상 찌푸리고 있었던 것 같고, 저런 분들이 밖에서 사람들을 만나면 상대분들은 좋을까라는 생각도 좀 했었거든요. 가끔 제가 물어봐요. 그래서 지금 행복하시냐고, 좋으시냐고요. 그러면 힘들어서 죽겠대요. 그렇지만 '근데 왜 계속 해요? 그만두세요'라고 하면 그래도 나는 이걸 해야 되고, 저걸 해야 되고, 이걸 하고 싶고…… 몸하고 마음하고 맞지 않는 게 있는 것 같더라구요. 그래서 저는 아직까지 항상 궁금해요. 어떤 생각으로 계속 일을 하시는 건지." 위와 같이, 사명감이라는 당위와 심신의 행복감 사이에서 많은 활동가들이 전자에 더 많은 비중을 두고 일하고 있다는 점은 비영리 영역에서의 만연한 경험이자 목격이다. 그리고 이러한 상황을 만드는 여러 조건들이 존재한다.

49. 하승우, "활동가는 보이지 않고 실무자로 버티는 운동?", 〈더 플랜B〉, 2013년 7월 8일. nowplanb.kr/181.

50. 최종숙, 〈시민운동단체 활동가의 세대별 가치관 비교: 청주 지역을 중심으로〉, 《구술사연구》, 6권 2호, 105~146쪽, 2015.

51. 한윤형·최태섭·김정근, 《열정은 어떻게 노동이 되는가》, 웅진지식하우스, 2011.

4장 모순과 함께 일하기

52. 물론 전문화가 지속된다면 사회적 노동 영역에서도 전문가들의 지배, 즉 일종의 '테크노크라시technocracy'가 등장할 수 있고, 더 나아가서는 이른바 "비정부적 정부non-governmental government"라는 형용모순의 통치가 작동하는 상태가 될 수도 있다는 우려가 가능할 것이다.

53. 우리는 이러한 노동 양상의 변화가 '인적 자본Human Capital'이라는 신자유주의의 핵심과 '선택적 친화성'을 갖는다는 점도 주목하게 된다(서동진, 《자유의 의지, 자기계발의 의지》, 돌베개, 2009). 사회학자 페허에 따르면 인적 자본은 노동

사회에서 분리되었던 생산과 재생산을 일치시키며, 따라서 노동 시간과 여가 시간의 문제를 구분하지 않는다. "자존감"을 추구하는 개인으로서, 인적 자본은 고용 가능성을 높일 뿐 아니라 자기 자신을 총체적으로 가꾸며 가치를 향상시키고자 노력하는 활동적 주체의 형상을 제공한다. 이념형적으로 인적 자본은 노동력을 '소유'하기보다는 끊임없는 투자를 통해 향상시키고 '축적'해야 하는 관계로 인식하며 자아의 '전문화'를 추구한다. 따라서 인적 자본의 의미론적 지평에서 화폐로의 환원 가능성이나 고용 가능성은 일부만을 차지하며, 인적 자본 자체의 증식이 어디까지나 핵심적인 과제가 된다. 그렇기에 인적 자본으로서 개인은 다양한 사회 영역에서 의미 있다고 여겨지는 활동을 하면서 자신의 자존감과 인적 자본 가치를 키우려는 경향을 보여 준다. 따라서 인적 자본에서의 개인은 '사회 속에 있는 도덕적 개인'이라기보다는 그 관계를 변형시켜 "개인의 삶 속에 사회를 내적으로 통합"하는 개인, 혹은 '다양한 사회적 영역을 횡단하며 자신을 향상시키는 개인'으로 이해된다(Michel Feher, "Self-Appreciation; or, the Aspirations of Human Capital", *Public Culture*, 21(1), pp.21~41, 2009). 사회적 노동에서도 이러한 자기 계발 하는 주체 혹은 인적 자원으로서 노동자의 탄생과 분리될 수 없는 흐름이 엿보인다는 점은 충분히 우려를 살 만할 것이다.

54. 20세기 중반 고용과 임금노동의 안정성, 사회적 인정을 보장하던 노동 사회는 세계적으로 인턴제나 연수생 제도, 시간제 고용, 프로젝트를 비롯해 다양한 형태로 변화하게 되었고, 장기적인 직업 안정이 불확실해짐에 따라 노동자들은 스스로 "유연안전성"을 도모하고 기업가적 정체성을 가질 것이 요청된다. 시장 사회에서 자기 계발에 대한 의지와 전문화에 대한 의지는 서로 맞물리며 변화하는 노동 체제 속에서 생존 전략으로 상호 강화하고 있다는 점은, 사회적 노동에서 전문화에 대한 의지를 이해하는 데에도 참고점이 될 수 있을 것이다. 이에 대해서는 [서동진, 《자유의 의지, 자기계발의 의지》, 돌베개, 2009; 지주형, 《한국 신자유주의의 기원과 형성》, 책세상, 2011; Robert Castel, "Work and Usefulness to the World", *International Labour Review*, 135(6), pp.615~622, 1996; Raymond Le Guidec, "Decline and Resurgence of Unremunerated Work", *International Labour Review*,

135(6), pp.645~651, 1996] 등을 참조할 수 있다.

55. 오늘날 시민사회 활동가를 비롯하여 사회적 노동자들은 지속 가능성과 생존을 위해서 끊임없이 다른 경제 부문의 노동과 마찬가지로 '전문화'되어야 한다는 압박을 받고 있다(Cho Mun Young, "From "Power to the People" to "Civil Empowerment": The Making of Neoliberal Governmentality in Grassroots Movements for the Urban Poor in South Korea", *East-West Center Working Papers: International Graduate Student Conference Series*, 13, 2005). 특히 전문화 압력은 구성원 개개인의 지속적 헌신뿐 아니라 일정한 노동 분업과 훈련·교육과 같은 제도, 때로는 유사 관료제를 요청하는 후기 자유주의의 새로운 통치 양식인데(Nikolas Rose, "Government, authority and expertise in advanced liberalism", *Economy and Society*, 22(3), pp.283~299, 1993), 이는 사회적 노동의 파편화는 물론 사회적 노동의 '탈사회화'라는 위험을 노정하기도 한다.

56. 노동의 주요 양상이 '프로젝트화'되는 경향이 단지 기업과 정부 단위에서만 일어나는 것이 아니라 오늘날 사회적 노동계에도 일종의 '제도적 동형화'의 경로를 따라 확장되고 있다(장원봉, 〈사회적 기업의 제도적 동형화 위험과 대안 전략〉, 《시민과 세계》, 15권, 150~164쪽, 2009). 서구에서는 1980년대 이후, 한국에서는 1990년대 시민사회 영역이 NGO 등으로 제도화된 이래, 신자유주의적 전환은 결코 경제 부문에 한정된 변화가 아니게 되었다. 이른바 '제3섹터' 혹은 '비영리 섹터'에서도 시장 지향적인 정책이 늘어나고, 경영 모델과 방법에서 사적 기업과의 차이가 줄어들며 단기 프로젝트 단위로 사업 지원 방법이 전환되는 경향도 뚜렷하다. 특히 자금 지원의 방향이 '블록 펀딩'에서 조직별 혹은 개인별 '프로젝트'를 지원하는 방향으로 전환되면서, 시민사회 영역 활동가들의 전문성 강화와 커리어 관리가 요청되고, 자금 지원자들에 대한 관계 노동 강도와 의존도가 높아지며, 기금을 향한 경쟁이 심화되고, 자금 관리 투명성과 효율성에 대한 강도 높은 요구 탓에 서류 작업을 비롯한 행정 노동의 비중이 높아진다는 문제점이 늘 지적되어 왔다. 이는 결과적으로 조직의 자율성 침해뿐 아니라 이들 조직에 대한 사회적 신뢰와 기대치가 저하되는 문제를 초래하기도 한다(Donna Baines, "Neoliberal Restructuring, Activism/Participation,

and Social Unionism in the Nonprofit Social Services", *Nonprofit and Voluntary Sector Quarterly*, 39(1), pp.10~28, 2010; Cho Mun Young, "From "Power to the People" to "Civil Empowerment": The Making of Neoliberal Governmentality in Grassroots Movements for the Urban Poor in South Korea", *East-West Center Working Papers: International Graduate Student Conference Series*, 13, 2005; Sangeeta Kamat, "The privatization of public interest: theorizing NGO discourse in a neoliberal era", *Review of International Political Economy*, 11(1), pp.155~176, 2004).

5장 '혼 빠진 사람들'의 일과 삶

57. "세계가 녹아내린다! 대안은 '어게인 박정희'?", 〈프레시안〉, 2013년 6월 7일.

58. Stine Krøijer, "Aske's dead time: an exploration of the qualities of time among left radical activists in Denmark", *Ethnographies of youth and temporality: time objectified*, Philadelphia: Temple University Press, 2014.

59. Stine Krøijer, 앞의 글.

60. 데이비드 그레이버, 《관료제 유토피아》, 메디치미디어, 2016.

61. 김지훈을 비롯한 〈가〉의 구성원들이 〈가〉의 멤버 중 한 명이기도 하지만, 동시에 각자의 개별성을 가진 디자이너들이라는 — 즉 개인 디자이너로서의 정체성을 존중하는 — 〈가〉 그룹의 원칙 역시, 위의 맥락을 뒷받침해 주는 것으로 보인다. 이러한 원칙의 공유 덕분에 그들은 개인이 주도해 진행한 작업의 경우, 결과에 대한 만족과 성취도 역시도 오롯이 취할 수 있다. 이는 그들의 일에 대한 만족과 소통 과정에서의 평등한 구조를 가능케 할 것이라 또한 추측된다.

62. 리처드 세넷, 《장인》, 21세기북스, 2010.

63. 리처드 세넷, 앞의 책, 424~425쪽.

64. Michael Jackson, *Minima Ethnographica: Intersubjectivity and the Anthropological Project*, Chicago and London: The University of Chicago Press, 1998.

교육공동체 벗

교육공동체 벗은 협동조합을 모델로 하는 작은 지식공동체입니다.
협동조합은 공통의 목적을 가진 사람들이 모여서 만든
권력과 자본으로부터 독립된 경제조직입니다.
교육공동체 벗의 모든 사업은 조합원들이 내는 출자금과 조합비로 운영됩니다.
수익을 목적으로 하지 않기에 이윤을 좇기보다
조합원들의 삶과 성장에 필요한 일들과
교육운동에 보탬이 될 수 있는 사업들을 먼저 생각합니다.
정론직필의 교육전문지, 시류에 휩쓸리지 않는 정직한 책들,
함께 배우고 나누며 성장하는 배움 공간 등
우리 교육 현실에 필요한 것들을 우리 힘으로 만들고 함께 나누고 있습니다.

조합원 참여 안내

출자금(1구좌 일반 : 2만 원, 터잡기 : 50만 원)을 낸 후 조합비(월 1만 원 이상)를 약정해 주시
면 됩니다. 조합원으로 참여하시면 교육공동체 벗에서 내는 격월간 교육전문지《오늘의 교육》
과 조합 회지 〈벗마을 이야기〉를 받아 보실 수 있습니다. 출자금은 종잣돈으로 가입할 때 한
번만 내시면 됩니다. 조합을 탈퇴하거나 조합 해산 시 정관에 따라 반환합니다. 터잡기 조합
원은 벗의 터전을 함께 다지는 데 의미와 보람을 두며 권리와 의무에서 일반 조합원과 차이는
없습니다. 아래 홈페이지나 카페에서 조합 가입 신청서를 내려받아 작성하신 후 메일이나 팩
스로 보내 주세요.

홈페이지 communebut.com
카페 cafe.daum.net/communebut
이메일 communebut@hanmail.net
전화 02-332-0712, 070-8250-0712
팩스 0505-115-0712

교육공동체 벗을 만드는 사람들

※하파타 순

후쿠시마 미노리, 황호연, 황진원, 황지영, 황정하, 황정일, 황정인, 황정원, 황정욱, 황이경, 황은복, 황윤호성, 황승옥, 황순임, 황봉희, 황미숙, 황기철, 황금희, 황규선, 황귀남, 황고운, 황경희, 홍유지, 홍용덕, 홍순성, 홍세화, 홍성은, 홍성구, 홍석근, 홍미영, 현복실, 현미열, 허효인, 허진혁, 허온실, 허수욱, 허성균, 허보영, 함점순, 함영기, 한학범, 한지희, 한지혜, 한정혜, 한은옥, 한영호, 한영섭, 한승희, 한승모, 한소영, 한성찬, 한봉순, 한민혁, 한만중, 한낱, 한기현, 한경희, 하혜영, 하정호, 하인호, 하외정, 하승우, 하승수, 하순배, 하광봉, 탁동철, 최희성, 최환근, 최현우, 최현미a, 최현미b, 최탁, 최창기, 최진규, 최지혜, 최주연, 최종순, 최종민, 최정윤, 최정아, 최인섭, 최은희, 최은정, 최은아, 최은순, 최은숙a, 최은숙b, 최은미, 최은경, 최윤미, 최원혜, 최영식, 최영락, 최연희, 최연정, 최애영, 최애리, 최승훈, 최슬빈, 최선영a, 최선영b, 최봉선, 최보람, 최병우, 최미영, 최미선, 최미나, 최미경, 최문정, 최문선, 최대현, 최광용, 최광락, 최고봉, 최정미, 최정련, 채효정, 채현숙, 채종민, 채옥엽, 차유미, 차용훈, 진현, 진주형, 진유미, 진용용, 진영효, 진영준, 진수영, 진만현, 진냥, 지정순, 지은미, 지윤경, 지수연, 주윤아, 주순영, 주수원, 주경희, 조희정a, 조희정b, 조형식, 조형숙, 조항미, 조해수, 조하늘, 조진희, 조진석, 조지연, 조준혁, 조주원, 조정희, 조인재, 조용현, 조윤성, 조원배, 조용진, 조영현, 조영욱, 조영실, 조영선, 조영란, 조여은, 조여경, 조수진, 조성희, 조성진, 조성연, 조성실, 조성대, 조선주, 조석현, 조석영, 조상희, 조미라, 조문경, 조두형, 조경원, 조경애, 조경아, 조경삼, 제남모, 정희영, 정희선, 정홍윤, 정혜령, 정현주a, 정현주b, 정현숙a, 정현숙b, 정혜레나, 정춘수, 정철성, 정진영a, 정진영b, 정진규, 정종민, 정재학, 정인영, 정이든, 정은희, 정은주, 정은균, 정유진a, 정유진b, 정유숙, 정유섭, 정원석, 정용주, 정영현, 정영수, 정애순, 정애숙, 정수연, 정선희, 정상회, 정부교, 정보라a, 정보라b, 정미옥, 정미라, 정명옥, 정명영, 정득년, 정남죽, 정기진, 정광호, 정광필, 정광일, 정판모, 정경진, 정경원, 전혜원a, 전혜원b, 전정희, 전유미, 전상보, 전보선, 전병기, 전민기, 전미학, 전미옥, 전미영, 장효영, 장홍월, 장혜진, 장혜옥, 장혜경, 장현주, 장주섭, 장종성, 장재화, 장재혁, 장인수, 장은하, 장은미, 장윤영, 장원영, 장영희, 장영경, 장시준, 장슬기, 장선영, 장선아, 장상욱, 장병학, 장도현, 장근영, 장군, 임혜정, 임현숙, 임향신, 임한철, 임지영, 임중혁, 임종길, 임정은a, 임정은b, 임전수, 임양미, 임수진, 임성준, 임성빈, 임성무, 임선영, 임상진, 임명택, 임동헌, 임덕연, 임금록, 이희옥, 이효진, 이화현, 이화숙, 이호진, 이혜정, 이혜숙, 이혜린, 이형환, 이형빈, 이현주, 이현종, 이현익, 이현민, 이련, 이혁규, 이향숙, 이한진, 이태영a, 이태영b, 이태구, 이충익, 이충근, 이초록, 이창진, 이진희, 이진혜, 이진주, 이지혜, 이지현, 이지향, 이지영a, 이지영b, 이지연, 이준구, 이주희, 이주탁, 이주영, 이종찬, 이종은, 이정희a, 이정희b, 이정희c, 이정현, 이정공, 이정연, 이재형, 이재익, 이재두, 이인사, 이응휘, 이은희, 이은진, 이은주a, 이은주b, 이은주c, 이은영a, 이은영b, 이은숙, 이은경, 이윤주, 이윤엽, 이윤승, 이윤선, 이윤미a, 이윤미b, 이윤경, 이유진, 이월녀, 이원주, 이원님, 이운서, 이우진, 이용환, 이용석a, 이용석b, 이용상, 이용기, 이영화a, 이영화b, 이영호a, 이영호b, 이영혜, 이영주a, 이영주b, 이영아, 이영선, 이영상, 이연진, 이연주, 이연숙, 이연수, 이애영, 이아리따, 이승헌, 이승태, 이승윤, 이승열, 이승연, 이승아, 이슬기a, 이슬기b, 이순임, 이수정, 이수미, 이소영, 이성원, 이성숙, 이성수, 이성구, 이설희, 이선희, 이선표, 이선용, 이선영, 이선애, 이선미, 이상훈, 이상직, 이상원, 이상영, 이상미, 이상대, 이상균, 이분자, 이보선, 이보라, 이병준, 이병재, 이병곤, 이범희, 이민재, 이민아, 이민숙, 이민수, 이미옥, 이미영, 이미연a, 이미연b, 이미숙a, 이미숙b, 이미라, 이미, 이명훈, 이명형, 이매남, 이동훈, 이동철, 이동준, 이동범, 이동갑, 이도종, 이도연, 이덕주, 이남숙, 이난영, 이나경, 이기규, 이근회, 이근철, 이근준, 이근, 이균호, 이교열, 이광연, 이관형, 이계삼, 이경진, 이경욱, 이경언, 이경아, 이경림, 이건진, 이갑순, 융훈은, 윤지형, 윤종원, 윤우람, 윤영훈, 윤영인, 윤영백, 윤여강, 윤승용, 윤석, 윤상혁, 윤병일, 윤규식, 유신혜, 유효성, 유재을, 유은아, 유영길, 유성희, 유성상, 유근란, 위양자, 원지영, 원종희, 원윤희, 원성제, 우창숙, 우지영, 우완, 우수경, 우성조, 우경숙, 오혜원, 오현진, 오중근, 오정희, 오정분, 오은정, 오은경, 오윤주, 오유진, 오승호, 오세희, 오세연, 오세란, 오상철, 오민식, 오명환, 오동석, 오경숙, 염정화, 염정신, 여희영, 여태전, 엄창호, 엄지선, 엄재홍, 엄영숙, 엄기호, 엄귀영, 양회전, 양해준, 양지선, 양은주, 양은숙, 양운신, 양영희, 양애정, 양선화, 양선형, 양서영, 양상진, 양동기, 안효빈, 안혜초, 故안혜영(명예조합원), 안찬원, 안지현, 안지윤, 안준철, 안정선, 안정민, 안재성, 안윤숙, 안용덕, 안옥수, 안순억, 안선영, 안상태, 안경화, 심항일, 심은보, 심승희, 심수환, 심동우, 심규장, 심경일, 신희정, 신홍식, 신혜선, 신충일, 신창호, 신창복, 신중휘, 신은정, 신은숙, 신은경, 신유준, 신영숙, 신소희, 신미옥, 신귀애, 신관식, 송화원, 송종호, 송혜란, 송혜주, 송진아, 송정은, 송용석, 송승훈, 송순재, 송근희, 손호만, 손현아, 손진근, 손재덕, 손은경, 손소영, 손미, 손명선, 소수영, 성현주, 성현석, 성주연, 성유진, 성용희, 성열관, 설은주, 설원민, 선미라, 석경순, 서혜진, 서혜원, 서정오, 서인선, 서은지, 서윤수, 서우철, 서예원, 서승일, 서명숙, 서금자, 서근원, 서경훈, 서강선, 상형규, 복헌수, 복준수, 변현숙, 변규석, 백흥미, 백현희, 백지연, 백인식, 백영호, 백승범, 백기열, 배희철, 배희숙, 배진희, 배주영, 배정원, 배일훈, 배이상헌, 배영진, 배아영, 배성호, 배기표, 배경내, 방은아, 방성억, 방득일, 반영진, 박희진, 박희영, 박효정, 박효수, 박환조, 박혜숙, 박형진, 박형일, 박현희a, 박현희b, 박현주, 박현숙, 박현선, 박춘애, 박춘배, 박철호, 박진환, 박진숙, 박진수, 박진교, 박지희, 박지홍, 박지인, 박지원, 박지선, 박지나, 박종호, 박종하, 박정현, 박정아, 박정미, 박재현, 박은하, 박은아, 박은성, 박은경a, 박은경b, 박윤희, 박용빈, 박옥주, 박옥균, 박영실, 박영미, 박영림, 박신자, 박승철, 박숙현, 박수현, 박수진a, 박수진b, 박수연, 박소영, 박성현, 박성규, 박선혜, 박선영, 박복선, 박범이, 박민영, 박미희, 박명희, 박명진, 박명숙, 박동준, 박도정, 박덕수, 박대성, 박노해, 박노한, 박나실, 박고형준, 박계도, 박경화, 박경진, 박경주, 박경이, 박경숙, 박건영, 박건진, 민형기, 민애경, 민병성, 미류, 문희영, 故문흥빈(명예조합원), 문진숙, 문지훈, 문용석, 문영주, 문순창, 문순옥, 문수현, 문수영, 문수경, 문세이, 문성철, 문봉선, 문미정, 문명순, 문경희, 모은정, 모영화, 명수민, 마연주, 마승희, 림보, 류형우, 류창모, 류지남, 류정희, 류재향, 류원정, 류우종, 류영애, 류명숙, 류경원, 도정철, 도인정, 데와 타카유키, 노영ملl, 노영민, 노상경, 노미화, 노미경, 노경미, 남효숙, 남주형, 남정민, 남유미, 남유경, 남원호, 남예린, 남선우, 남미자, 남동현, 남궁역, 날맹, 나규환, 김희정, 김희옥, 김흥규, 김훈태, 김효정, 김효승, 김환희, 김홍규, 김혜영, 김혜민, 김혜림, 김형우, 김형영, 김형렬, 김형근, 김현пр이, 김현준, 김현주, 김현조, 김현정, 김현영, 김현실, 김현선, 김현경, 김현, 김헌택, 김필임, 김태정, 김태욱, 김춘성, 김창진, 김찬영, 김진희a, 김진희b, 김진숙, 김진명, 김진, 김지훈, 김지현, 김지연a, 김지연b, 김지양, 김지미, 김지광, 김주현, 김준휘, 김준석, 김준산, 김주기, 김종현, 김종원, 김종욱, 김종성, 김종만, 김정희, 김정현, 김정주, 김정식, 김정섭, 김정삼, 김정기, 김정황, 김재원, 김재민, 김장환, 김인순, 김이은, 김이상, 김이민경, 김은희a, 김은희b, 김은진, 김은파, 김은식, 김은실, 김은솔, 김은남, 김은근, 김은경, 김윤창, 김윤주a, 김윤주b, 김윤정, 김윤자, 김윤우, 김유미, 김우영, 김용훈, 김용양, 김용섭, 김용만, 김용란, 김용기, 김요한, 김영희, 김영진a, 김영진b, 김영주a, 김영주b, 김영자, 김영아, 김영순, 김영삼, 김연정, 김연일, 김연오, 김연미, 김애숙, 김애령, 김시내, 김승규, 김순희, 김순천, 김수현a, 김수현b, 김수진a, 김수진b, 김수진c, 김수정a, 김수정b, 김수정c, 김수정, 김소회a, 김소회b, 김소영, 김세호, 김성진, 김성중, 김성애, 김성숙, 김성수, 김성보, 김설아, 김선희, 김선우, 김선산, 김선구, 김선정, 김석준, 김석규, 김상회, 김상정, 김상일, 김상숙, 김상남, 김상기, 김봉석, 김보현, 김병희, 김병훈, 김병주, 김병섭, 김병기, 김민주, 김방년, 김민희, 김민제, 김민정, 김민수a, 김민수b, 김민곤, 김민결, 김미향a, 김미향b, 김미정, 김미숙, 김미선, 김미라, 김무영, 김묘선, 김명회a, 김명회b, 김명섭, 김록성, 김동현, 김동춘, 김동일, 김동이, 김도형, 김도훈, 김도연, 김도석, 김대현, 김대성, 김다회, 김다영, 김남철, 김남규, 김기오, 김기언, 김규항, 김규태, 김규리, 김광민, 김광명, 김고종호, 김경호, 김경일, 김경엽, 김경연, 김경수a, 김경수b, 김경미, 김가영, 김가연, 기호철, 기형훈, 기세라, 기선인, 금현진, 금현옥, 금명순, 권희중, 권혜영, 권현영, 권재옥, 권자영, 권이근, 국찬석, 구희숙, 구자숙, 구화회, 구수연, 구본회, 구미숙, 꽹이눈, 광홈, 곽혜영, 곽현주, 곽진경, 곽노현, 곽노근, 곽경미, 공현, 공은미, 공영아, 고효선, 고춘식, 고은정, 고은미, 고영주, 고영아, 고병헌, 고병연, 고민경, 강현주, 강현정, 강태식, 강진영, 강준희, 강이진, 강은정, 강영일, 강영구, 강순원, 강수미, 강수돌, 강성호, 강성규, 강선희, 강석도, 강서형, 강봉구, 강병용, 강곤, 강경미, 강경모

※ 2016년 12월 12일 기준 1,060명

| 유스리포트 |

대학거부 그 후 졸업장 없이 살아가는 사람들

김남미 외 씀 | 11,000원

대학거부를 선언했던 여덟 명의 청년들이 각자의 삶에서 흔들리며 자기 선택을 지키고 버텨 온 지금까지의 기록. 이들의 삶은, 졸업장을 가진 사람들에게는 보이지 않지만 엄연히 존재하는, 학력 차별이 만연한 한국 사회의 모습을 오롯이 되비춘다.

십 대 밑바닥 노동 야/너로 불리는 이들의 수상한 노동 세계

청소년노동인권네트워크 기획 | 배경내 외 씀 | 12,000원

'나이'와 '성별'의 위계 속에서 일상적 모욕까지 감수해야 하는 청소년 노동, 그마저 불안정한 일자리들로 빠르게 대체되고 있다. 노동 시장에서 가장 약한 고리로서 급격한 변화를 맞고 있는 청소년 노동 세계의 '오늘'을 살핀다.

조용한 전환 3.11이 열어 준 가능성의 공간들

후쿠시마 미노리 씀 | 12,000원

2011년 3월 11일 일어난 동일본대지진과 후쿠시마 원전 사고 이후 성장 일변도의 사회에 한계를 느끼고 다른 삶에 대한 논의와 상상, '전환'을 향한 실천을 조용히 지속하고 있는 일본 청년 세대의 이야기.

| 청소년 벗 |

생각해 봤어? 인간답게 산다는 것

홍세화·고병권·강양구 외 씀 | 12,000원

생각해 봤어? 우리가 잃어버린 삶

이계삼·엄기호·서정흥 외 씀 | 12,000원

외면하지 않을 권리

한다솜·유호준·김해솔 외 씀 | 12,000원

인물로 만나는 청소년운동사

공현·둠코 씀 | 15,000원

우리는 청년들의 이야기로부터 '사회' 혹은 '사회적인 것'을 빚어내려는 특정한 노동의 한계, 그럼에도 그 한계를 극복해 나가려는 어떤 가능성과 경향성에 대해 질문하고 기록하였다. 물론 우리가 만난 이들은 수많은 청년들 중 소수일 뿐이며, 이 책은 이들의 경험 전체를 다루고 있지도 않다. 우리가 미처 포착하지 못한 부분들이 있고, 그렇기 때문에 더 깊이 이야기할 수 없었던 주제들이 많을 것이다. 우리가 사회적 노동이라고 이해하고 있는 노동의 양식은 날이 갈수록 진화하고 있으며, 이 노동에 관심을 가진 이들의 다양성도 점차 커지고 있다. 더군다나 사회적 노동 자체가 혼종적인 성격을 가진 만큼이나 다른 노동, 활동, 운동 양식과 맺는 경계는 그렇게 선명하지 않다. 때문에 누군가에게는 '겉으로는 그럴싸해 보이는 곳의 실상도 다른 곳과 다를 바 없군'이라고 읽힐지도 모른다. 하지만 그보다 이렇게 바꾸어 질문하고 싶다. 매끈한 표면을 완벽하지 않게 만드는 얼룩과 주름에 대한 고민과 토의 없이, 도리어 우리는 너무 일찍 이 장을 무대 위에 올리려고 해 왔던 건 아닐까?

— 〈에필로그: 청년들은 왜 아직도 여기에 있는가〉 가운데

값 12,000원

03330

9 788968 800306
ISBN 978-89-6880-030-6